1년쯤
늦어도 괜찮아
우린 아직 젊잖아

50만 원 들고 호주 로드트립
그리고 워킹홀리데이

케언즈

434km 기차

에어어

1,355km 자동차

앨리스 스프링스

1,265km 자동차

울룰루

2,348km 비행기

브리즈번

1,329km 비행기

영
444km 자동차

시드니

캔버라
877km 자동차

애들레이드

멜버른
447km 페리

타즈메니아
(버니, 데본포트)

1,068km 자동차
(지역간 이동거리)

비행기 이동거리 : 3,677km
자동차 지역 간 이동거리 : 6,228km
페리 이동거리 : 447km
기차 이동거리 : 434km

1년쯤
늦어도 괜찮아
우린 아직 젊잖아

50만 원 들고 호주 로드트립
그리고 워킹홀리데이

장석호 글 · 사진

"띠리링….""띠리리리…."

햇살이 따스하게 누리를 비추던 5월 초순, 월요일 아침 6시 50분이었다. 여느 때처럼 핸드폰 알람이 시끄럽게 울어대기 시작했다. 아침마다 듣는 소리지만 좀처럼 적응이 되지 않는다. 심리학자를 동원해 인간이 가장 듣기 싫어하는 소리를 찾아낸 게 아닌가 싶다.

알람을 끄려면 침대에서 내려가야 한다. 일반적인 싱글침대보다도 훨씬 작은 슈퍼 사이즈다. 내 키는 175센티미터. 그다지 큰 키도 아니건만 이 침대에서는 거인이 된다. 잠을 자다가 뒤척이기라도 한다면 바닥으로 떨어질 만큼 좁기도 하다. 혹시라도 잠결에 내 체중에 깔려 압사할까봐 핸드폰을 바닥에 내려놓는 건 이 때문이다.

동쪽 벽에 포스터 크기로 뚫린 창이 있어 아침 햇살이 비쳐드는 건 그나마 다행이다. 출근을 하기 전 뉴스를 보기 위해 컴퓨터를 켜고, 가스레인지를 켜 계란 프라이를 한다. 굳이 몸을 움직일 필요는 없다. 한 걸음조차 떼지 않아도 가능하다. 스마트 시대에 살고 있어서는 아니다. 그냥 컴퓨터 전원, 에어컨 리모컨, 가스레인지 스위치가 모두 한 걸음 이내에 있기 때문이다.

이곳은 서울 관악구 대학동에 있는 옥탑방 고시원이다. 물론 미치도록 이 동네가 맘에 들어서 이곳에 살고 있는 건 아니다. 이 지역은 원룸, 아니 흔히 말해서 고시원 식 방 월세가 서울에서 가장 싼 곳이다. 그저 내가 월세를 감당할 수 있는 곳을 찾다 보니 이곳에 방을 구했을 뿐이었고, 조상님들이 남긴 "싼 게 비지떡이다."라는 말처럼 위치든 시설이든 방음이든 모든 부분에서 몸값을 한다.

퇴근을 해서 서울대입구역에 내리면 버스로 갈아타고 30분 정도를 더 달려 산중턱에 있는 종점에 내린다. 그리고 다시 15분을 걸어 올라가야 겨우 내가 하루의 피로를 풀어 놓을 수 있는 둥지가 있다. 집으로 향하는 비탈길 경사가 가히 등산을 하는 수준이어서 허벅지가 제법 튼실해졌다. 가끔 출근시간이 아슬아슬해도 뛰어 내려가는 건 언감생심일 만큼 경사가 급하다. 자칫해서 넘어지기라도 하면 회사가 아니라 병원으로 가야 할 테니까.

저 산 아래에 사는 사람들이 주말 아침이면 이온음료와 김밥 한 줄을 싸들고 오르는 그 길을 나는 지친 하루를 마감하고 몸을 누이기 위해 매일매일 오르고 내린다. 물론 그 길에는 나를 빼고두 다양한 삶들이 복닥거리며 살아가고 있다. 특히, 내 또래의 젊은이들이 많이 사는데, 어느덧 내 주변에 머물고 있는 이들의 애환에 대해서도 속속들이 알게 될 정도가 되었다. 이별을 통보한 연인에게 애걸복걸 매달리는 사람, 망쳐버린 시험 때문에 한탄하는 사람, 이번에는 문재인이 꼭 대통령이 되어야 한다며 투표를 독려하는 사람…. 물론 나는 그들의 얼굴을 본적이 없다. 그저 옆방에서, 앞집에서, 길거리에서 그들이 전화기를 귀에 대고 하는 말들을 통해 알게 된 사실이었다.

나는 제법 규모가 갖춰진 광고회사에 다니고 있었다. 명문대는커녕 보통 대학과도 거리가 먼 내 스펙으로는 입사하기에 만만치 않은 곳이었지만 운이 좋았다. 아마도 스무 살 때부터 다양한 아르바이트를 하면서 쌓았던 세상살이에 대한 눈치나 행정병으로 군대생활을 하면서 컴퓨터를 다루는 데 익숙해진 게 조금은 도움이 되었을 것이다.

사실 내 본가는 서울과 멀지 않은 안양, 그것도 지하철역과 아주 가까운 아파트여서 출퇴근에 무리가 있는 거리도 아니었다. 오히려 본가에서 출근하는 데는 50분 정도 걸리지만 대학동 내 방에서는 한 시간이 넘게 걸린다. 그럼에도 나는 이런 미친 짓을 하고 있었다.

집을 떠나 대학동 고시원으로 들어온 것은 단지 독립만세에 대한 열망 하나였다. 가지고 있는 건 부모님 도움을 받지 않고도 잘 살 수 있다는 자신감뿐. 이렇게 말하면 혹시라도 "독립투사와도 같은 기개가 있는 젊은이로군!"이라고 오해하시는 분들이 있을까봐 미리 말씀드린다. 사실 부모님과 대판 싸우고 홧김에 가출한 게 전부다.

　부모님과 한바탕 했던 이유는 하나였다. 몇 년째 계속되었던 것처럼, 회사 때려치우고 가업을 도우라고 강권하시는 통에 발끈했던 거였다. 그 일은 내가 하고 싶은 일이 아니었다. 그때는 철이 없었다. 아무리 내가 원하는 일이 아니더라도 발끈하는 대신 납득하시도록 설득 해야 했다.

　"진짜 이 집에서 못 살겠어! 나도 돈 버는데 왜 이런 말을 들어야 하는 거야?"

　무작정 지르고 보는 성격 탓에 집을 나왔지만 사실 어디로 가야 할지 막막했다. 근처 카페에 들어가 내 벌이를 가지고 견딜 수 있을 정도로 서울에서 월세가 싼 방을 알아보기 시작했다. 왜 굳이 서울이었을까? 그래도 한번쯤은 조국의 수도에서 살아봐야 하지 않을까, 하는 치기어린 생각을 했던 것 같다.

　월요일에 방을 보고 화요일에 계약했다. 일단 마음을 먹고 나자 하루라도 빨리 떠나고 싶었다. 계약을 하자마자 나는 곧장 집으로 달려가 캐리어에 필요한 옷가지와 세면도구만 챙겨 이곳 대학동으로 옮겼다. 그리고 석 달이 지났다.

　처음 집을 나올 때만 하더라도 나는 호기로웠다. 옳은 생각이라고 믿었다. 그러나 석 달뿐이었다. 집에서는 내가 중심이었지만 바깥세상에서는 명왕성보다 더 먼, 저 아득한 우주에서 맴돌고 있는 작은 돌덩어리와 같은 존재에 불과했다. 신도림역에서 스트립쇼를 하지 않는 이상 내게 관심을 보여줄 사람은 아무도 없을 것이었다. 천만분의 일에 불과한 존재로 서울 산동네 고시원에서 살아가는 것에는 어느 정도 적응을 했지만, 문제는 돈이었다. 이제는 집에서 회사를 다닐 때보다 월세를 비롯한 기타 비용들이 추가되었다. 40만 원 이내에서 한 달을 살아야 했다. 교통비를 아끼고, 술값을 아끼고, 도시락을 싸들고 다니던 내게 월세 38만 원은 엄청난 추가부담이었다.

더는 아껴가며 사는 게 무의미하다는 생각이 들었다. 충치 하나만 생겨도 부리나케 치과로 달려가는 사람이 있는 반면, 이가 서너 개쯤 사라져도 괜찮다며 버티는 사람이 있다. 그때의 내가 그랬다. 더는 절약을 하면서 사는 게 무의미하게 느껴지자 생활태도 또한 달라졌다. 일이 끝나면 맥주 한 캔과 '소포장' 닭강정을 씹고 마시는 호사를 누리며 하루를 마감했다. 홀로 서는 삶이 이제는 자유를 꿈꾸던 '독립만세'가 아니라 무력감을 안겨주고 있었다.

예전의 나는 정장을 차려입고 출근하는 사람들을 무척이나 부러운 시선으로 바라보곤 했었다. 내 꿈은 소박했다. 청년실업이 최대 이슈로 등장한 지 이미 오래인 이 시대를 살면서 사시사철 쾌적한 사무실에서 아메리카노 한잔을 들고 홀짝거리며 일하는 게 꿈이었다. 그런 자화상이 사회 엘리트로서의 존재감을 증명하는 그림이라고 생각했다.

하지만 막상 매일매일 반복되는 사무실에서의 일상은 지루하고 답답했다. 맛이 아니라 습관 때문에 아메리카노를 마신다는 것도 카페인 중독이 된 뒤 알게 되었다. 그랬다. 나는 하루도 **빼놓지** 않고 아메리카노를 마시며 사무실을 배회하는 좀비였다. 그때 나는 누군가 나와 같은 생각을 하고 있다면 하루라도 빨리 정신을 차리라며 머리통을 두들기고 싶어 했던 것 같다.

승진을 놓고 치열한 경쟁이 벌어지는 회사 분위기에 적응하는 평범한 일이 내게는 어려웠다. 설사 그렇게 힘든 경쟁에서 이겨내 승진을 한다고 한들 매일 밤 9시까지 야근을 하고, 별것도 아닌 일로 주말에도 출근하는 팀장님이 된다고 해서 그게 나를 행복하게 만들 수 있을 것 같지가 않았다.

사표를 낸 것은 어쩌면 불가피했던 일이었는지도 모른다. 어차피 내게 될 사표라면 시간을 질질 끌어봐야 좋을 것 없다고 생각했다. 집을 뛰쳐나온 것도 사표를 던진 것도 충동적인 내 성격 탓일지 모르겠다. 어쨌든 옳다고 믿으면 일단 지르고 보는 성격이 나였다.

대책 없이 사표를 던지자 백수가 되었다. 그때 내 귀에 들어온 것이 제주에 있는 예비 창업자를 지원하는 프로그램이었다.

'하루 종일 자리에 앉아 컴퓨터만 두드리던 내가 청년 사업가가 된다.'

가슴이 뛰었다. 23살의 창업자! 텔레비전에서 보았던 젊은 창업자의 성공스토리가 눈앞에 아른거렸다. 곧바로 방을 **빼고** 제주도로 떠났다.

지금 생각해보면 한심한 일이다. 자본은커녕 아무런 창업 아이템도 없이, 열에 아홉이 실패한다는 창업을 하겠다면서 대책 없이 뛰어드는 하룻강아지라니….

치약을 둘둘 말아 짜내듯 앞으로 무슨 일을 해야 할지 생각을 굴렸다. 그렇게 해서 짜낸 아이템은 외국인들을 대상으로 제주의 볼거리 먹을거리 같은 걸 소개하는 홈페이지와 애플리케이션을 만드는 것이었다. 하룻강아지 머릿속에선 꽤 그럴 듯했다.

하필이면 왜 외국인을 대상으로 하는 아이템이었느냐고? 나는 통장잔고도 확인해보지 않고 비행기 티켓을 먼저 끊고 보는 해외여행 마니아였기 때문이다. 처음 해외여행에 눈을 뜨게 된 계기는 20살 때, 아무런 계획도 없이 홀로 떠났던 도쿄 여행이었다. 20년간 보아오던 풍경과는 사뭇 다른 그림, 다른 문화를 접하면서 강렬한 매력에 휩싸였고, 이를 계기로 일본, 중국, 동남아시아, 유럽, 러시아 등을 떠돌았다. 통장에 조금이라도 돈이 모였다 싶으면 무조건 비행기 표를 끊었다. 그렇게 세계 곳곳을 여행하던 시간 시간들은 지금도 여전히 나를 설레게 한다.

내가 좋아하는 여행을 주제로 사업을 한다는 생각 그 자체로 나는 환상에 빠져 있었다. 마음속 깊은 곳에서 용암처럼 뜨거운 의지가 솟구쳤다. 그러나 의지만으로 성공할 수 있다면 나는 두바이에서 슈퍼카를 몰고 있을 것이다.

창업에 대한 아이디어도, 지혜도, 경험도 없는 스물 셋 풋내기는 너무나도 순진한 눈으로 세상을 바라보고 있었다. 세상은 호락호락하지 않았고, 도처에 위험이 도사리고 있는 캄캄한 정글이었다. 차라리 광고회사에 다닐 때가 더 편했다. 창업을 하는 사람들 사이에서 흔히 쓰이는 말 중 하나가, "창업에 성공하는 건 바늘구멍에 들어가는 것과 같다."는 말인데, 내게는 그 말조차 배불렀다. 기존 시장에서 자리를 잡고 사업을 펼치고 있는 분들은 내게 정작 바늘구멍이 어디에 있는지조차 알려주지 않았다. 누군가는 내게 그 바늘구멍을 찾는 데만도 몇 년 정도는 걸릴 거라고 했다. 맨땅에 헤딩이라도 하자는 생각으로 볼펜과 수첩만 들고 관광업계 회사, 제주관광공사를 몇 번씩 방문했지만 그들의 반응 또한 시큰둥했다.

몇 번을 가다 보니 그들의 눈빛에서 그들의 생각들이 텔레파시처럼 내게로 전해져왔다.

"쟤 또 왔어?"

"뭐야? 왜 자꾸 오는 거야?"

네 번째 찾아갔을 때, 담당자 하나가 나를 회의실로 데리고 갔다.

"학생, 의지는 정말 높이 사지만 이곳은 공기업이고, 학생이 원하는 답을 주기는 힘들어요. 학생도 이젠 아실 거예요. 창업이라는 게 젊은이들이 게임을 하는 것처럼 쉽지 않아요. 이게 냉정한 현실이잖아요."

남들이 치열하게 경쟁하며 전부 대학으로 몰려가는 걸 보면서 진학을 포기했었다. 그렇게 우르르 몰려가는 레드오션에서 나답게 사는 건 불가능할 거라고 믿었다. 운 좋게 들어갔던 광고회사에 대책 없이 사표를 던졌던 것도 그곳에서는 행복할 수 없을 것이라는 하룻강아지다운 치기 때문이었겠지만 한편으론 무엇을 하든 해낼 수 있을 거라는 근거 없는 자만 같은 것도 있었을 것이다.

하지만 내게 자유를 보장해 줄 것이라고 막연히 생각했던 창업

시장은 지금까지와는 아예 차원이 다른 생존투쟁이 펼쳐지는 정글이었다. 마당을 나온 수탉이 된 느낌이었다.

자유를 얻으려면 그만큼 준비가 되어 있어야 한다. 실제로 〈마당을 나온 암탉〉이라는 영화를 보면서 펑펑 울었던 적이 있는데, 정작 이제는 내가 마당을 나온 수탉이 된 것 같아 슬픔이 샘물처럼 솟았다. 나는 아무것도 가진 게 없었다. 제주에 온 지도 벌써 3주가 넘었지만 이렇다 할 성과도 희망도 없었다. 주최측에서 지원해 준 식비와 방값만 축내는 한심스러운 몰골이었다.

아, 이렇게 어리석고 안타까운 청춘이라니! 아직 3주라는 시간이 더 남아 있었지만, 그만 정리하고 집으로 돌아가야겠다는 생각을 하며 숙소로 돌아왔을 때, 막걸리를 마시고 계시던 강태호 부장님이 나를 향해 물었다.

"석호 씨, 무슨 일 있어요? 표정이 되게 안 좋아 보이네요."

그분은 삼성에서 부장으로 재직하다 퇴직하고 창업지원프로그램에 참여하고 계셨고, 스물이 된 아들을 두고 있었다. 나는 또래 젊은이든 중년 아저씨든 말년 할아버지든 누구라도 붙잡고 내 얘기를 풀어놓고 싶었고, 부장님이 그곳에 계셨다.

"제주에 온 지 3주가 넘었지만 아무런 성과도 없네요. 처음엔 자신감이 넘쳤는데 의지만으로 무언가를 한다는 게 엄청나게 어렵다는 걸 깨달았어요."

"창업이라는 걸 그렇게 만만하게 보면 안 돼요. 생각한 아이템이 반드시 성공할 수 있을 것인지 세심하고 꼼꼼하게 따져서 판단하고 창업을 해도 성공을 장담하기 어렵죠. 석호 씨를 가만히 보니 무언가를 꼭 이루고 싶어 하는 느낌은 많이 받지만 꼭 그렇게 되지 않는다고 해도 뭐 어때요? 아직은 나이가 어리니 기회가 많잖아요."

"기회요?"

"석호 씨는 지금 스물셋이잖아요, 대부분의 사람들이 서른 초반에 본격적으로 사회생활을 시작한다고 보면 지금도 석호 씨에겐 10년이라는 시간이 더 있는 거예요. 일 년에 하나씩 도전한다고 해도 10년이면 열 번을 도전할 수 있지요. 석호 씨 자신을 위한 도전을 한 번 해보세요. 그 도전이 다 경험으로 쌓이는 것이니까요. 젊을 때는 도전을 했다가 실패해도 다시 도전할 수 있으니 말이죠. 그래서 젊음이 좋은 거 아니겠어요?"

사실 이런 말은 강연장에서 흔히 들을 수 있는 범주에 있다. 하지만 그날, 마당을 나온 수탉에게는 그 말이 너무나도 가슴 깊이 파고들었다. 믿음 깊은 신도가 목사님의 설교에 몰입하듯 나는 부장님의 말씀에 빠져들어 나도 모르게 부장님의 비워진 막걸리 잔을 채워드리고 있었다. 부장님은 맛나게 막걸리를 들이키시더니 오징어 숙회를 한 점 집어 입에 넣고는 다시 말씀을 이어가셨다.

"요즘엔 대기업에 입사하면 대단한 성공이라도 한 것처럼 생각들을 하지만, 대기업 부장이라고 뭐 별거 없어요. 나는 젊은 시절로 돌아간다면 내가 정말로 하고 싶어하는 걸 이것저것 막 해볼 것 같아요. 지나온 세월을 돌아보니 그냥 남들 눈에 보여주기 위한 일들만 해왔다는 생각이 들어요. 그게 후회가 돼요. 나를 위한 도전을 좀 해볼걸. 하다가 안 되면 다시 해도 되고 아니면 다른 일을 해도 되잖

아. 나이가 들면 책임이라는 게 있어서 쉽사리 내가 원하는 일을 할 수 없어요. 생계가 있고 가족이 있으니까요."

지금까지 나는 내가 시작하는 일들을 마지막 기회라고 생각하며 해왔다. 그렇게 해야 더 절박한 마음으로 나 자신을 더 열심히 움직이도록 만들 거라고 생각해서였다. 그러나 생각해보니 그만큼 부작용도 심했다. 밀어낸 만큼 다시 튕겨진다는 '작용 반작용의 법칙'처럼 의지를 가지고 열심히 했지만 일이 내 뜻대로 잘 풀리지 않았을 때의 절망감도 그만큼 더 컸다.

"부장님, 전 그럼 지금 뭘 해야 할까요?"

"석호 씨가 지금 하고 싶은 게 뭔데요? 마음속에 있는 걸 생각해봐요."

"내 마음속에 있는 것, 내게 필요한 것…."

'아, 그래 여행!'

내가 원하는 게 무엇인지 생각해보다가 딱 5초 만에 떠오른 그것, 바로 여행이었다. 그것도 지금까지 그랬던 것처럼 일주일, 2주일 정도의 여행이 아니라 1년쯤은 외국에서 살아보는 것. 갑자기 가슴이 두근거리고 미친 듯이 혈관을 타고 도는 피가 느껴졌다. 남은 열 번의 도전 중 아홉 번의 도전은 나중에 생각하기로 하고 지금 내가 도전해야 하는 건 여행이라는 확신이 들었다.

비로소 내가 가지고 있었던 문제들이 보이기 시작했다. 너무나도 좁은 시각으로 나는 세상을 보고 있었던 것이다.

'유레카'

아르키메데스가 했다는 말이다.

부장님의 이야기를 듣고 생각난 말도 그것이었다.

"유레카!"

내 마음 깊은 곳에 잠들어 있던 무언가가 깨어났다.

'더 넓은 세상을 보고 싶다.'

하지만 절대적으로 필요한 것이 있었다. 사과가 떨어지는 건 누구라도 볼 수 있는 현상이지만 뉴턴이 '만유인력'을 발견하게 된 건 기본적으로 그가 깊은 물리학 지식을 가지고 그 해답을 찾고 있었기 때문이다. 마찬가지다. 뉴턴의 물리학 지식은 내게 있어 바로 '돈'이었다. 내 통장에는 달랑 150만 원이 들어 있을 뿐이었다. 그동안 직장생활을 하면서 통장에 들어 있는 돈이 달랑 150만 원뿐이라니…. 부끄러울 지경이었지만 엄연한 현실이었다.

다음 날 저녁, 나와 같이 프로그램에 참가하며 살갑게 대해 주시던 30대 후반의 나이에 스타트업을 창업한 김성우 대표님과 이야기를 나눌 기회가 있었다.

"이야~ 석호야, 진짜 부럽다. 그래, 젊을 때 외국에 나가 경험을 쌓는 것도 좋지. 안목을 넓히는 데 분명히 도움이 될 거야. 나이가 먹어가면 점점 더 도전하기 어렵잖아. 넌 추진력이 있으니까 잘 해낼 수 있을 거야."

내가 하고 싶은 도전에 대해 이야기했을 때 그분이 응원해 준 말이었다.

"그런데, 문제는 돈이 없다는 거죠."

"뭐야? 내게 돈을 달라는 건 아니겠고…. 돈이야 뭐, 워킹홀리데이로 가면 되지. 나도 20대 중반에 워홀을 다녀왔거든. 돈 없어도 일단 가서 일하며 벌면 돼."

한심하게도 워킹홀리데이로 여행을 한다는 말을 그때 처음 들었다.

"뭐야? 정말 몰랐어? 외국에 나가서 일도 하고 여행도 할 수 있는 비자 제도야. 한 번 검색해봐."

"그럼 그냥 아무 나라나 가서 돈을 벌며 여행할 수 있는 거예요?"

"그건 아냐. 우리나라와 워홀 비자협정을 맺은 국가만 가능하지. 호주가 제일 유명한데, 특별한 제한 조건은 없으니까 아마 신청하면 갈 수 있을 거야."

우스운 건 그때까지 내 머릿속에 호주에 대한 정보가 전혀 없었다는 거였다. 호주가 지구 남반부에 있다는 것 정도는 알고 있었지만 정확한 위치조차 제대로 몰랐으니, 이건 무식의 극치를 달리고 있었다고 해야 하나?

나는 먼저 인터넷으로 호주에 대한 정보를 더 찾아보기 시작했다. '세계에서 6번째로 큰 나라, 그런데 그렇게 큰 땅덩어리에서 북한보다도 적은 사람들이 사는 나라.' 시드니가 수도인 줄 알았더니 캔버라가 수도인 나라…. 인터넷을 검색해 정보를 확인해볼수록 내가 알고 있는 게 아무것도 없다는 사실만 깨달았다.

호주대륙은 인도네시아 아래쪽에 위치해 있으며 시드니는 우리나라와 비슷한 경도다. 서머타임을 시행하지 않을 때에는 서울과

시차가 고작 1시간밖에 차이 나지 않는다. 그렇다고 해서 거리도 가까울 거라고 생각하면 오산이다. 서울에서 러시아 상트페테르부르크까지는 6,480km 떨어져 있고 동계올림픽 개최지로 유명한 캐나다 밴쿠버는 8,150km 거리에 있으며, 유럽보다는 북극에 더 가깝다고 해야 할 정도인 아이슬란드의 수도 레이캬비크와 서울 사이는 8,400km라는 거리가 존재한다.

자, 그럼 서울에서 시드니의 거리는 얼마나 될까? 자그마치 8,324km나 떨어져 있다. 거리상으로는 북극에 가까운 아이슬란드와 비슷하고, 캐나다보다 조금 더 멀다. 상트페테르부르크가 직항노선으로 9시간 반이 걸리는데, 거리상으로는 상트페테르부르크를 비웃을 정도다. 시드니까지 날아가는 비행시간은 직항을 기준으로 최소 10시간 반이다. 게다가 서울에서 호주 행정구역의 끝인 타즈매니아의 호바트는 9,144km다. 서울에서 9,023km 떨어진 미국의 샌프란시스코보다 더 멀다. 비슷한 시간대를 살고 있다고 해도 쉽게 마음먹고 갈 수 있는 곳은 아니라는 것이다.

우선 워홀로 호주를 다녀온 사람들이 남긴 후기를 찾아 꼼꼼히 읽었다.

워킹홀리데이라는 제도의 취지는 젊은 청년들이 협정을 맺은 국가에서 일정기간 취업을 해 돈을 벌면서 어학연수를 하거나, 여행을 하거나, 그 나라의 문화와 삶의 방식을 체험할 수 있도록 돕기 위해서다.

내가 원하는 게 바로 이거였다. 바로 나를 위해 만들어진 제도가 아닌가. 내일 당장이라도 떠나고 싶었다.

하지만 체험 후기를 읽어가면서 조금씩 자신감이 줄었다. 현실에서 부딪치게 될 온갖 난관들…. 대체적으로 해외생활을 절대로 만만하게 보아서는 안 된다는 글들이 많았다. 거기다 전보다 소득세율이 높아져 호주로 워킹홀리데이를 가는 사람이 줄어드는 추세였다. 유창하지는 않아도 일본어를 구사할 수는 있어서 일본으로 가는 것도 생각해보았다.

하지만 일본은 내게 너무도 익숙한 느낌이었다. 이미 여행도 여러 번 했었고, 문화도 우리나라와 비슷한 구석이 많다. 제대로 된 일본어 공부를 할 수 있다는 점을 제외한다면 확 끌리지가 않는다.

마음은 이미 호주로 달려가고 있었다. 잘 모르는 나라라는 점이 오히려 매력을 풍겼다. 무엇이 들어 있는지 알 수 없는 선물상자를 받아든 꼬마가 된 기분이었다. 통장에 150만 원밖에 없는 내 자금 사정을 고려해볼 때 워홀은 선택이 아니라 필수였다.

하지만 머릿속에서는 계속해서 다른 소리들이 울렸다.

'워홀을 가려면 몇 달 전부터 일정을 계획하고 영어도 준비해야 한다는데…. 이렇게 대책 없이 가도 괜찮을까?'

'호주에 가서 1년 동안 경험을 쌓는 건 좋지만 나중에 한국으로 돌아왔을 때 다른 사람과의 경쟁에서 뒤처지게 되면 어쩌지?'

'편한 우리나라를 놔 두고 굳이 그렇게 오랫동안 가야 할 필요가 있을까? 단순히 여행으로만 다녀오는 게 낫지 않을까?'

악마의 속삭임에 이어서 천사의 목소리가 울렸다.

'호주 워홀을 갔다가 오면 경쟁에서 뒤처지는 게 아니라 오히려 경쟁력을 갖추게 되는 거야. 나중에 네가 어디서 무슨 일을 한다고 해도 넓은 시야를 갖추는 게 필수라고 생각했잖아. 문제집을 풀면서 취업준비를 하는 건 이론적인 지식을 풍부하게 채워줄 진 모르지만, 넌 공부로 경쟁을 할 입장도 아니잖아.'

'넓은 세상을 경험하는 건 그 모든 걸 뛰어넘어서 너의 가치관과 세계관을 확실히 넓혀줄 거야. 오히려 너의 경쟁력이 될 거야.'

'황새의 걸음을 쫓아가는 뱁새가 아니라 황새보다 높이 나는 뱁새가 되어봐.'

'1년이라는 시간을 외국에서 보낸다는 게 쉬운 일은 아니지만, 지금이 아니라면 다시는 도전하지 못할 거야. 부장님이 해 주신 말씀을 잘 생각해봐.'

마침내 어떤 확신 같은 게 생겼다. 이것저것 냉정하게 따져보는 이성보다 무모하더라도 일단 도전해보자는 열망이 컸다. 물론 이런 선택이 어떤 결과를 가져올지는 알 수 없었다. 그럼에도 불구하고 지금까지 나는 주어진 상황에 나름대로 잘 대처해왔고, 앞으로 어떤 난관에 부딪치게 된다고 해도 이겨내 앞으로 나아갈 수 있으리라는 자신감 또한 들었다.

워홀을 두고 고민하기 시작한 지 사흘 후, 나는 440호주달러를 내고 비자를 신청했다.

Chapter

50만 원 들고 무작정 출국하기

예전에는 혼자 해외여행을 떠나려면 준비해야 할 것이 한두 가지가 아니었다. 요즘엔 캐리어를 꾸리고 돈만 준비하면 끝이다. 그만큼 해외여행 진입장벽이 낮아졌다.

하지만 여전히 남아 있는 장벽이 하나 있다. 바로 비자다. 물론 한국은 여권파워가 세계 톱 수준이어서 대부분의 나라를 무비자로 여행할 수 있지만 호주를 워킹홀리데이로 가기 위해선 비자를 받아야 한다. 비자신청 비용은 440호주달러. 비자신청 비용만 결제하면 바로 호주로 갈 수 있을 것이라고 생각했지만, 그게 아니라 신체검사를 받아야 한단다.(당연히 생각지도 않았던 비용이 추가된다.) 마치 스무 살 성인이 되어 호프집에 들어가 맥주를 시켰더니 신분증을 보여 달라는 요구를 받았을 때와 같은 느낌이다. 어쨌든 신체검사를 받지 않으면 비자가 발급되지 않는다.

가장 가까운 날짜를 잡아 신체검사를 예약했다. 시력이 좋지 않아 안경을 쓴다는 것만 빼면 나는 아주 건강한 편이다. 당연히 별

다른 걱정은 들지 않았다. 신체검사야 통과의례고, 이제 늘 그래왔던 것처럼 비행기 티켓만 예매하면 만사 끝이다. 물론 전에 여행을 떠날 때와 다른 점이라면 통장잔고를 확인하지 않을 수 없다는 점.

며칠 뒤 대학병원으로 가서 여권 사본과 비자신청서를 제출한 뒤 약 30분 정도의 검사를 마쳤다. 결과를 기다리고 있는 나를 간호사가 불렀다. 신체검사에 문제가 있을 리는 없고 그냥 의례적인 서명을 하는 정도거니 싶었다.

간호사의 말은 전혀 예상치 못한 것이었다. 신체검사에서 문제가 생겼다거나 또 다른 검사절차를 위해서가 아니었다.

"장석호 씨, 비자 신청서에 영문 이름을 잘못 쓰셨네요. 성을 'JANG'이라고 써야 하는데, 'JANE'으로 되어 있어요."

그녀의 말이 믿어지지 않았다. 내가 이름 같은 걸 잘못 적었을 리 없다. 나는 아주 꼼꼼한 성격이고, 비행기 표나 숙소를 예약하면서 이름, 여권번호, 전화번호 따위를 잘못 적었던 적은 단 한 번도 없었다. 항상 입력을 한 뒤 적어도 다섯 번은 확인한다.

간호사가 내민 비자신청서에는 정말로 영문자 성이 잘못 적혀 있었다. 뭔가 실수를 할 때는 귀신에 홀리기라도 하는가 보다. 다섯 번이나 확인을 했는데도 성을 잘못 적었다는 걸 놓치다니…. 꼼꼼하고 나름 치밀하다고 자부하던 자존심에 금이 간 것은 둘째 치고, 오류를 수정하기 위해 비자승인이 늦어지게 될 걸 생각하니 짜증이 밀려들었다.

신체검사를 마치고 나면 보통 2주 이내에 비자가 나온다고 한다. 하지만 이름과 같은 개인정보 수정을 요청하면 최대 한 달이 넘게 걸린다는 글을 인터넷에서 봤던 게 기억났다. 그 글을 읽을 때는 한심한 실수를 저지른 그 누군가를 비웃기까지 했던 것 같은데, 그게 내 일이 될 줄이야….

혹시 병원에서 수정할 수는 없는지 물어봤지만, 가능성 만무다. 병원은 신체검사만 담당할 뿐 비자 신청서에 기재된 내용을 수정하지 못한다. 비자 승인은 호주에 있는 이민성이 담당하기 때문에 비자를 신청한 호주 이민성 사이트에 접속해 수정요청 서류와 여권 사본을 업로드 해야 한다. 영어를 유창하게 구사한다면 국제전화를 걸어 문의라도 해보겠지만 내 영어 실력은 바디 랭귀지를 곁들여야만 겨우 소통이 가능할 정도. 아니 몸짓, 손짓, 표정이 의사전달의 80% 이상을 담당한다는 게 진실이다. 전화를 해봐야 상대가 알아듣지도 못할 테니 소용없는 짓, 결국 나는 마치 시한부 선고를 받은 환자의 표정으로 병원을 나섰다.

언제 승인이 떨어질지 알 수 없는 비자를 기다리는 건 고역이지만 결과적으론 다행이라는 생각이 들었다. 간호사가 알려주지 않았더라면 이민성이 비자발급을 거절하는 원인이 될 수도 있었고, 이민성에서도 그냥 넘어갔다가 호주에 입국할 때 문제가 될 수도 있지 않은가.

그나마 일찍 맞은 매라고 생각했다. 호주 입국심사대에서 문제가 생겼다고 상상을 해보니 식은땀이 흘렀다. 난 행복한 사람이었다. 예정보다 출국 날짜가 늦춰져 좋은 점도 있었다. 바닥을 드러낸 통장을 조금이라도 채울 수 있는 시간 여유가 생긴 것이다. 이제 내 통장엔 비자와 신체검사 비용 그리고 교통비며 식비로 돈을 써서 약 90만 원 정도만 남아 있을 뿐이었다. 비행기 티켓도 예매하지 않은 상태에서 이대로 호주에 입국한다면 그냥 거지가 될 판이다.

편의점에서 아르바이트를 하면서 약 30만 원 정도를 더 모았다. 이 정도면 비행기 티켓을 끊고 주머니에 대략 50만 원 정도가 남는

다. 워홀 체험후기를 남긴 사람들이 대략 초기에 정착하는 비용으로 추천하는 150만 원에서 300만 원에 비하면 턱도 없이 적은 금액이다. 워홀을 갔던 사람들이 주로 이용한다는 쉐어하우스에 머무는 비용은 대략 일주일에 150호주달러, 식사를 물과 빵으로 때운다고 해도 3주 뒤면 노숙자다.

부모님께 손을 벌릴 수도 있지만 그건 싫었다. 애초 호주로 워홀을 떠날 계획을 말씀드렸을 때, 내 주머니 사정을 짐작하신 부모님이 도움을 주시고자 했지만 정중히 거절한 참이었다. 맹물로 끼니를 때울지언정 나 자신의 힘으로 이겨내고 싶었다. 물론 그땐 호주에 도착해 쉽게 일자리를 구할 수 있을 거라고 생각했었다. 물론 오판이기는 했지만.

내게 호주의 첫 도시는 북동부 퀸즐랜드 주의 항구도시인 케언즈. 휴가를 즐기기 위해 날아온 야자수 무늬 셔츠를 차려입은 사람들이 무리를 지어 스쳐 지났고, 나는 어둠의 색깔에 감싸여 비장한 표정이었고, 지금은 새벽 5시를 조금 넘긴 시간이었고, 출고된 지 족히 10년은 넘어 보이는 25인승 승합차가 승객을 기다리고 있었다. 16달러나 하는 차비에 비해 소형 버스는 수준이 참 검소했다.

공항을 빠져나가는 버스에 앉아 나는 말 그대로 지구 반대편에 있는 나라의 낯선 풍경을 멍하니 바라보았다. 일본과 마찬가지로 영국의 영향을 받은 호주도 차량이 운행하는 방향이 한국과 반대여서 조금 더 생경한 느낌이었다. 공항을 빠져나가면서 곧장 1, 2층

높이의 주택들이 시야에 들어왔는데, 이착륙하는 비행기 소음에 잠은 제대로 잘 수 있는지 의문이다. 물론 그게 내 문제는 아니지만.

예상했던 것처럼 공기는 맑고 깨끗했다. 미세먼지 때문에 마스크를 달고 살아야 하는 서울과는 질이 달랐고, 드넓게 펼쳐진 대지는 늙은 버스가 아무리 헐떡거리며 달려도 끝없다. 듬성듬성 나타나는 집들을 보면서 나도 모르게 남진의 노래가 입술에 매달렸다.

'저 푸른 초원 위에 그림 같은 집을 짓고….'

다음날 아침 일찍 에이어로 가는 기차를 타야 했기 때문에 역 근처에 미리 예약을 해 두었던 게스트하우스에 짐을 풀어놓고 구경삼아 시내로 나섰다. 나는 촌놈이 되었다. 세계적인 대도시 서울에서도 촌사람 티는 안 내는데, 한적한 호주의 소도시에서 촌티를 풍기다니….

횡단보도를 건너기 위해 왕복 6차선의 차로 앞에서 신호가 바뀌기를 기다리고 있을 때였다. 아무리 기다려도 좀처럼 신호가 바뀌지 않는다. 역시 호주 사람들은 여유가 넘치나 보다. 3분이 지나고, 5분이 지났다. 하, 아무리 여유로운 호주 사람들이라도 이 정도면 좀 답답해지지 않을까? 이건 여유로운 게 아니라 느려터진 거다. 순간 번뜩 내 머릿속을 스쳐 지나가는 생각. '아~ 내가 고장 난 신호등 앞에서 한참을 서있었구나.'

이제라도 알아차렸으니 무단횡단이라도 해야겠다는 생각을 하고 오가는 차를 의식해 두리번거리고 있을 때, 갑자기 뒤에서 흑인 여자가 신호등 기둥에 달려 있는 버튼을 누른다. 아, 알고 보니 횡단보도를 건너는 사람들이 적다보니 보행자가 신호등 버튼을 조작할 수 있도록 해놓은 것이다. 호주는 시드니 중심가 한복판에 있는 횡단보도일지라도 보행신호로 바꿀 수 있는 버튼이 달려 있다. 속으로 허무한 기분이었지만 그 여성분이 아니었다면 나는 무단횡단을 감행했을 것인데, 호주의 일부 주에서는 무단횡단을 하면 무거운 벌금을 내야 한다. 의도치 않게 도움을 받은 것이다.

케언즈는 퀸즐랜드 주에서 세 번째로 큰 도시지만 그래봐야 인구 15만 명이 살고 있는 소도시에 불과하다. 그나마도 매년 인구가 늘고 있는 중이라는데, 시내 중심가라고 해봐야 고층건물 하나 서 있지 않는 평면의 도시다. 땅이 넓으니 도시 중심가로 몰려들어 굳이 고층건물을 올릴 필요가 없기 때문일 게다. 도시 인근에 있는 휴양지에는 대형 리조트들이 산재해 있지만 도심은 소박하다. 높이를 경쟁하는 빌딩숲과 화려한 네온사인 대신 오후 여섯 시만 되면 가게 문을 닫고 집으로 돌아가 가족들과 함께 저녁식사를 하거나 선선한 바닷바람을 맞으며 친구들과 테라스에 앉아 맥주를 마시는 한적한 도시이고, 그레이트 배리어 리프부터 스카이다이빙을 할 수 있는 미션비치나 쿠란다 숲 등 하늘과 바다와 산이 어우러진 최고의 관광지가 모여 있는 곳이고, 여행객들이 관광지로 떠나기 전에 잠시 머물렀다 가는 안락의자와도 같은 도시다.

산책을 나온 강아지가 한국에서 날아온 내 발에 흥미를 느꼈는지 한참 동안 코를 대고 킁킁거렸고, 우거진 나무는 이곳이 열대우림과 멀지 않다는 걸 일러주고 있었다. 베트남, 필리핀과 적도까지의 거리가 비슷한 위도지만 날씨는 덥지 않다. 벤치에 앉아 쉬는 동안 뭔가 해야 할 일을 남겨둔 것 같은 강박이 햇살에 녹아 스러졌고, 가볍게 불어오는 바닷바람이 머릿속에서 일어나는 복잡한 상념들을 실어갔다.

호주에서 일을 시작하기 위해 필요한 은행계좌를 개설하고, 핸드폰 유심과 수건, 속옷 따위를 구입한 뒤 숙소로 돌아가는 길이었다. 날씨가 꾸물거리더니 갑자기 비가 내리기 시작했다. 한국 일기예보에서 '시간당 5~10mm' 정도의 강우량이라고 멘트를 칠 정도의 비다. 그래도 10분 정도의 거리를 비를 맞고 갈 수는 없어서 급하게 마트로 뛰어가 우산을 샀다. 그런데 웬걸? 다른 사람들은 모두 비를 맞으며 걷고 있다. 우산을 쓰고 있는 사람은 나 혼자다. 처음에는 비를 맞는 게 유행인가 싶었지만 사실은 공기가 깨끗해 가능한 일이라는 걸 알게 되었다. 호주사람들은 폭우가 아니면 다들 그냥 비를 맞고 다닌다. 마치 물아일체物我一體를 깨달은 도인의 수양법을 일상에서 실천하는 사람들처럼 보였는데, 그러고 보니 나만 속세의 그늘 속에서 걷고 있는 것 같았다. 비를 맞는다고 해도 옷이야 젖겠지만 집에 돌아가 세탁기에 던져 넣으면 끝인 것이다.

사실 인류 역사에서 우산이 활약한 시기는 길지 않을 것이다. 웬만한 비라면 다들 그냥 맞으며 돌아다녔다. 나는 겪어보지 못한 일이지만 부모님 세대만 하더라도 길가 밭에서 호박잎을 한 장 꺾어 머리에 쓰고 길을 갈 정도로 웬만한 비라면 맞으며 걸을 정도로 대수로운 일도 아니었다. 나도 우산을 접었다. 우산을 들고도 그냥 비를 맞는 건 처음이지만 내 몸 세포도 그다지 거부감을 드러내지는 않는다. 오히려 상쾌한 기분이다. 하루 만에 호주와 친숙해진 느낌이다.

게스트하우스로 돌아온 나는 지붕이 설치된 해먹에 누워 잠이 들었다. 호주로 오기 전까지 온통 머릿속을 어지럽혔던 상념들이 잠속에서 빗물에 씻기는 먼지처럼 지워졌다. 오늘은 아무 생각도 하지 말고 쉬자는 생각이었다. 얼마나 시간이 지났을까? 어둠이 내리고 바람이 불어 추웠다. 비몽사몽 잠에 취한 상태로 따뜻한 방을 찾아 다시 깊은 잠에 빠졌다. 뒤척이지도 않고 그냥 잠으로 빠져들 걸 보면 여독이 꽤 쌓이긴 했던가 보다. 잠에 취해 있는 동안 케언즈의 감감한 하늘을 가르며 밤새도록 비가 내렸다.

　　호주에 도착했다고 해서 줄지어 서 있는 공항택시처럼 일자리가 나를 기다리고 있는 건 아니었다. 나와 같은 워홀러에게 호주는 한국보다 100배 넓은 각개전투장과 다르지 않았다. 그나마 한 가지 다행인 점은 세계 각국으로부터 많은 워홀러들이 모여들다 보니 커뮤니티가 활성화되어 있다는 점이다. 인터넷을 조금만 검색해도 일자리 관련 정보들이 주르륵 쏟아진다. 대부분은 몸을 쓰는 일들, 그러니까 음식점 서빙, 청소, 농작물을 재배하거나 수확해서 포장을 하는 일 따위다.

　　시골 쥐가 서울로 가고 싶어 했던 것처럼 나 역시 시골농장보다는 시드니에서 일자리를 구하고 싶었다. 하지만 시드니는 예상보다 경쟁이 치열하다. 최저 임금보다 낮은 급료를 주는 일자리조차 대기자들이 많았다. 일부 한국인들이 운영하는 가게에서는 호주 정부에서 규정해놓은 최저임금보다 적은 임금을 주곤 했는데, 그마저도 대기자가 있었다.

　　도시에서 일자리를 찾는 건 깔끔하게 포기했다. 아니 포기 당했던 건가?

　　남은 건 자연스럽게 농장이다. 농장은 작물 재배시기만 맞는다면 곧바로 일을 시작할 수 있고 법정임금을 받는다. 지출도 도시보다 적을 수밖에 없어 돈을 모으기 쉽다. 문제는 내가 농사일에 문외한이라는 것이었고, 초등학교 5학년 무렵 주말농장에 가보았던 게 경험의 전부라는 거였다. 하지만 어쩌랴. 내 시험지 답안은 오지선다가 아닌 단 한 문항뿐인 것을.

호주는 전 세계를 놓고 보더라도 대규모 영농이 이루어지고 있는 나라다. OECD 최저 수준의 인구밀도를 유지하고 있는 호주 농촌지역은 일손을 구하기가 어려울 수밖에 없다. 그래서 호주 정부는 지역별, 작물별, 재배시기별로 잘 정리된 안내자료를 배포해 농장과 노동자들을 연결해 준다. 일종의 나침반인 셈이다. 그리고 그 나침반에 따르면 퀸즐랜드Queensland 에이어Ayr(현지발음으로 에어)라는 도시에서는 이제 막 수확 철이 시작되고 있었다. 호주 북부 휴양 도시인 케언즈에서 약 400킬로미터 아래쪽에 위치한 에이어는 지도에 온통 초록색으로 칠해진 곳으로 사람들이 살고 있는 건물과 같은 표식이 거의 눈에 띄지 않는 곳이었다.

에이어에서 농장 일자리를 연결해 주는 워킹호스텔은 세 곳이었다. 나는 셋 중 하나를 선택해 구직 메일을 보냈다. 어쩌면 내 삶과 전혀 무관했을 도시와 인연이 이어지고 있었고, 돈만 벌 수 있다면 캥거루들이 뛰어노는 야생의 땅이라도 나는 가야 했다.

그날 저녁, 이메일로 답장이 왔다.

"안녕, 미스터 장. 우리 워킹호스텔은 일을 찾는 워커들을 농장에 소개하고 있어. 일을 하고 싶다면 네 이름과 도착 날짜를 알려줘. 자리를 비워둘 테니까 에이어에 도착해서 우리 호스텔로 전화를 하면 널 픽업할 차량이 갈 거야."

세상에서 이렇게 쿨한 답장은 처음이었다. 혹시 사기가 아닐까 잠깐 의심까지 들었다. 다행이 먼저 그 워킹호스텔을 이용했던 사람들이 남긴 후기를 보고나자 비로소 신뢰가 회복되었다. 수확 철을 맞은 농장은 대체적으로 일손이 부족해 워킹호스텔이 일종의 에이전시처럼 알선 수수료를 받고 일꾼과 농장을 연결해 주는 시스템이었다.

어쨌든 한국에 있을 때 하나하나 확인하고 미리 준비하지 않았던 수고를 호주에 도착한 뒤에 치르고 있는 셈이었고 이제 단순한 여행이 아니라 일을 하고 돈을 벌어 생활을 꾸려야 할 호주에서의 삶이, 그 첫 번째 미션이 이제 막 시작되려는 순간이었다.

케언즈와 에이어는 약 430킬로미터 정도 거리다. 사람을 구경하기 힘든 호주 시골마을에서 대중교통이라고 해봐야 하루 한 대밖에 운행하지 않는 버스나 기차가 있을 뿐이다. (에이어는 인구 만 명도 되지 않는 소도시다.) 자동차를 이용하면 5시간 거리지만 기차를 타면 7시간이 걸린다. 한국에서라면 자동차보다 기차를 이용하는 게 훨씬 빠르겠지만 호주는 다르다. 중간에 정차하는 역이 많은 탓도 있지만 기차가 달리는 속도 자체도 느리다. 철로 노선이 워낙에 길다보니 낡고 노후해진 구간을 제대로 보수하지 못해 고속으로 운행하기도 어려울 뿐 아니라 기차가 통과하는 지리적 특성도 한몫을 한다. 웬만한 도시를 제외한다면 중간 중간 농장을 가로지르고 마을을 통과하는 철로에는 차량이 건너는 건널목조차 통제장치가 제대로 갖춰져 있지 않다. 사고를 예방하기 위해서는 그저 저속으로 통과하는 방법 하나다. 물론 기차가 다가오면 자동차 운전자 역시 알아서 멈춰야 한다. 등굣길 횡단보도에 아침마다 등장하는 녹색깃발 어머니들도 당연히 없다.

KTX는 언감생심일 정도로 느려터진 호주 기차는 그래도 나름 매력이 있다. 한국 기차가 서울에서 부산까지 2시간 반이면 돌파할 정도로 속도에 목을 매는 반면, 정작 드넓은 땅덩어리를 가진 호주 기차는 오히려 여유롭다. 그래서 굼벵이처럼 꾸물거리며 기어가는 그 길에서 만나는 풍경 하나하나가 가슴 깊이 담긴다. 여유롭게 풀을 뜯는 소떼와 높이 솟아 있는 이름 모를 산자락, 끝이 보이지 않는 황금빛 밀밭, 언젠가 소년이 떠오르는 태양을 보라보며 야망을 품었을 망망대해와 같은 풍경들이 마음으로 들어왔다가 천천히 뒤로 밀려났다. "빨리 빨리"를 외치며 살아왔던 한국식 마인드를 그대로 품고 있다면 분명히 염장이 터질 노릇이련만 기차는 너무나도 느릿해서 오히려 무념으로 흘러가고, 망연한 시선으로 창밖을 내다보고 있는 여행자의 마음에는 매혹의 한때들이 가득하게 담긴다.

무료함 반, 허기 반이다. 기차에서 즐기는 식사라는 게 또 괜찮은 분위기 아닌가. 이건 기차여행을 하면서 삶은 계란이나 김밥을

먹는 것과는 또 다른 느낌, 이왕에 호주까지 왔으니 이런 호사 정도
는 누려야 한다.

식당 칸으로 들어서는 순간, 식사를 하고 있던 노부부의 시선이
먼저 내게로 달려든다. 혼자서 기차여행을 하고 있는 동양인이 신
기하게 보였던 걸까? 호주는 인종차별이 심하다던데, 혹시 그런 시
선은 아니었을까? 어쨌든 애써 그 시선을 외면하고 빈 테이블에 앉
는다. 로맨틱한 기차에서의 식사라고는 하지만 메뉴는 샌드위치다.
이제 내 앞에는 어떤 일들이 펼쳐질까? 그때다. 이런 저런 사념에
빠져 있는 내 귀에 낯선 영어가 들려온다.

"너는 어디 가는 중이니?"

식당 칸으로 들어설 때 나를 향해 시선을 날려 보냈던 노부부 테
이블에서 건너온 목소리다. 나는 동방예의지국에서 건너온 건실한
청년이므로 이럴 때는 최대한 공경하는 자세로 대답을 해야 한다
고 배웠다.

"에이어로 가는 길이에요. 농장에서 일을 하려고요."

"아, 에이어⋯. 거긴 정말 덥지. 그런데 농장일은 구했어?"

"네. 워킹호스텔에 의뢰를 해놨어요. 에이어에 대해 잘 아세요?"

"알지, 큰 농장들이 많아. 지금이 한창 수확 철일 거야. 거긴 아주
더운 곳이지. 그러니 커다란 물통을 준비해야 할 거야. 커다란 챙이
달린 모자도 있으면 좋고."

물통 이야기를 하면서 손으로 허공에 대고 그림을 그리는데, 수
박만큼이나 크다.

"어디로 가시는 길인가요?"

"우리는 브리즈번에 가. 아들을 만난 뒤에 골드코스트(서핑으로 유명한 해변)에 갈 예정이지."

케언즈에서 출발해 남부에 있는 브리즈번까지 달리는 이 열차는 운행시간만 24시간을 넘긴다. 비행기를 타는 것보다 시간이 12배나 더 걸리고 가격도 더 비싸다. 그럼에도 그들이 비행기가 아니라 기차를 타고 가는 이유는 무엇일까? 그들의 여행에는 가장 **빠른** 시간에 목적지에 닿아야 한다는, 목표를 지향하는 가치가 **빠져** 있는 것 같다. 느릿느릿 창밖으로 지나가는 풍경들을 가슴에 담으며 소중한 사람과 이야기를 나누고 음식을 먹는 이런 과정 자체를 사랑하는 것은 아닐까? 기차를 차고 오는 동안 차창 밖으로 흘러갔던 그런 풍경들을 눈에 담고 마음에 담기 위해 기차를 타고 여행하고 있으리라. 불쑥 그들을 보며 나 또한 그런 여행을 하고 싶어져서 이미 수십 가지가 들어 있는 내 버킷리스트에 호주 기차여행도 슬그머니 덧붙여 넣었다.

에이어에서 내린 승객이라곤 나를 포함해 고작 5명이었다. 겉모습만 보면 더 이상 운영하지 않는 강원도 어디쯤에 있을 간이역처럼 보였고, 근무하는 역무원이 있는지 없는지도 모를 간이건물 하나가 전부다. 차라리 이 역사를 관광지라는 콘셉트로 홍보한다면 하루에 10명은 방문했을 것 같다.

캐리어를 끌고 역 밖으로 나가도 황량한 풍경은 마찬가지다. 피쉬&칩스가게 (어떻게 운영되는지 무척이나 궁금하다.) 하나와 텅 빈 도로만 눈에 들어온다. 명색이 한 도시의 기차역인데 쓸쓸할 정도로 휑하니 비어 있다. 하긴 하루에 기차 한 대만 지나간다고 하니….

워킹호스텔에 전화를 걸었다. 평범한 호주 아주머니의 목소리가 흘러나온다.

"안녕하세요, 실버링크의 캐시입니다. 무엇을 도와드릴까요?"

이메일로만 대화를 나눴을 뿐이어서 캐시의 목소리는 처음이다.

"아… 지금 역(Station)에 도착했는데요…."

"도착했어요? 버스(Bus station)요? 아니면 기차(Railway station)인가요?"

"기차역이요."

"알겠어요. 조금만 기다리세요. 20분 안에 그쪽으로 사람을 보낼게요."

역 앞의 길은 적막했다. 픽업 차량을 기다리는 20여 분 동안 지나가는 차가 한 대도 없다. 농장 일을 하기 위해 오지 않았더라면 이런 시골동네가 있는지도 모르고 살았을 것이다. 끝없이 높은 하늘 아래 존재하는 사람은 나 하나다. 고요함의 시간이다. '나는 이제 어디로 가나?' '이제 무슨 일이 벌어질까?' 따위의 생각을 했던 것 같다.

문을 닫은 기차역 앞 계단에 하염없이 앉아 있을 때 저 멀리서 SUV 차량이 달려오는 게 보였다. 셜록이 아니더라도 나를 픽업하러 오는 차량이란 걸 단번에 알겠다.

'아, 이제 한 번도 해보지 않았던 농부가 되어보는구나!'

일 좀 시켜주세요

워킹호스텔 직원으로 일하는 캐시Kathy는 50대 호주 아주머니다. 백인들은 다들 키가 클 거라는 편견이 여지없이 깨진다. 160센티미터가 조금 안 될 정도로 조금 작은 분이다. 그리고 테이블 위에는 김이 모락모락 피어오르는 따뜻한 아메리카노가 놓여 있다. 한겨울에도 냉커피만 마실 것처럼 '시크'한 워킹우먼을 상상했던 예상이 처음부터 와장창 깨진다. (에어어는 한 겨울에도 기온이 10도 이하로 잘 내려가지 않을 정도로 더운 지역이다.)

캐시는 친절했다.

"여기까지 오느라고 고생했어. 힘들었지?"

역시 사람은 얼굴을 보면서 이야기를 나눠봐야 진짜 모습을 알 수 있는 것 같다. 그녀는 마치 처음으로 자대에 배치된 신병을 대하는 행정보급관처럼 나를 편하게 다독인다.

실버링크 워킹호스텔에는 주방은 없지만 화장실을 갖추고 있는 2인실, 화장실도 주방도 없는 2인실, 화장실과 주방이 갖춰진 8인

실이 있었고, 당연히 8인실이 가장 싸다. 주당 164호주달러. 2인실은 주당 190달러다. 내 수중에는 달랑 560달러뿐이어서 이리저리 잴 것도 없이 8인실을 선택했다. 방을 배정한 뒤에 주의사항을 간단하게 들려주고는 방 열쇠를 건네준다. 캐리어를 들고 방을 찾으며 두리번거리는 동안 아직 일을 끝내고 돌아온 워커들은 보이지 않았고 낯선 새들이 먼저 나를 맞이했다.

2인실 건물을 지나자 수영장 뒤로 8인실 방 5개가 다닥다닥 붙어 있는 건물이 보였고, 방에 들어가기도 전에 이미 신발, 옷가지, 담배꽁초가 널려 있는 걸 보면서 '사람들이 사는 곳은 어디나 다 똑같구나.' 하는 생각이 들었다. 그리고 방문을 연 나는 입이 딱 벌어졌다. 방은 혼돈 그 자체, 카오스의 세계였다. 실내에서도 신을 벗지 않는다는 건 알고 있었지만 그럼에도 불구하고 해수욕장이라도 되는 것처럼 흙모래가 두툼하게 깔려 있을 줄은 몰랐다. 농장에서 일하는 사람들이 살고 있다는 증거들이 거기에 고스란히 남아 있었다. 그게 전부가 아니다. 바닥에는 시리얼 부스러기들이 굴러다녔고, 테이블 위에는 먹다 남긴 우유가 그대로 놓여 있다. 게다가 정리하는 데 적어도 이틀은 걸릴 것 같은 냉장고 문은 음식을 너무 많이 넣어놓은 탓에 살짝 열려 있다. 그래도 그런 냉장고가 오늘 아침까지 사람이 살고 있었다는 증거라니 아이러니한 모습이 아닌가. 방에는 네 개의 2층 침대가 놓여 있었는데 7개의 침대에는 형광색 작업복과 같은 옷가지들이 흩어져 있었고, 파리들이 어지럽게 날아다니며 그 침대 주인들을 대신해 나를 맞이한다.

호주에서 살아남는 법보다 이 방에서 살아남는 방법을 먼저 터득해야 할 것 같다. 일단 눈에 띈 빗자루를 집어 들고 바닥에 깔린 흙모래를 쓸었다. 선임이 오기 전에 생활관을 청소하는 이등병이 된 것 같다. 바닥을 대충 청소한 뒤에 내가 쓸 빈 침대를 찾으니 화장실 앞 2층 매트리스가 그나마 깔끔하게 비어 있었는데, 가장 좋지 않은 위치라는 걸로 유추해보면 내 자리가 맞지 싶다.

식탁에 앉아 잠시 정신을 추스르면서 주위를 둘러보다가 문득 문과 가까운 곳에 놓인 1층 침대에 놓인 수첩에 시선이 닿았다. 수첩에 적힌 한글이 보인다.

'진교.'

"진교? 한국 사람도 있는 걸까?"

그때였다. 갑자기 흙투성이가 된 두 사람이 방으로 들어오며 소리친다.

"아~ 오늘 일과 끝!"

"오늘 저녁은 뭐 먹을래?"

"형, 오늘은 카레 어때요?"

갑작스런 사람들의 등장으로 화들짝 놀랐지만 그들도 마찬가지였던가 보다. 남의 침대를 구부정한 자세로 들여다보고 있는 나를 보고는 놀랐는지 대화를 꿀꺽 삼킨다. 도둑처럼 남의 침대를 염탐하고 있는 남자…. 나는 '당신 침대에는 손끝 하나 건드리지 않고 쳐다만 보았습니다.'라고 변명이라도 하려는 것처럼 입꼬리만 올라간 표정을 지었고, 우리는 누군가 정지 버튼이라도 누른 것처럼 약 3초간 굳었다. 당황한 목소리로 그들 중 하나가 말을 걸었다

"웨… 웨어 알 유 프롬?"

눈앞에서 뻔히 한국말로 이야기를 나누는 걸 들었던 나였음에도 나도 모르게 나온 말이 이랬다.

"아… 아임 프롬 코리아!"

"어? 한국에서 왔어요? 근데 왜 영어 쓰세요? 하하, 혹시 한국말 쓰는 거 안 좋아하세요?"

다행히도 나를 도둑이라고 생각한 것 같지는 않았다. 나는 허리를 펴면서 대답했다.

"아, 아니요…. 그건 아니고… 그냥 긴장해서…."

"편하게 말해요~ 어차피 다 같은 외지인인데."

"네… 네, 감사합니다. 아, 혹시 그쪽이 '진교' 씨인가요?"

"아? 제가 아니라 이 형 이름이에요, 전 재철이라고 하는데, Jay라고 불러도 되고…. 저녁 같이 드실래요? 오늘 카레 먹으려고 했

거든요."

"아, 좋죠! 영광이죠! 아… 아니, 감사하죠."

감사한 마음과 영광스런 상황이 헷갈렸다.

"편하게 해요. 편하게~ 모르는 거 있으면 물어보고요. 아는 선에서 알려드릴게요. 근데 퇴근하고 오는 길에 리셉션에서 보니까 한국 분이 하나 더 오신 것 같던데… 형도 보지 않았어요?"

"어, 본 것 같은데. 여기 원래 한국 사람은 잘 안 오는데 오늘은 많이 오네."

그럭저럭 여기까지는 대화가 이어졌지만 곧 어색한 분위기가 다시 찾아왔다. 어떻게든 분위기를 바꿔보고 싶었지만 소개팅조차 한 번 해본 적 없는 내게 분위기를 바꿀 수 있는 능력은 없다. 부모님이 편찮으시다며 핑계를 대고 밖으로 나갈 수도 없는 노릇이다.

속으로 고민하던 나는 주변을 둘러보고 싶다는 말과 함께 방을 나섰다. 어차피 농장에서 일을 하려면 노부부의 말대로 햇볕을 막을 모자도 필요했기에 리셉션으로 갔더니 한국인 한 분이 캐리어를 들고 서 있었는데… 나보다 더 심각하다.

"I… I… I want… uh… wanna… stay."

"Did you book?" (예약했어요?)

여기서 'book'은 '예약하다'라는 뜻이다. 그분은 '책'이라고 알아들었나 보다.

"No, no, I wanna stay."

차를 가지고 오지는 않았을 게 분명하므로, 미리 예약을 하고 픽업 차량을 불러서 왔을 텐데, 픽업 차량은 어떻게 불렀나 싶었다. 이 상황을 풀 수 있는 유일한 방법은 그분보다 영어가 좀 더 나은 한국인이 통역을 해 주는 방법뿐이다. 허접한 영어지만 이 시점에선 나다.

"저… 혹시 힘드시면 제가 도와드릴까요?"

"어? 한국인이세요? 아, 네… 좀 도와주세요. 제가 영어를 잘 못해서요."

사실 나도 세 시간 전에 여기서 들었던 내용이었다. 하지만 마치 처음 듣는 사람처럼 방 번호, 열쇠 보증금, 주의사항 등을 안내하는 캐시의 말을 간단하게 통역해 주었다. 방 열쇠를 받고 그 형이 캐리어를 끌면서 말했다.

"감사해요, 정말. 그쪽이 없었으면 큰일 날 뻔했어요. 여기 오신 지 오래 됐나요?"

"아, 저요? 아니요, 저도 오늘 왔어요. 한 세 시간 전에."

"네? 아, 자연스럽게 말하셔서 오신 지 꽤 오래 된 줄 알았어요."

그리곤 혼잣말처럼 말했다.

"역시 영어를 잘해야 돼…."

형 이름은 노종석, 영어 이름은 재철이 형과 같은 Jay를 썼다. 나보다 4살 많은 형이다. 좀 전에 방에서 만났던 진교 형은 종석이 형과 같은 27살, 재철이 형은 26살이다. 그분들이 공통적으로 했던 말 중 하나는 23살 먹은 내가 호주에 워홀을 온 게 신기하다는 거였다. 나이 차이가 몇 살 되지는 않았지만 그래도 형들은 내게 어린나이에 워홀을 올 생각을 했다는 게 부럽다고 했다. 물론 나는 갑작스럽게, 그것도 주머니에 2주치 방값에 불과한 돈을 가지고 있을 뿐이라는 말은 하지 않았다. 아직은 반가움 반, 낯설음 반… 그저 지구 반대쪽에 붙어 있는 호주 시골까지 와서 하루에 한국인 셋을 만났다는 사실이 신기하기만 했을 뿐이었다. (이 워킹호스텔에는 200여 명이 묵고 있었는데, 한국인은 10여 명에 불과할 정도로 적었다. 나머지는 일본인과 프랑스인 그리고 영국인이 가장 많았고, 어디를 가든 아시아인 중에서 가장 많이 볼 수 있는 중국인들은 의외로 적었다.)

이름도 생소한 지구 남반구 시골마을이다. 같은 한국인이라는 점 하나만으로도 우리는 강한 유대감으로 묶였고, 가까워졌다. 그중에서도 종석이 형과는 첫 인연 때문이었는지 더욱 친해졌다.

간단하게 저녁을 먹고 종석이 형과 함께 호스텔을 둘러보기로 했다. 2인실은 정사각형 모양의 조립식 패널로 이루어져 있고 건물 중앙에는 야외 식탁이 있다. 건물의 오른쪽에는 공용 주방이 있었는데, 세계 곳곳에서 온 사람들이 요리 축제를 벌이는 현장이나 다름없다. 블루투스 스피커에서는 낯선 음악이 흘러나왔고 모두들 현란한 솜씨를 뽐내는 요리사들이다. 돈가스, 치즈샐러드, 매운 채소볶음…. 굳이 작명을 하자면 '마스터쉐프 실버링크'라고 하겠다.

신기한 풍경이다. 그리고 '호기심' 하면 나다. 반짝반짝 빛나는 눈빛으로 주방 풍경을 둘러보는 내게 서양인 친구가 말을 걸었다.

"헤이~ 러블리~ 너도 먹어볼래?"

생전 처음 만난 나를 보고 "러블리"라고? (이 영국인 친구는 남녀를 불문하고 모든 사람을 러블리라고 부른다.) 나는 어릴 때부터 남이 주는 음식은 사양하지 않고 먹는 것이 예의라고 배웠다. 그러니 생전 처음 보는 곱슬머리 영국인 친구에게도 예의를 갖춰야 한다.

"처음 만났으니까 특별히 치즈를 얹어주지."

그 친구가 건네준 감자 샐러드는 맛이 나쁘지 않았다. 물론 저녁식사로 먹었던 카레보다는 못했지만.

굳이 점수를 매기자면 10점 만점에 7점이었는데, 핵심은 이곳 점수산정 방식이 반올림이라는 거다. 5점만 넘어가면 다 10점이다. (내가 이곳에서 5점보다 낮은 평가를 내렸던 음식은 아스파라거스에 치즈를 얹은 정체불명의 음식 하나뿐이었다.)

이곳에서 10점은 '맛있다'는 표현으로 통용된다. 당연히 나는 처음 만난 영국 친구로부터 음식을 얻어먹고는 "맛있다."는 감탄사를 연발했다. 조금만 더 일찍 이곳 룰에 대해 알았더라면 재철이 형이 만들어 준 카레는 당연히 10점 만점이었을 건데 아쉬웠다.

우리는 요리경연대회장을 빠져나와 각자의 방으로 헤어졌다. 저녁 9시. 군대 생활관 같은 8인실로 돌아갔더니 다들 자기 침대에 누워 있다. 독일에서 온 맥스, 중국에서 온 페이, 케빈, 일본에서 온 유키, 프랑스에서 온 지비, 한국에서 온 진교 형, 재철이 형, 그리고 나. 문득 이들과 함께 블루마블을 하면 어떨까 궁금했다. 물론 한국에서 제작된 블루마블이어야 한다.

다양한 나라에서 온 만큼 하는 일도 다양하다. 모종심기, 작물재

배, 작물 포장, 분류 등으로 나뉘는데 작물은 캡시컴, 멜론, 수박, 고추 등이 있다. 침대에 누워 있는 룸메이트들에게 간단하게나마 인사를 하려고 했지만 다들 침대에 누워 잘 준비를 하기에 바쁘다.

"저… (재철이) 형, 왜 벌써부터 자요?"

"내일 일을 나가야 하니까 일찍 자야지. 6시까지 나가려면 적어도 5시 40분에는 일어나야 돼."

"그런데 벌써 자요?"

"일이 힘드니까 그렇지 뭐. 불은 10시에 화장실 옆에 있는 사람이 알아서 끄는 거야. 아마 네가 스위치 바로 옆이라서 꺼야 할 걸?"

역시 내 침대는 막내 자리였다.

"석호야, 너도 여기 세컨 따러 온 거야?"

세컨은 세컨드비자를 말한다. 호주에서 워홀 비자로 체류할 수 있는 기간은 1년이지만 일손이 부족한 농업과 같은 1차 산업 분야에서 일정한 기간(약 4개월) 동안 일한 사람들에게는 1년을 더 체류할 수 있는 두 번째 비자가 주어진다. 이것을 세컨비자라고 한다. 하지만 나는 도시에서 일자리를 찾을 수 있을 때까지 버틸 돈이 없었기에 당장 일자리를 찾을 수 있는 에이어로 온 것이었고, 이것이 다른 사람들과 조금 다른 점이었다.

"아, 일단은 돈을 좀 벌어야 해서요. 좀 급하거든요."

사실 당장 돈을 벌지 못하면 2주 뒤에는 호주 거지가 될 수밖에 없는 처지였다.

"아, 그래? 하긴, 도시에 가면 얼마나 기다려야 될지도 불확실하니까. 여기서도 조금은 기다려야 하긴 할 텐데… 그래도 지금은 한창 수확 철이니까 금방 구해질 거야."

곧 침묵이 찾아왔다. 형은 이불을 끌어당기더니 곧장 꿈나라로 건너갔다.

이렇게 정신없이 하루가 흘러가는구나. 분명 오늘 아침엔 케언즈에서 눈을 떴는데, 12시간 뒤에는 맨 정신으론 살 수 없을 것 같은 너저분한 방에서 함께 블루마블을 하고 싶은 사람들과 누워 있게 될 줄이야.

하루 종일 낯선 상황에 적응하느라 에너지를 과다하게 소모했던지 나 역시 금세 잠속으로 빠져들었다.

"띠리리리리!"

"띠리리리…."

약속이라도 한 것처럼 한꺼번에 핸드폰들이 비명을 질러대기 시작했다. 나도 덩달아 잠에서 깨어나 시간을 보니 5시 40분. 나를 제외한 일곱 명은 비상이 걸린 내무반 풍경이다. 형광색 작업복으로 갈아입고 냉장고에서 우유를 꺼내 시리얼을 먹는 그들을 나는 멍한 시선으로 바라보았다. 시리얼을 씹는 건지 마시는 건지도 모를 정도로 다급한 움직임이다. 한국인들이 아무리 빨리 빨리를 외친다고 한들 지금의 그들 모습을 보면 한 수 접어줘야 할 거다. 그럼에도 불구하고 할 건 빼먹지 않고 다하는 걸 보면 새삼 신기한 생각이 든다.

20분 만에 전투준비를 마친 일곱 명의 전사들이 사라진 방은 내가 어제 처음 보았던 풍경 그대로다. 바닥에 널린 시리얼, 테이블에 올려놓은 채 남겨진 우유, 벗어놓은 옷가지…. 이곳에서 나는 아침 6시부터 오후 5시까지 홀로 남아 있어야 한다.

내가 할 일은 아무것도 없었다. 무료함을 달래기 위해 방을 청소하거나, 아무도 없는 공터에서 혼자 메시 흉내를 내거나, 음료수를 사기 위해 15분을 걸어 슈퍼마켓에 다녀오는 것 따위로 시간이 흘러갔다.

언제 일자리를 찾을 수 있을지도 알 수 없는 상태에서 무조건 기다리는 건 지루하면서도 조바심이 났다. 보통은 일주일 안쪽으로 일자리를 구할 수 있다고 하는데 내겐 할 일 없이 보내는 하루하루가 안절부절이었다. 보통 하루를 일하고 받을 수 있는 돈은 140달러 정도인데, 지금 내가 가지고 있는 돈은 약 400달러 정도. 3일만 일하면 벌 수 있는 돈이다. 일만 시작하면 돈 걱정을 하지 않아도 되는데 언제 일을 구하게 되는지 알 수 없다. 그렇게 일주일이 지나가고 또 방값을 냈다.

식비를 빼고 나면 이제 일주일치 방값밖에 없다. 만약 이번 주에도 일을 구하지 못하면 동생에게 전화를 걸어 아쉬운 소리를 하며 돈을 빌려야 할 판이다. 하지만 부모님에게 걱정거리를 안겨주기 싫어서 어떻게든 그런 상황은 피하고 싶었다. 허무한 이야기로 들릴 수도 있겠지만 그냥 한국으로 돌아갈까 싶은 생각도 들었다. 외국에서 돈이 떨어지면 외교부에서 항공권을 구입해 주고 한국으로 돌아가서 돈을 갚는 제도가 있다는 것도 알고 있었다.

하지만 호주까지 왔다가 그냥 돌아간다는 건 있을 수 없는 일이다. 돌아가서 입이 열 개라도 할 말이 없는 일이 아닌가.

저녁 7시가 되었다. 다시 마스터쉐프 실버링크가 열렸다. 야외식탁 끝자락에 앉아 세상에서 가장 큰 걱정거리를 안고 있는 얼굴을 하고 있던 내게 일본인 룸메이트 유키가 말을 걸어왔다.

"헤이, 미스타 장. 너 별로 안 행복하게 보여, 무슨 문제 있어?"

본래 표정 관리를 잘 하지 못하는 나다. 좀 창피하기는 했지만 그 친구에게 내 사정을 털어놓았다. 유키가 한마디 했다.

"오, 그랬구나. 네게 그런 문제가 있는 줄은 몰랐어. 그렇지만 너무 걱정하지 마. 여기에 있는 많은 사람들이 너와 비슷한 고민을 가지고 있어. 잘 될 거야. 심각한 상황이라는 걸 아는 게 중요하다고 생각해. 그리고 너는 일자리를 구하러 온 것이긴 하지만 기본적으로 여행을 온 거잖아."

누가 그걸 모른담. 기본적으로 호주를 여행하기 위해 온 거지만 그 목적을 달성하기 위해서라도 먼저 돈이 필요하고, 이제 일주일 뒤면 완전히 개털이 될 위기상황이란 말이지. 남말은 쉽게 한다고 생각하기 쉽지만, 사실 진실 혹은 해답은 그런 곳에 숨어 있는 법이다.

유키가 한마디 덧붙였다.

"리셉션에 말해보는 건 어때? 캐시에게 사정 이야기를 하면 도움을 받을 수 있지 않을까? 왜냐하면 그들도 결국은 돈을 벌기 위해서 하는 일이니까 말이지. 하하하!"

맞는 말이다. 어차피 나 또한 워킹호스텔의 투숙객이고, 사정 이야기를 하면 좀 더 앞 순위로 일거리를 줄 거라는 말이다. 그동안 왜 그런 생각을 하지 못했는지 후회가 됐다. 좀 더 적극적으로 내가 먼저 가서 말하면 되는 거였다. 울지 않는데 먼저 젖을 물려주지는 않을 테니.

당장 자리에서 일어서는 내 뒤통수에 대고 유키가 한마디를 더 덧붙였다

"만약 일을 더 일찍 구하지 못하면 내게 말해. 캠핑카에서 살고 있는 친구가 있는데, 그 친구와 같이 지낼 수도 있어."

저녁 7시가 넘은 시간이었지만 캐시는 아직 리셉션에 있었다. 캐시가 나를 보더니 유쾌한 웃음으로 맞이했다.

"오, 미스터 장! 잘 왔어. 마침 네게 가려고 했는데 말이지. 넌 내일부터 일하게 될 거야. 도시락하고 모자, 작업복, 선크림, 물을 꼭 챙겨서 6시까지 수영장 앞으로 나와. 아참! 모자는 첫날에 샀지? 하하…."

"정말요? 사실은…."

너무나도 기쁜 나머지 내 처량한 사연에 대해 온갖 손짓이며 몸짓까지 동원해 장황하게 털어놓았더니 캐시가 이렇게 말했다.

"정말? 그럼 내게 미리 말하지 그랬어. 문제가 있다면 언제든지 말해. 만약 방값이 걱정이라면 네가 나중에 받을 주급에서 차감할

수 있으니까 그 문제는 걱정하지 마."

유키 말대로 나는 일을 구하는 사람이기도 하지만 이 워킹호스텔의 고객이었다. 그녀가 친절을 베풀지 않을 이유는 없는 것이다.

"그런데 제가 내일 일할 곳은 어딘가요?"

"캡시컴Capsicum 농장."

"캡시컴 농장? 캡시컴이 뭔가요?"

캡시컴이라는 말은 그때가 처음이었다.

"내일 6시까지 리셉션 앞으로 나와! 농장에 가면 알게 될 거야."

캐시가 다른 일을 처리하느라 바쁜 것처럼 보여서 방으로 돌아와 인터넷을 검색해보았다. 캡시컴은 중앙아메리카와 남아메리카 지역을 원산지로 하는 고추과 식물이란다. 우리나라에서 볼 수 있는 파프리카와 비슷하다.

재철이 형에게 내일부터 캡시컴 수확하는 일을 하게 되었다고 했더니, "어? 나는 캡시컴 창고에서 일하는데, 그럼 네가 딴 캡시컴을 내가 관리하겠네. 오늘 일 끝나고 하나 가져왔는데 먹어봐. 뭔지 먹어봐야 또 잘 따지 않겠어?"라는 대답이 돌아왔다. 정말 파프리카와 똑같은 맛이다.

드디어 일자리를 얻었다. 이제 돈 걱정 따위는 하지 않을 테다. 걱정 뚝, 행복 시작인가? 내일의 일은 내일에 맡기면 된다.

머리맡에 작업복을 고이 개어두고 나는 잠이 들었다.

지옥의 캡시컴 농장

새벽 5시 30분, 드디어 일을 시작하는 첫 아침이다. 소풍을 가는 것도 아니건만 어린아이처럼 마음이 들떴다. 이미 어제 저녁 만반의 준비를 갖춰두고 있었지만 혹시라도 놓친 게 있을 새라 10분 일찍 일어나 불을 켰다. 여전히 침대에 붙어 있던 룸메이트들이 핸드폰을 확인하더니 다시 이불을 뒤집어썼다. 원한 건 아니었지만 그들이 누릴 10분의 잠을 방해한 셈이 됐다.

시리얼을 꼭꼭 씹어 삼키고, 바짓단을 신발 속으로 집어넣고, 선크림, 모자, 도시락, 물, 근로수칙확인서명서까지 꼼꼼히 챙겼다. 10분 일찍 일어나 준비했더니 이렇게나 여유가 만만이다. 자, 이제 출정이다.

일곱 명의 전사들과 함께 방을 나서 리셉션으로 갔을 때는 이미 선발대 60명은 출발한 뒤였고, 우리는 두 번째다. 우리 뒤로 출발하는 후군 60명은 이제 일어나서 준비를 하는 것 같았다.

"오케이, 미스터 장! 준비됐어? 너는 찰리 팜으로 가면 돼."

찰리 팜은 농장 이름이고, 찰리는 주인 이름. 왠지 초콜릿을 좋아할 것 같은 이름이지만 그렇지는 않다는 말을 나중에 들었다.

실버링크 워킹호스텔에서는 찰리 팜 이외에도 록키 팜, 이름 없는 고추농장 등 주변에 있는 농장들로 일꾼을 보내고 있었다.

"저기에 있는 두 버스 중에서 하나를 타면 돼."

케언즈공항에서 탔던 것과 같은 버스였다. 대신 시트는 이곳저곳 찢어져 있고, 에어컨은 고장 나고, 흙모래로 너저분하다. 제대로 되어 있는 건 안전벨트 하나뿐이었다. (호주에서 안전벨트를 착용하지 않으면 승객과 운전자 모두 벌금이 부과된다.)

여섯 시, 병력을 실은 전차가 실버링크를 출발했다. 찰리 팜은 15분 정도 거리에 있었다. 음료수를 사러가곤 했던 슈퍼마켓을 지나고, 하루에 단 한 번 제 역할을 하는 기차역도 지나갔다. 도시를 벗어나자마자 펼쳐지는 건 끝도 보이지 않는 농장과 사탕수수 밭이었다. 이곳은 대규모 농장지대로 마트에서 채소를 고르며 확인하는 원산지 중 '호주산' 캡시컴은 대부분 이 지역에서 생산된 것들이다.

끝이 보이지 않는 캡시컴 밭을 뚫고 들어가다 보니 마치 블랙홀 속으로 빨려 들어가는 기분이 든다. 사실 글 몇 줄로 농장들이 얼마나 넓은지 표현하는 것도 난감하고 이해하는 건 더욱이 쉽지 않을 것 같다. 아마도 구글 지도에서 에이어Ayr를 검색해보면 조금쯤 감이 잡힐 수도 있을 것 같다. 도시로 표시된 작은 지역을 제외하면 주

변 전부가 농장지대다. 찰리 팜에서 록키 팜이 30분 거리로 떨어져 있으니 어느 정도로 넓은지 짐작할 수 있을 것이다. 록키 팜까지는 모두 찰리 팜을 비롯한 다른 농장이라는 뜻이니까.

승합차가 멈췄고, 슈퍼바이저가 우리를 맞이했다. 찰리 팜에는 네 명의 슈퍼바이저(트랙터를 몰아야 하기 때문에 대부분 40~50대의 호주인 남자가 그 역할을 맡는다.)가 있는데, 세 사람은 작업에 동원되는 트랙터를 몰고 나머지 한 사람은 빈 트랙터를 끌고 다니며 수확한 캡시컴으로 가득 채워진 트랙터와 교체해 창고로 옮긴다.

캡시컴을 따는 방법은 아주 간단하다. 무릎 높이까지 자란 캡시컴 줄기에 매달린 주먹보다 큰 캡시컴을 비틀어서 딴 뒤에 앞에 있는 컨베이어벨트에 올려놓는 게 전부다. 고추를 따는 것과 별로 다르지 않다. 쉽다. 아니 쉽다고 생각했다. 초등학교 5학년 무렵 주말 농장에 가서 고추를 따고 상추를 뜯었던 대단한 경력도 있고, 군대에 있을 때는 높은 나무에 열린 밤까지 따서 구워먹었던 사람이 나다. 사실 농장 일이라는 게 복잡할 것도 없으니 며칠만 지나면 잘 적응할 수 있을 것 같았다.

첫 번째 트랙터

트랙터는 기어가는 것보다 조금 빠른 정도로 움직이는데, 양팔을 벌린 것처럼 컨베이어벨트를 펼친 트랙터 양쪽으로 각각 8명씩 16명이 동시에 작업을 한다. 각자 한 줄씩 맡아 작업을 하는데, 줄기 하나에는 보통 다섯 개에서 여섯 개의 캡시컴이 달려 있고, 트랙터 한 대를 채우는 데는 약 40분이 걸린다. 한 사람당 대략 200개에서 240개의 캡시컴을 따야 한다. 문제는 작렬하는 뙤약볕 아래에서 40분 동안 허리를 펼 새 없이 작업을 해야 한다는 것이다.

한 트랙터를 채우고 주저앉았다. 좀 쉴 수 있을 것이라고 생각했지만 웬걸 바로 뒤에서 슈퍼바이저 존이 빈 트랙터를 끌고 온다. 양쪽으로 펼쳐진 컨베이어벨트 날개를 접고 빈 트랙터가 날개를 펼치는 데 걸리는 시간은 대략 2분. 물을 마시고 앉아서 쉴 수 있는 유일한 시간이다. 그렇지 않으면 앞으로 40분 동안은 물을 마실 시간도 없다.

가지고 있던 500밀리리터짜리 물병을 따서 물을 마시다 보니 다른 워커들은 1.5리터, 2리터짜리 물병을 들고 왔다. 완전한 계산 착오다. 기차에서 만났던 노부부가 왜 수박만큼이나 큰 물통을 준비해야 한다고 했는지 비로소 이해할 수 있었다. 한 트랙터를 끝냈을 뿐인데, 이미 내 물통은 비어 버렸다.

"우리 이거 하루에 몇 개나 하는 거야?"

옆에 있던 일본인 팀원인 유리가 대답했다.

"보통 하루에 열 개 정도? 이제 아홉 개 남았다고 보면 돼."

이런 짓을 아홉 번이나 더 해야 한다고? 사람이 할 짓이 못 된다. 딱 세 트랙터만 더 하면 쓰러질 것 같다.

두 번째 트랙터

다시 40분간의 전투가 시작되었다. 머릿속으로 오늘 하루 동안 따야 할 숫자를 계산해보았다. 대략 2000개를 넘게 따야 한다는 계산이 나왔다. (정확하지는 않다. 어떤 날은 같은 시간 동안 5트랙터만 하는 날도 있었다.) 그나저나 물이 떨어진 게 걱정이었다. 최대한 불쌍한 표정을 지으며 부탁을 하면 조금 나눠주지는 않을까?

세 번째 트랙터

그만둘까 하는 생각이 들었다. 그렇지만 아직 2시간이 지났을 뿐이고, 그럼 40달러밖에 되지 않는다. 비행기 값도 안 나온다. 한 3, 4일만 하고 도망가고 싶은 마음뿐이었다.

네 번째 트랙터

내가 예상했던 대로 정말 한계에 달했다. 해는 중천에 떠 있어 아침보다 더 강렬한 햇볕을 쏘아댔다. 흙먼지가 들어갈까 걱정돼 핸드폰을 차에 두고 나왔던 탓에 몇 시나 됐는지도 알 수가 없다. 해가 떠 있는 위치를 보면 어느 정도 시간을 예상할 수도 있겠지만, 고개를 치켜들면 가뜩이나 소진된 체력이 더 떨어질 것 같아서 엄두도 나지 않는다.

'지금 쓰러지면 누가 나를 봐 주기는 할까?'

얼굴은 이미 새빨갛게 달아올랐다. 도저히 버틸 수가 없을 것 같았다. 그만두는 건 너무 위험부담이 크고 5분만이라도 쉬었다가 하자고 하소연하고 싶었다. 그때였다. 슈퍼바이저 톰이 소리쳤다.

"피니시! 스탑 픽킹~"

아, 이제 끝인가? 다행이다. 잘 버텼다. 이제 집에 가서 푹 쉬어야지, 하고 생각하는 순간 톰이 말을 이어갔다.

"런치타임~ 고 백 투 더 카!"

나는 그 자리에서 주저앉았다.

트랙터를 타고 승합차로 돌아왔다. 다른 워커들이 서로 이야기를 나누며 도시락을 먹기 시작했는데, 대부분은 일본인이다. 나도 정신없이 가방에서 도시락을 꺼냈다. 내 몰골은 말이 아닐 지경이었다. 그동안 다른 워커들이 흙투성이로 돌아오는 걸 보고 이상하게 생각했었는데, 내 꼴은 그들보다 몇 배 더 심했다. 멀쩡한 건 어제 정성스럽게 준비했던 반숙을 올린 도시락뿐이었다.

숟가락을 들 힘조차 없었지만 먹지 않으면 버틸 수 없다는 위기감으로 반찬과 밥을 입으로 쑤셔 넣고 있을 때 곁에 있던 유리가 내게 말을 걸었다.

"이봐, 장. 오전에 네가 힘들어 하는 거 봤어. 힘들면 쉬어도 돼. 처음엔 다들 그래. 많이 힘들어 보이더라. 내가 슈퍼바이저에게 말해줄 테니까 오늘은 좀 쉬는 게 어때?"

대답할 정신도 없어서 고개만 끄덕이다가 들리지도 않을 정도로 조그만 목소리로 대답했다.

"때… 땡큐!"

점심시간이 끝났다. 유리가 슈퍼바이저에게 이야기를 해 줘서 나를 뺀 채로 트랙터가 다시 출발했다. 하지만 예비인력이 없으니

여덟 명이 해야 할 일을 이제 일곱 명이 해야 한다. 당연히 그들이 더 힘들어질 수밖에 없다. 아, 이건 또 차마 눈 뜨고 볼 수가 없는 일이다. 5번째 트랙터가 끝난 뒤에 다시 작업을 하겠다고 말하고 라인에 섰다. 한 시간 정도를 쉬었더니 조금 힘이 났지만 그것도 일곱 번째 트랙터까지였다.

여덟 번째 트랙터

오늘 하루를 한마디로 표현하자면 지금까지 살면서 육체적으로 가장 힘든 날이었다고 표현할 수밖에 없을 것 같다. 군대에서 훈련을 받을 때를 생각해보면 그때는 차라리 소풍 같았다. 훈련을 받을 때야 간부 눈초리를 피해 요령이라도 부릴 수 있었지만 이건 시간당 20달러를 받아가면서 일을 하는 게 아닌가. 돈을 버는 일이 이렇게 힘든 일이라는 걸 나는 그때 처음 알았다.

아홉 번째 트랙터

생각을 하는 것 자체가 힘을 낭비하는 것 같아 무념무상이 되었다. 그렇게 40여 분이 지나갔고 톰이 밝은 목소리로 소리쳤다.

"피니시! 스탑 픽킹~ 렛츠 고 투 더 홈!"

정확히 4시에 작업이 끝났다. 아무런 생각도 들지 않았다. 제대로 걸을 수도 없었다. 눈에서 초점이 나간 건 7번째 트랙터부터였을 것이다.

무의식적으로 옆에 있는 워커의 손을 잡으며 트랙터에 올라타서 승합차로 돌아가 작업을 마쳤다는 사인을 한 뒤에 승합차에 타려는 순간 차례를 기다리고 있는 사람이 눈에 띄었다. 한국 군대에서 보급되는 옷을 입고 있었다.

"혹시 한국인이세요?"

그는 고개를 끄덕이더니 되물었다.

"처음 보는 것 같은데 오늘이 처음이세요?"

"네, 오늘이 처음인데… 정말 쓰러지는 줄 알았어요. 원래 이런가요?"

내 말에는 뙤약볕에서, 하루 종일, 점심시간을 빼고는 허리도 펴지 못하고, 쉬는 시간도 없이 일을 해야 하느냐는 질문이 들어 있었다.

"어떤 날엔 다섯 트랙터만 하는 날도 있어요. 매일 이렇게 하는 않아요. 나도 처음에는 정말 힘들었는데 한 일주일쯤 지나니까 그래도 적응이 되는 것 같네요."

일주일은커녕 나는 한 달이 지난다고 해도 적응하지 못할 것 같았다.

"나는 여기서 일한 지 한 달이 좀 넘었어요. 이곳에는 어떻게 오게 됐어요? 여기엔 한국 사람이 별로 안 보이던데…."

이기원이라는 이름을 가진 이 친구는 나와 동갑이었고, 실버링크가 아닌 다른 워킹호스텔을 통해서 왔고, 나와 비슷한 목적을 가지고 있었다.

"앞으로 자주 만날 수 있으면 좋겠네요. 난 처음 일을 시작해서 모르는 게 많아요. 차츰 알려주시면 고맙겠어요."

　목적지가 달라서 그 친구와는 그 정도로 헤어졌다. 그리고 버스 좌석에 주저앉는 것과 동시에 기절을 했다.

인간은 적응한다

알람소리… 누가 저녁시간에 알람을 맞춰놨을까? 비몽사몽 하는 와중에 핸드폰을 보니 새벽 5시 40분이다. 일을 마치고 방으로 돌아오자마자 침대로 기어들었고, 12시간 동안 시체가 되었던 것 같다. 어제 새벽시간은 소풍을 가는 아이처럼 설레었건만 오늘 아침에는 지옥으로 들어가는 마음이다. 하지만 어쩔 수 없다. 억지로 몸을 일으켰더니 다른 일곱 명의 전사들은 평소와 마찬가지로 신발 속으로 바짓단을 집어넣고 있는 중이다. 어제 저녁 바닥에 내팽개쳤던 흙투성이 옷을 주워 입다가 갑자기 생각이 났다.

'아, 맞다! 점심도 싸놓지 않았는데… 1.5리터짜리 물병도 없고….'

"오케이, 다들 준비됐어?"

슈퍼바이저 톰은 어제와 같은 모자, 옷, 바지 차림으로 우리를 맞이했다. 물론 나 또한 같은 옷을 입고 있었지만 나와 달리 톰은 말끔한 입성이다. 짱구처럼 집에 똑같은 옷만 몇 벌씩 가지고 있는 건가? 시체놀이를 하느라 준비하지 못했던 점심은 종석이 형이 미리 만들어 둔 3일치 도시락 중 하나를 빌렸다. 다리는 여전히 후들거렸고, 지옥에서 온 트랙터는 어제와 마찬가지로 초당 5센티미터 속도로 움직이고 있다. 이 정도 속도라면 폭주기관차나 다름없다.

두 번째, 그리고 세 번째 트랙터가 오고 있을 때 왠지 누군가의 시선이 느껴졌다. 고개를 돌려보면 가끔씩 눈이 마주친다. 아마 어제 내가 힘겨워하는 모습을 보고는 약골이라는 소문이라도 난 모양이다.

점심시간에 기원이가 나를 찾아왔었다.

"석호씨, 괜찮아요? 어제 기절했었다면서요?"

다른 워킹호스텔에서 묵고 있는 기원이가 알고 있을 정도라면 이미 소문이 짜하게 난 게 확실하다. 아침에 슈퍼바이저 톰의 시선까지도 두어 번 받았던 걸로 보아 그 역시도 알고 있는 것 같다. 물론 소문은 종종 과장되고 한 번씩 입을 거쳐 가면서 부풀기 마련이다. 전날 퇴근하는 승합차에서 15분 동안 정신없이 잤던 것 역시 기절한 거라고 할 수 있지 않겠는가.

어쨌든 아침부터 일본 친구들과 영국 친구들이 나를 바라보던 시선이 예사롭지는 않았었는데, 오후가 되면서 내가 폭주기관차의 속도를 따라가지 못하자 드디어 먹잇감을 발견했다는 듯 본색을 드러낸다. 옆 라인에 있는 일본 친구들이 내 라인의 캡시컴을 따는 것까지 도와준 것이다. 그날 일이 끝난 뒤에 알게 된 사실인데, 내가 이틀째 일하던 날은 농장주인 찰리가 작업현장을 둘러보기 위해 농장을 방문하는 날이라서 내가 작업속도를 맞추지 못하면 혹시라도 해고될까봐 도움을 주었다고. 아, 이런 동료애, 휴머니즘이라니…. 어쨌든 그 친구들 덕분에 해고되지 않고 고용을 유지할 수 있었다.

그날 저녁 주방에서 조용히 다음날 점심거리로 샌드위치를 준비하고 있을 때 같은 팀인 일본 친구 나오토가 내게로 다가왔다. 정말 곰 같은 체구에 생김새도 곰과 닮은 친구다. 자세히 보면 먹는 것도 곰처럼 먹는 것 같다. 나오토는 나를 주방으로 데리고 갔다. '혹시 내가 작업속도가 느려 힘들다.'고 한마디 하려는 걸까? 하지만 나를 기다리고 있는 건 따끔따끔한 불평이 아니라 바삭하게 튀겨진 돈까스.

"장, 네가 많이 힘들어하는 것 같아서 내가 좀 준비해봤어. 같이 열심히 일해보자."

눈물이 날 것 같다. 이제 겨우 이틀을 함께 일했을 뿐인데, 게다가 피해만 주었는데 이렇게 잘 챙겨주다니….

내가 일이 손에 익고 적응할 수 있었던 것은 바로 이들 때문이었다. 그들은 내가 농장 일에 적응할 수 있도록 배려하고 도왔다. 그리고 4일째가 되던 날부터는 다른 친구들의 도움을 받지 않고 내가 맡은 라인을 감당할 수 있게 되었고, 6일째 되는 날에는 우리 팀에 새로 들어온 이탈리아 친구를 도와 줄 수준에 이르렀다. 이탈리아 친구는 내게 기도하듯 두 손을 모으면서 연신 "땡큐!"를 외쳤지

만, 나는 단지 다른 친구들로부터 받았던 배려와 도움을 그대로 돌려주었을 뿐이었다. 포기하고 싶었던 게 바로 일주일 전인데, 기원이 말대로 일주일이 지나고 보니 나도 이제는 제법 한몫을 하는 농부가 된 것이다.

호주에 와서 처음으로 얻은 건 주급이 아니라 나를 돕고 아껴주는 친구들이었다. 농장에서 함께 일하는 동안 많은 친구들과 빠르게 친해졌다. 사람은 힘든 일을 함께 겪는 과정에서 동료애를 갖게 되고 서로를 배려하고 도우며 친구가 된다. 아마도 군대에서 전우애를 말하는 것도 그런 이유일 것이다.

찰리 팜에서 일을 시작하면서 유리와 같은 친구들이 없었다면 포기하고 한국으로 도망을 쳐버렸을지도 모를 일이다. 농장에서 하는 일들이 힘들면 힘들수록 서로를 배려하고 발 벗고 도움을 주는 친구들이 있었기에 적응하고 극복할 수 있었던 것이다. 내가 숙식을 하던 워킹호스텔에 머물던 친구들은 모두들 세계 각국에서 온 외지인들이었고, 그런 공통점이 실버링크의 분위기를 일종의 공동체로 만든 것 같다.

사실 에이어에 오기 전까진 외국인들과 함께 생활하고 일하는 게 조금 걱정스러웠었다. 20년이 넘는 시간 동안 다른 환경, 문화, 언어를 쓰며 살아왔던 사람들이 함께 일하고 생활하는 걸 쉽게 생각하기는 어렵다. 하다못해 일본인 친구와 독도를 두고 논쟁을 벌이게 되는 상황까지도 떠올렸다.

하지만 이곳에서 우리는 모두 동지들이고, 내가 마음의 문을 닫아걸지 않는 이상 모두들 마음을 열고 다가온다. 점심시간에는 각자 준비해온 귤, 사과, 초콜릿 같은 간식을 나눠먹고 하루 일과가 끝나면 주방에서 맥주잔을 앞에 두고 서로의 이야기보따리를 푼다. 이곳에서 우리가 나누는 이야기는 세계 주식시장의 흐름이나 국제 분쟁 같은 거창한 이야기들이 아니다. 오늘 먹은 저녁은 어땠는지, 어디를 여행하고 싶은지 등 허물없는 친구들끼리 나눌 법한 일상적인 이야기들이다. 길지 않은 시간 동안 함께 지냈을 뿐이지만 우리는 마치 가족과도 같은 느낌으로 하루하루를 보내곤 했다.

첫 주급을 받았다. 내 계좌에 찍힌 숫자는 800호주달러. 지난주에 주지 못했던 방세를 차감하고 슈퍼마켓에 들러 식료품을 사고 나니 600달러가 남았다. 귀국을 해야 하나, 하고 걱정하던 예비 노숙자가 재기의 발판을 마련한 역사적인 날이다. 부모님에게 손을 벌리지 않고 호주에 남아 마련한 600달러. 캐시가 며칠이라도 일자리를 늦게 줬다면 집으로 통화 버튼을 눌러야 했을 것이다. 혹은 그냥 부모님께 2백만 원 정도를 빌려 도시로 가서 좀 더 여유를 가지고 일을 구하는 선택을 했을 수도 있었다.

하지만 그렇게 했다면 이런 성취감을 누릴 수는 없었을 것이다. 목표를 이루는 것도 중요하지만 거기까지 가는 과정도 중요하다. 나는 그 과정을 통해 어떤 자신감과 자부심 같은 걸 느꼈다. 부모님에게 손을 벌리지 않고 스스로 해결하고 결과를 얻었다. 그리고 이제 시작이었다.

"종석이 형, 오늘은 내가 치킨 쏠게. 일 끝나면 내 방으로 와! 재철이 형, 진교 형도 그동안 제가 많이 얻어먹었으니까 오늘은 과자하고 아이스크림 사올게요. 따로 사오지 마세요."

첫 주급을 받고 그동안 도움을 받았던 주변 지인들에게 감사 인사를 전했다. 낯선 세계에서 이룬 첫 성과를 나는 충분히 즐기고 싶었다. 외국에서 돈을 버는 일이 쉬울 리는 없다고 생각했었다. 하다 못해 한국에서도 구인구직 사이트에 들어가 수십 페이지를 넘겨가며 일자리를 찾고, 면접을 보고 통과돼야 일을 할 수 있으니까. 그런데 도전했고 해낸 것이다. 인터넷을 통해서 구인구직을 한다는 건 호주 역시 한국과 비슷하지만, 대규모 농업이 발달한 호주에서는 개인이 직접 농장과 접촉해 일을 구하는 것은 물론이고 내가 했던 것처럼 워킹호스텔을 이용하는 방법도 있다. 호주 농장은 대체적으로 인력이 부족한 상황이어서 조금만 찾아보면 쉽게 일자리를 구할 수 있다.

이제 워킹호스텔의 생활도 익숙해졌다. 첫날 나를 놀라게 했던 마스터쉐프 실버링크에도 참가했다. 평소엔 매운 라면에 볶음밥 정도를 해 먹곤 했지만 그날은 외국친구들에게 제대로 된 한식을 보여주고 싶었다. 종석이 형과 한 팀을 이뤄 선택한 메뉴는 간장 찜닭. 간장은 한국 친구에게 얻었고 마트에서 닭다리, 당근, 대파, 설탕, 고추, 마늘, 당면 등의 식재료를 샀다. 결과는 대성공! 외국친구들에게 한식의 매운 맛은 호불호가 갈리는 편이지만 달달한 간장 찜닭은 세계인들의 입맛을 확실히 사로잡았다.

요리경연대회에서 입상한 작품들만 모아 그랑프리 대회를 치루기도 하는데, 매주 토요일 저녁에 공용 주방에서 워커들끼리 하는 파티다. 일요일은 모든 농장이 쉬기 때문에 토요일에 다 같이 모여 파티를 하는 것이다.

세계 곳곳에서 온 심사위원들로부터 암묵적인 추천을 받아 그랑프리대회까지 진출한 우리의 찜닭은 일식 돈가스, 라자냐, 사천식 마파두부 등 쟁쟁한 후보들을 물리치고 최고의 인기작으로 선정되는 영광을 누렸다. 닭다리는 12개뿐이었고 그래서 맛을 본 사람도 12명뿐이었지만 숟가락으로 양념을 떠먹은 영국 친구는 나중에 돈

을 낼 테니까 만들어달라는 부탁을 할 정도였으니까.

아버지로부터 전화가 걸려온 것은 요리경연대회를 성공적으로 마치고 설거지를 하고 있을 때였다.

"잘 지내고 있니? 자주 연락하겠다고 하더니 어찌 일주일이 넘도록 연락이 없냐."

아차차, 그러고 보니 전화를 드리지 않은 지도 벌써 일주일이 넘었다. 일을 마치고 숙소로 오면 다음날 점심 도시락을 만들고 곧바로 침대에 누워 잠을 자느라 집에 전화를 걸 생각도 하지 못했었다. 일을 시작하기 전에는 이틀에 한 번 꼴로 전화를 하던 아들이 일주일 넘게 연락을 하지 않으니 걱정을 하실 만도 했다.

"에이~ 아빠, 아시잖아요. 전 어디 가서도 잘 사는 거. 걱정하지 마세요."

　그동안 힘들었던 일들에 대해서는 한마디도 하지 않았다. 그냥
한국으로 돌아가 버릴까, 하고 흔들렸다는 이야기는 물론이었다.
나는 다 자란 성인이고, 하소연을 늘어놓을 정도로 힘든 시간도 지
났다.

　"그래, 알았다. 요즘엔 뭘 하고? 잘 지내?"

　"뭐, 처음에는 그냥 모든 게 신기하고 어리둥절했는데, 지금은
낯선 나라에 와서 돈도 벌고 친구들도 많이 사귀고 있어요. 일도 생
활도 다 잘 적응하고 있는 중이에요. 저, 여기서 잘할 수 있어요."

　아버지와 통화를 하면서 나는 정말로 호주에서의 경험이 내 삶
에 매우 중요한 가치를 가져다 줄 것 같은 느낌을 받았다. 그것이 어
떤 경험일지 아직은 알 수 없지만.

꿈꾸는 이는 행복하다

"석호야, 오늘은 어디에 갈 거야?"

일요일이어서 일이 없다. 함께 시내를 산책하던 종석이 형이 내게 물었다.

"글쎄, 오늘은 날씨도 흐린데 도서관이나 갈까?"

이제는 도서관으로 가서 한국에서 가져온 『안나 카레니나』를 읽을 정도로 여유가 생겼다. 캡시컴 농장에서 일하기 시작한 지 벌써 두 달이 넘었고 그동안 500만 원 정도를 모았다. 물론 뙤약볕에서 땀을 흘린 대가지만 더 이상 돈 걱정을 하지 않아도 된다는 사실이 좋았다. 이제는 저녁에 마늘 소스가 듬뿍 뿌려진 15달러짜리 스테이크를 사먹어도 될 정도로 씀씀이도 커졌다.

그날 저녁, 일주일치 점심 도시락을 만들 식재료를 사려고 슈퍼마켓에 갔을 때, 양배추를 고르고 있는 종석이 형을 보다가 문득 "저 형은 왜 이 먼 호주까지 워홀을 왔을까?" 하고 궁금해졌다. 함께 생활하면서 팔굽혀 펴기를 몇 개까지 할 수 있는지는 알게 되었지만 막상 이곳까지 오게 된 사연 같은 건 물어보지 않았었다. 조심스럽게 왜 워홀을 오게 되었는지 묻자 양배추를 고르던 형이 입을 열었다.

"나는 원래 광고 만드는 회사에 있었어. 아마 지금까지 그 회사에 있었으면 돈도 꽤 벌 수 있었을 걸?"

워홀을 오기 전에 형이 받았다는 연봉 이야기를 듣고는 허풍일 거라고 생각했다. 속으로 세 배쯤 부풀려서 이야기하는 걸로. 내 반응을 보고 짐작을 했는지, 형은 내게 월급통장을 보여줬다. 통장에 찍힌 숫자는 아직 20대라는 점을 감안한다면 상위 1% 정도다. 그리고 형이 만들었다는 광고 영상을 보여줬는데, 텔레비전을 아예 보지 않는 사람이 아니라면 대부분 본적이 있을 만한 광고였다. 생각지도 못한 능력자다. 내가 다녔던 광고회사와는 아예 비교도 되지 않는 대기업이었고, 나보다 네 살이 위였지만 내가 아무리 4년 동안 용을 쓴다고 해도 이루지 못할 성과를 얻은 사람이었다. 광고 디자인으로 치자면 아마 한국에서 최상급에 속해 있는 실력자 중 하나였던 거다.

늘 다른 사람들을 따라가는 것만으로도 허덕였던 내가 보기에 엄청 부러워 하던 위치까지 오른 형은 그 모든 걸 버리고 호주까지 날아와 농장에서 일을 하고 있다. 인생의 성공을 안정적인 직장, 좋은 차, 번듯한 집을 갖는 것이라고 한다면 종석이 형은 이미 모두 적었던 답안지를 과감하게 찢어버린 수험생과도 같았다.

76 _ 1년쯤 늦어도 괜찮아 우린 아직 젊잖아

"가지고 있는 걸 포기하는 건 힘들지. 그런데 지금 포기하지 않으면 나중에 훨씬 더 큰 걸 포기하게 될 것 같았어. 12시간 동안 컴퓨터 앞에서 영상편집만 하다가 늙어간다는 게 끔찍해지더라고. 나이가 들면 이런 것도 못해보잖아."

제주에서 만났던 강태호 부장님이 해 준 말이 떠올랐다. 나이가 들면 책임이 주어지고 도전해볼 기회가 줄어들게 된다는 그 말씀.

"지금이라도 돌아가면 다시 그 회사에 들어갈 수 있을 거야. 그런데 가지 않으려고. 한국으로 가는 것에 비하면 수입이 몇 배는 적고, 거기다 몸도 몇 배는 힘들지만 그래도 여기가 더 좋아."

"진짜? 왜?"

내가 했던 반문은 아무런 사고도 거치지 않고 무의식으로부터 터져 나온 것이었다. 그동안 내 머릿속에 뿌리깊이 새겨져 있던 인생의 목표라는 건 아마도 돈과 사회적인 성공이었기 때문이리라. 그런데 형은 내가 원하는 그런 것들을 모조리 내던지고 이 고단한 생활이 더 행복하다니….

"왜냐고? 음… 그냥, 이게 맞는 것 같아."

3초간 머뭇거리다 형의 입에서 튀어나온 말은 "그냥"이었다. 스물둘에 결혼하겠다는 친구에게 "왜 그렇게 일찍 결혼을 하려고 하느냐?"고 물었을 때, 그 친구가 댔던 이유도 "그냥!"이었다. 사실 '그냥'이라는 단어만큼 확실한 이유도 없을 것 같다. 좋아서 '그냥' 하는 거다. 물론 그날 내가 짐작해보건대 형이 말했던 "그냥"이라는 단어의 의미는, 한국에서 겪었을 성과에 대한 압박으로부터 벗어나

눕고 싶은 곳에 눕고, 비치타올 하나만 들고 나가 태닝을 하거나 친구들과 반팔 티에 반바지 차림으로 슬리퍼를 끌면서 고요한 시골마을을 산책하거나, 저녁노을을 보며 스테이크에 칼질을 하는 일상의 자유가 좋아서가 아닐까 생각한다.

나도 호주에 오기 전 나름대로 세계 이곳저곳을 여행한 경험이 있었다. 일본, 중국, 동남아, 러시아, 유럽 등 통장에 돈만 들어오면 여행을 떠나곤 했다. 그럴 때마다 친구들이 내게 물었던 질문이 있다.

"야, 넌 돈이 얼마나 많기에 그렇게 여행을 다녀?"

"나? 나 돈 얼마 없는데? 내 통장은 언제 바닥날지도 몰라. 그런데 그냥 이게 좋아. 지금 아니면 못 느낄 감정들이잖아."

형의 마음이 조금은 이해가 갔다. 숙소에서 샌드위치를 만들며 우리는 이야기를 이어갔다. 에이어를 떠나게 되면 다음엔 어디로 갈지가 요즘 워킹호스텔의 주요 화제였다. 11월 말이면 수확 철이 끝나기 때문이다. 재철이 형, 진교 형은 곧 멜버른으로 떠날 예정이었고, 기원이는 시드니로 간다고 했다. 보통 농장에서 일하며 세컨비자를 취득하면 도시로 나가는 것이 주요 루트다. '모로 가도 서울만 가면 된다.'는 말이 있듯이 워홀러들 사이에도 시드니, 멜버른, 브리즈번으로 가려는 도심회귀현상이 있다. 한국뿐 아니라 호주도 양질의 일자리는 도시에 많고 문화생활도 즐길 수 있기 때문이다.

처음에는 그게 당연한 줄 알았다. 마치 게임을 할 때, 초보자의 마을에서 레벨 10을 달성한 뒤 배를 타고 가장 안전한 마을로 가듯이 나도 일단 시드니나 멜버른으로 가서 다음 계획을 생각하기로 하고 비행기 티켓을 알아보기도 했다.

일을 시작하고 한 달이 채 되지 않았을 때 종석이 형과 이런 이야기를 한 적이 있었다.

"석호야, 아직 시간이 좀 남았지만 너는 여기 일이 끝나면 어디로 갈 생각이야?"

"나? 일단 시드니나 멜버른으로 가지 않을까? 브리즈번은 한국 사람이 너무 많고…."

"시드니나 멜버른도 다 똑같아. 너도 여행하는 거 좋아한다며? 정말 여행다운 여행을 하려면 목적지 없이 차를 한 대 구해서 떠나는 게 진짜 여행 아니겠어?"

"형, 그게 말이 쉽지. 그럼 돈은 어떻게 벌어?"

내 통장에 150만 원밖에 없던 때였다.

"돈은 에이어처럼 수확 철이 시작하는 곳에 들어가서 잠깐 벌다가 또 다시 떠나야지. 우리나라에서는 농장 일을 별로 좋지 않은 시선으로 보지만, 꼭 그렇게만 볼 필요는 없어. 나는 네가 여행을 떠날 생각이 있으면 나와 같이 가는 건 어떨까 싶어서 얘기한 거야."

형의 말은 레벨 10이 되었음에도 안전한 마을이 아니라 정글로 들어가자는 말과 같았다. 다른 사람들은 4개월만 일하고 바로 도시로 가서 일하려고 하는데 왜 형은 계속 농장에서 일하자고 했을까? 낮에 들었을 때는 허무맹랑한 이야기처럼 들렸지만, 잠자리에 누워 곰곰이 생각하자니 형의 말이 전부 옳았다. 단순하게 생각하면 내가 농장에서 일하며 느꼈던 감정을 계속해서 느끼며 여행하자는 제안이었다.

한국에서 호주 워킹홀리데이를 보는 시선은 그다지 곱지 않다. 특히 농장에서 일하는 건 더 기피한다. 아마도 육체적으로 힘들다는 것뿐 아니라 농사일에 대한 편견이 존재하는 것 같다.

육체적으로 힘들다는 건 전적으로 동의한다. 처음 일을 시작하고 일주일 동안은 도저히 견디기 힘들 것 같다는 생각이 머리에서 떠나지 않았다. 꼭 필요할 때만 쓰려고 가져왔던 스프레이 파스는 일을 시작하고 나흘 만에 바닥을 드러냈다. 분명히 아픈 곳에만 뿌린다고 생각했건만 종석이 형이 "파스로 샤워 하냐?"고 웃을 정도였다. 하지만 처음 일주일만 그랬다. 일이 몸에 익고 적응하게 되면서 그다지 힘들다는 생각은 하지 않게 되었다. 오히려 농장 일을 시작하고 난 뒤로 체력이 많이 늘었고, 일을 끝내고 숙소로 돌아와 친구들과 어울려 맥주를 마실 때는 행복했다.

육체적인 이유를 제외하고 본다면 농업에 종사하는 사람에 대한 인식, 즉 편견 때문이다. 나는 가끔 농사꾼을 폄훼의 시선으로 보는

이들에게 이런 질문을 던지는 상상을 해보곤 했다.

"당신이 생각하는 가장 '바람직한' 호주 워홀러는 무언가요? 둘 중에 하나를 골라보세요."

　1. 농장에 가서 몸 쓰며 돈을 벌고 삶의 경험을 쌓는 사람

　2. 영어를 배우면서 도시에서 몸 편히 일하는 사람

　아마도 모두 2번을 선택할 것이다. 내기를 해도 좋다. 나 역시 호주에 가기 전까지는 그렇게 생각했다. 도시에서 일자리를 구할 때까지 버틸 돈이 없어서 농장으로 왔을 뿐 시드니 쥐가 되고 싶었

다. 그러나 이곳에 온 뒤에 이 객관식 문제는 잘못되었다는 걸 깨닫게 되었다.

일단 문제에서 누군가의 기준에 맞춘 듯한 '바람직한'이라는 단어는 '만족스러운'이란 단어로 바뀌어야 한다. 그리고 객관식이 아니라 주관식이어야 한다. 내가 만족한다면 그것이 정답이다. 이제 내 앞에 놓인 선택지는 "어느 것이 더 만족스러운가?"였다.

워홀을 떠나는 사람들이 가지고 있는 목표는 크게 나눠 돈, 여행, 그리고 영어다. 세계에서 가장 높은 수준의 임금제도를 보유하고 있는 호주는 젊은 나이에 돈을 벌어 종자돈을 마련하는 데 유리하다. 약 4개월 정도 농업에 종사함으로써 세컨비자를 취득한 뒤 도시로 가거나 자신의 전공을 살려 높은 임금을 받으며 비자기간 동안 일하는 방법이 있다.

영어실력을 늘리는 데도 큰 도움이 된다. 학비를 써가며 공부하는 대신 직접 돈을 벌면서 영어를 배울 수 있는데 이때는 한국 사람들과 자주 만나는 것을 피하고, 생활패턴에서 한국어를 지워야 한다. 마찬가지로 본인의 의지만 있으면 좋은 결과를 가져올 수 있다.

내 목적은 여행이었다. 비록 그때까지 내가 보았던 곳은 케언즈와 에이어 두 곳뿐이었지만 이곳에서 했던 경험들은 신선하고 새로운 것들이었다. 나는 이런 감정을 더 느끼고 싶었다. 무엇보다 호주로 오면서 가졌던 다짐, 더 넓은 세계를 보고 시야를 넓히자는 생각은 계속 유효했다.

여행에서 버려야 할 1순위는 바로 고정관념이다. '한국에서 그랬으니까 여기서도 그럴 것'이라는 생각은 여행이라는 그림을 그리기 전에 먼저 검은색 바탕을 칠하는 것과 같다. 물론 도시로 떠나는 사람들을 비난하려는 것은 아니다. 나는 도시로 가는 사람들이 어떤 고정관념을 가지고 있기 때문이라곤 생각하지 않는다. 그들에겐 그들의 목적과 목표가 있을 것이다. 안정적으로 돈을 벌기 위해, 영어실력을 키우기 위해서는 아무래도 도시가 농장보다 유리하다.

다만 내가 경계하고자 했던 건 목적 없이 남들이 가는 대로 그저 따라가는 것이었다. 짧은 여행을 갔을 때조차 남들이 가지 않는 길을 가고 싶어 했었다. 이곳에서 긴 시간 동안 머문다고 해서 다른 사람들이 선택하는 길을 따라가고 싶지는 않았다.

나는 확실하게 말할 수 있다. 무언가 자신이 이루고자 하는 분명한 목표를 가지고 호주로 온 사람이라면 실패의 쓴맛을 보지 않으리라는 걸. 나도 내 목표를 이루기 위해 어떻게 해야 할지 알고 있었다. 나는 내가 놀고 싶은 곳에서 놀고, 쉬고 싶은 곳에서 쉬고, 마음에 맞는 사람들과 일하는 경험을 하기 위해서 이 낯선 땅에 왔다. 내 삶에서 언제 그렇게 할 수 있는 기회를 얻을 수 있겠는가? 큰 돈을 벌고, 성공 하나만을 위해 인생의 다른 부분들을 모두 희생하기엔 나는 아직 너무나도 젊다. 물론 조금 힘들 수 있겠지만, 세계지도를 보며 시간 가는 줄 몰랐던 내가 아니던가? 내 인생의 지도를 스스로 그려 나가야 한다면 누구보다 열심히 그릴 자신이 있었다.

나는 '스펙'이라는 단어를 좋아하지 않는다. 단어 자체가 나와 다른 사람을 비교하고 줄 세우기 위해 존재하는 듯한 말이어서 그렇다. 스펙이 좋은 사람, 스펙이 떨어지는 사람. 그럼에도 워홀은 스펙과 불가분의 관계를 떨쳐내기 어려운 면이 있다. 어떤 사람은 1년 동안 워홀을 떠난다는 건 한국에서 1년 동안 쌓을 수 있는 스펙을 포기하는 것이라고 말하기도 한다. 스펙의 기준을 토익 점수나 자격증 같은 것으로 치환하면 맞는 이야기일 수도 있다. 하지만 그것이 스펙의 전부일까?

세상은 더 이상 토익 점수만으로, 자격증 숫자만으로 인재를 판단하지 않는다. 누군가가 스펙의 정의가 무엇이냐고 내게 묻는다면 분야를 가리지 않고 내가 가장 잘할 수 있는 일이라고 대답할 것이다. 상대방보다 점수가 1점이라도 낮으면 스펙이 부족하다고 말하는 기존 인식의 틀을 깨고 싶었다. 낯선 땅, 생소한 환경에서 내가 진정으로 원하는 것을 이루어내는 것, 그것을 스펙이라고 생각하자고 다짐했다. 그것이 내가 가진 진정한 스펙이고 능력이다.

잠에 빠진 형을 흔들어 깨웠다. 잠이 덜 깬 형이 웅얼거리듯 되물었다.

"응…. 왜?"

"형! 우리 같이 차 한 대 뽑아서 로드트립 할까?"

로드트립 1만 킬로미터 프로젝트

형과 나는 여행파트너계약을 맺었다. 꽤나 죽이 잘 맞는 조합이었다. 형은 운전을 잘했고, 나는 운전은 노련하지 못했지만 영어를 조금 할 줄 알았다. 그러나 아무리 잘 맞는 조합이라고는 해도 미리 준비해야 할 것들이 많다. 먼저 리스트를 정리했다.

1. 차량
2. 숙박 공간
3. 일자리
4. 여행지 선정

필요한 것들을 하나하나 메모하다 보니 하나라도 빠지면 로드트립을 실행하는 게 힘들 것 같았다. 마치 여의주를 모두 모아야 하는 드래곤볼의 주인공이 된 듯한 느낌이다. 마음을 다잡고 하나하나 해결하기 시작했다.

차량

워홀을 온 사람들이 골머리를 썩는 것 중 하나가 바로 자동차다. 워홀러들은 모두 중고차를 구입하는데, 국내에서도 마찬가지긴 하지만 쓸 만한 차인지 아닌지 판단하기가 쉽지 않다는 게 문제다. 대부분의 워홀러들은 자동차에 대한 전문지식이 없기 때문이다.

우리가 차를 샀던 퀸즐랜드 주에서 차량 매매를 하려면 RWC라고 불리는 차량안전검사확인증이 있어야 한다. 파는 사람이 검사를 받고 문제없음을 증명해야 하지만 꼭 파는 사람에게 부과된 의무는 아니다. 사는 사람이 안전검사를 받지 않은 차를 싼 가격에 사는 경우도 있다. 주의할 점은 자칫 낭패를 볼 수 있다는 점인데, 1,000달러 주고 차를 샀다가 수리비용만 1,500달러가 나왔다는 등등의 사례는 심심할 때마다 터지는 연예인 스캔들처럼 꽤 자주 들을 수 있다. 그래도 차에 대해 잘 알고 있는 사람이라면 위험부담은 있지만 괜찮은 방법일 수도 있다.

우리는 실버링크에서 만난 희선 누나로부터 차를 샀다. 안전검사를 받지 않은 차였다. 누나는 곧 워홀을 마치고 한국으로 돌아가야 하는 처지였고, 우리는 이제 차가 필요해진 입장이었으므로 일단 서로의 조건이 잘 들어맞은 셈이다.

하지만 자동차 상태가 조금 불안했다. 포드에서 만든 2004년식 세단으로, 출고된 지 14년이 넘었고 운행거리도 21만 킬로미터나 된다. 사람으로 치자면 자식들 모두 결혼시켜 내보내고 경로당에 나가 친구들과 바둑을 두는 걸로 소일하는 할아버지라고나 해야 할까? 할아버지라고 생각하니 시승하는 것조차 미안했다.

호주에서는 중고차를 사면 차가 맨 처음 어느 지역에서 출고되었는지를 확인할 수 있는데, 이 차는 호주 남서쪽 끝자락에 있는 퍼스에서 출고된 차량이었다. 그리고 보면 북동쪽 끝자락에 있는 에이어까지 넓고 넓은 호주대륙을 돌고 돌아서 우리 앞에까지 온 것이다. 한 가지 신기한 건 산전수전 모두 겪었어도 나이에 비해 동안인 할아버지처럼 겉모습만은 아주 깔끔했다는 것이다. 혹시 사고로 파손이 심해서 껍데기를 홀랑 갈아입은 건 아닌지 의심스러울 지경이었다.

어쨌든 우리는 이 할아버지를 모시고 다니기로 결정했다. 형이나 내가 차에 대해 잘 알아서 그런 결정을 내릴 수 있었던 건 아니었다. 그건 순전히 차량정비병 출신이라는 기원이로부터 의견을 구한 뒤에 내린 결정이다. 보닛을 열고 엔진룸을 확인하는 기원이가 우리 눈에는 마치 '생로병사의 비밀'에 나오는 명의처럼 보였던 것이다.

"이거 타고 다녀도 될까? 영 불안해서⋯."

사실 마음에 드는 다른 차도 없었다.

"누가 타던 차인지는 모르겠지만 관리는 잘돼 있는데? 엔진이 조금 오래됐다는 것만 **빼**면 뭐 괜찮은 것 같아."

엔진이 오래됐다는 건 사람으로 말하자면 심장이 약해졌다는 이야기와 마찬가지다. 심장이 약한 노인이 풀 스피드로 달리기 어려운 것처럼 경사가 가파르거나 고속주행을 하는 게 아니라면 큰 문

제는 없을 것 같다는 진단이었다. 그 정도는 감당할 수 있을 것 같았다. 누나는 시세보다 700달러 정도 저렴한 가격으로 차를 넘겨주었는데, 안전진단을 받는 데 들어간 70달러를 제외하면 630달러를 아낀 셈이었다. 역시 요즘엔 관리만 잘하면 70세가 넘어도 청춘이라고 하더니 우리 차가 그런 셈인가? 이름을 지어주기로 했다. 할아버지 차에게 일곱 살짜리 꼬마도 유치하다고 생각할 '붕붕이'라는 이름이 붙었다.

숙박 공간

"장, 좋은 선택이야. 나도 여기로 오기 전 로드트립을 했거든. 너무 좋았지. 근데 우리처럼 가난한 사람들(poor traveler)에게 텐트가 필수라는 건 알고 있지?"

캡시컴을 따다가 우리 계획을 말했을 때 유리가 해 준 조언이었다. 호주에서 저비용 로드트립을 한다면 어쩔 수 없는 선택이 바로 텐트에서 잠을 자는 캠핑이다. (캠핑카를 이용한다면 예외.) 도로를 따라 여행을 하다보면 도시뿐 아니라 시골마을에 머물게 되는 일이 많은데, 자동차 여행자를 위한 모텔이 있기는 하지만 가난한 여행자들에겐 큰 부담이 된다. 모텔에서 하룻밤 묵는 가격은 80에서 100달러 정도고, 거기에 수영장까지 있는 모텔이 많은데 우리에게 이 정도면 모텔이 아니라 호텔 수준이다. 지금까지 모은 돈을 전부 숙박비로 날릴 수도 있는 상황에 처하지 않으려면 캠핑은 필수다. 비가 많이 온다든지, 기후가 나쁜 날이라면 어쩔 수 없이 숙소를 구해야 하겠지만 그게 아니라면 텐트를 쳐서 숙박비를 1/4 정도로 절약할 수밖에 없다.

텐트를 사야 하는 또 다른 이유가 있었다. 호주가 아니라면 언제 또 야영을 하면서 로드트립을 경험해볼 것인가. 우리나라는 저렴한 숙박시설이 많고 면적이 좁아서 로드트립을 한다고 해도 텐트에서 자는 건 하루 혹은 이틀이다. "지금이 아니라면 언제 또 해보겠어?" 바로 이 말이다. 지금이 아니라면 언제 또 이런 경험을 해보겠는가. 새로운 경험은 늘 신선한 느낌을 주고 호기심을 자극하고 가슴 뛰게 한다.

어쨌든 우리는 혹시라도 다른 손님과 함께 자게 되는 경우가 생길 수도 있다는 생각에 조금 넉넉한 6인용 텐트를 구입했다. 처음

배송을 받고는 시험 삼아 쳐보았는데, 거의 한 시간은 걸렸던 것 같다. 매일 한 시간 동안 텐트를 치면서 보내려면 못할 노릇이겠지만 하다 보니 이것도 익숙해져서 20분이면 충분할 정도가 되었다.

일자리

일단 호주에 온 상태라고는 해도 여행을 계속하려면 돈이 필요하다. 그리고 그 펌프는 일자리다. 로드트립을 하는 사람들이 여행을 하는 방식은 다음 목적지에 일자리를 구해놓고 그곳까지 차를 가지고 이동하는 과정을 여행으로 채우는 것이다.

형과 나는 다음 목적지로 뉴사우스웨일즈의 영Young이라는 도시를 정했다. 이름만 들으면 젊은이들의 도시일 것 같지만 전혀 상관없다. 에이어보다도 인구가 더 적은 시골마을이다.

영은 호주의 체리 생산 중심지인데, 우리가 이곳을 목적지로 삼은 이유는 두 가지다. 첫째는 몇 군데 메일을 보낸 곳 중 영의 체리 농장에서 가장 먼저 답신이 왔다는 것이고, 두 번째로는 지난 넉 달 동안 농장에서 일만 하면서 보냈기 때문에 에이어에서 영까지 2,500킬로미터 정도를 자동차를 이용해 여행하고 싶었기 때문이다.

영에서 한 달 정도를 일하고 2, 3주 정도는 다시 여행할 수 있는 시간이 있었다. 거리, 시간, 일자리 등을 고려했을 때 이곳보다 적절한 곳은 없다고 판단해서 내린 결론이었다. 자동차로 2,500킬로미터를 달리며 여행하는 일, 언제 다시 해보겠는가.

여행지

목적지가 정해졌다. 이제는 목적지까지 선을 연결한 뒤에 그 길에서 보고 싶은 곳, 하고 싶은 것들이 있는 여행지를 선택하면 된다. 연결 방법은 간단하다. '에이어에서 출발해 영에 도착한다.'는 대전제만 있을 뿐이다. 그 중간 과정은 우리가 원하는 대로 채워질 것이다. 어린아이들의 색칠놀이처럼 특별한 가이드라인은 없다.

지도를 펼쳐 왠지 마음에 드는 해변이나 주말마다 텔레비전에서 소개하는 여행지 혹은 퀸즐랜드에 소개된 곳 등을 마구잡이로 검색했고, 꼭 가봐야 할 다섯 곳, 시간이 되면 방문할 다섯 곳 정도를 추려 로드맵을 완성했다. 길을 만들어보니 덜컥 겁이 났다.

"이걸 어느 세월에 가지?"

서울에서 고속도로로 400킬로미터 떨어진 부산까지도 반나절을 써야 하는데, 2500킬로미터를 어느 세월에 갈 수 있을까? 서울에서 필리핀 마닐라까지의 거리가 2,600킬로미터다. 하지만 시작이 반이다. 형과 나는 포기를 모르는, 의지가 굳은 여행자였다.

아, 여기에서 갑자기 등장한 게 카메라였다. 지금까지는 대략 5년 정도 사용한 아이폰으로 사진을 찍었다. 그런데 이 시점에서 아이폰으로 사진을 찍는다는 건 과도를 들고 비싼 참치 회를 뜨는 것과 다를 바가 없지 않은가. 새로운 전장에서는 새로운 무기가 필요하다. 나는 큰맘 먹고 DSLR을 구입하기로 했고, 공중 촬영에 관심이 많은 형은 드론을 샀다. 각자 1,200달러(100만 원) 정도의 거금이 들었지만 이로써 지상군과 공군의 협력체계가 갖추어진 셈이다.

에이어 농장생활 3개월 동안 모은 돈은 약 500만 원. DSLR과 중고차 구입비 중 절반, 합해서 200만 원을 쓰고 남은 돈이다. 이 정도면 다음 목적지까지는 충분할 것 같다.

우리가 여행을 시작하기 며칠 전 재철이 형, 진교 형이 먼저 멜버른으로 떠났다. 멜버른에 오면 연락하라면서, 밥 한 끼 같이 먹자면서…. 군대 선임이 전역하면서 남겨놓는 말과 똑같다. 호주 농장과 군대의 공통점이 있다면 '이별을 받아들여야 한다.'는 것이다. 함께 땀 흘리고 뒹굴던 전우도 때가 되면 이별을 하게 마련인 것처럼 같이 어울려 놀고 요리를 해먹으며 추억을 쌓았던 친구들도 수확 철이 끝나면 다들 뿔뿔이 흩어진다. 마치 둥지를 떠나는 어린 새처럼

더 넓은 세계를 향해 흩어져 날아간다.

하나 둘 먼저 떠나가는 사람들을 보면서 나도 둥지를 떠날 채비를 해야 했다.

"하이 캐시, 나 이번 주까지만 하고 그만두려고. Jay도 이번 주까지만 할 거야. 같이 로드트립을 하려고."

"정말? 아쉽네. 그래, 찰리에겐 우리가 말해 줄게. 이번 주 일요일까지만 일하고 가면 돼. 지금까지 열심히 일해 줘서 정말 고마워. 그런데 로드트립을 하면서 필요한 건 없어? 실버링크에 남는 이불이나 주방용품이 있는데 필요하면 가져가."

캐시가 서운한 표정으로 말했다. 그게 그녀의 일일 것이다. 새로운 워커들을 맞이하고 정들 만하면 떠나보내는 일. 캐시는 행정보급관에서 이제는 푸근한 마음씨를 가진 이모로 바뀌어 있었다. 침낭을 살 돈을 아껴 이불 몇 개와 칼, 프라이팬을 얻었다.

워킹호스텔을 떠나야 하는 날이 다가올수록 알 수 없는 감정이 뒤섞였다. 이제는 미숙하더라도 날개를 펼쳐 둥지를 떠나야 할 시간이었다. 이곳에서 있었던 일들이 주마등처럼 스쳐지나갔다. 마지막으로 일하는 날에는 슈퍼바이저 톰에게도 인사를 건넸다.

"헤이, 톰! 난 오늘까지만 일해. 3개월 동안 잘 돌봐줘서 고마워."

"벌써? 어디로 가는데?"

"뉴사우스웨일즈, 남부지방으로 갈 거야."

"아~ 거기 날씨 좋지."

그 뒤로 이어진 톰의 말들은 시끄러운 트랙터 소리에 묻혔다.

떠나기 전날에는 아직 머물고 있는 동료들과 파티를 했다. 늘 나보다 먼저 떠나는 사람들에게 축하를 건네곤 했었는데, 이제는 다른 사람들이 내게 행운을 빌어준다. 친구들은 새로운 세계를 향해 둥지를 떠나는 우리를 위해 중국식 샤브샤브로 무운을 빌어주었다. 석 달 넘도록 생활했던 워킹호스텔을 떠나는 심정은 한마디로 시원섭섭함이었다. 마치 한 편의 모노드라마를 만들어도 될 것 같은 감정들이 가슴속에서 소용돌이쳤다. 지금까지 했던 몸 고생을 보상받기 위해 당분간은 여행을 하면서 푹 쉴 수 있으리라는 설렘과 함께 왠지 모를 불안감 또한 스멀거리며 고개를 쳐들어 맥주잔만 거듭해서 비웠다.

일상은 반복된다.

하지만 더 이상 내게 주어진 일상은 아니었다.

다음날 여명이 터지고, 5시 40분이 되자 새로 들어온 전사들이 옷을 갈아입기 시작한다. 나는 더 이상 그들이 투입되는 전장으로 나갈 필요가 없다. 나는 앞으로 계속 전투에 참가해야 하는 전사들의 사기를 북돋아주기 위해 작은 봉지에 껌, 초콜릿, 사탕을 넣어 건네주었고, 첫날부터 나를 도와주었던 유리, 내가 한창 힘들어 할 때 나를 위해 직접 돈가스를 만들어 준 나오토, 그 외에도 함께 캡시컴을 던지며 놀았던 많은 친구들과 하나하나 작별인사를 고했다.

"정말 고마웠어, 친구들! 난 이게 영원한 이별이라고는 생각하지 않아. 우린 다시 만나게 될 거야."

"행운을 빌어, 장! 굿럭~"

그리고 여느 때처럼 먼지로 뒤덮인 승합차는 워킹호스텔을 떠나 농장으로 달려갔다.

꿈속의 낙원, 화이트헤븐 비치

붕붕이는 서서히 워킹호스텔과 거리를 벌리기 시작했다. 핸들을 잡은 형이 문득 뒤를 돌아보았다. 회자정리會者定離 거자필반去者必返. 인생사가 이와 같다. 이별이 있으면 새로운 만남 또한 우리를 기다릴 것이다. 이윽고 우리가 장을 보곤 했던 슈퍼마켓을 지났고, 도서관을 지났고, 하루에 한 번만 살아 움직이는 기차역을 지나자 에이어가 뒤쪽으로 멀어졌다. 이제 우리 앞에는 새로운 길이 펼쳐지기 시작했고, 내게는 그 모든 것들이 신세계였다. 나는 다시 마당을 나온 수탉이 되었다.

평야다. 끝이… 보이지 않는다. 마치 케언즈에서 에이어로 넘어올 때처럼. 다른 점이라면 정해진 노선을 따라 수동적으로 이끌려온 대신 이제는 우리 마음이 가 닿는 곳을 따라 제어할 수 있다는 것. 멈추고 싶다면 멈추고, 아무런 방해도 받지 않고 휴게소에서 만난 우체통을 향해 마음껏 셔터를 누를 수도 있다. 생각보다 짜릿한 경험이다.

우리가 정했던 첫 번째 목적지에 도착했다. 호주뿐 아니라 전 세계적으로도 아름다운 해변 리스트에서 항상 상위랭킹을 차지하는 화이트헤븐 비치, 그곳으로 들어가는 관문인 에얼리 비치다. 에얼리 비치는 호주를 여행하는 배낭여행자와 카라반 족들의 천국이다. 길을 따라서 캠핑장, 기념품가게, 관광안내소와 같은 것들이 세계적인 관광지라는 걸 증명이라도 하려는 듯 줄줄이 늘어서 있다.

화이트헤븐 비치는 섬을 둘러싸고 있는 해변이어서 에얼리 비치에서 크루즈를 타고 1시간 가량을 더 들어가야 한다. 화이트헤븐 비치를 포함해 몇 개의 섬이 더 있는데 모두 에얼리 비치를 통해 들어가야 한다. 한 가지 재미있는 사실은 에얼리 비치 주변은 해파리 서식지여서 해수욕을 할 수 없다는 것이다. 대신 해변에 호텔 수영장 빼치는 라군(무료 수영장)이 있다. 입장료를 내고 들어가야 하는 걸로 알고 주변을 배회하는 우리를 보고 안전요원이 다가와 무엇을 하는 사람이냐고 물었는데, 절도단(theif)으로 생각했단다.

일단 첫 번째 목적지까지는 무사히 도착했다. 그 뒤로 우리를 기다리고 있는 난관은 화이트헤븐 비치로 들어가는 배를 예약하는 것이었다. 현장에서 접수하면 한 사람당 100달러짜리 배표가 전화로 예약하면 75달러라는 게 처음 맞닥트린 문제였다. 모객 경쟁은 호주나 우리나라나 다 같은가 보다. 50달러를 절약할 수 있는 기회가 있지만 여기엔 중요한 함정(?)이 있다. 한국인들이 많이 방문하는 지역이 아니라서 한국어를 할 줄 아는 직원이 없다는 것. 당연히 영어로 예약을 해야 한다. 마치 값이 싸다고 물건을 덥석 집어 들고 계산대로 갔더니 회원전용가격이라는 말을 들은 기분이었다.

형이 나에 비해서도 영어가 조금 약하다 보니 자연스레 공이 내게 넘어왔다. 전화로 배표를 예약해야 하는 막중한 임무다. 어떻게 말해야 하나? 직원이 내 말을 알아들을 수 있을까? 아니 그것보다 내가 직원의 말을 알아들을 수는 있을까? 지금까지 내가 만난 호주 사람들은 워홀러들을 상대하는 게스트하우스 주인, 캐시, 톰이 전부였다. 그마저도 서로 얼굴을 보며 이야기했고 손짓이나 표정이 소통 역할에서 대부분을 차지하고 있었기에 오로지 말로만 의사 전달을 해야 하는 전화는 다른 영역이다. 이럴 줄 알았으면 한국에서 원어민과 전화로 영어를 배우는 과외라도 받았어야 했나 보다.

"석호야, 파이팅! 우리 멋지게 성공해서 50달러로 맛있는 거 사 먹자!"

마음속으로는 "그냥 내가 50달러 낼 테니까 현장접수하면 안 될까?"라는 생각을 백 번도 더 했지만 여행 시작부터 이렇게 쉽게 포기하면 안 된다는 생각이 들었다. 일단 번호를 눌렀다. 일단 시도를 해보고 정 안 되면 그때는 할 수 없는 일이지. 마치 천 명의 대중 앞에서 연설을 해야 하는 것처럼 떨렸다. 번호를 누르는 손가락도 마찬가지여서 간신히 번호를 누르고 통화버튼을 눌렀다. 신호음이 간다. 내심 전화를 받지 않았으면, 영업시간이 끝났으면 하고 바랐다. 하지만 오후 4시에 관광업체가 문을 닫을 리는 없다. 네 번 정도 신호음이 울린 뒤 직원이 전화를 받았다.

"Hello, This is Stephanie speaking, how can I help you?"

순간 머릿속이 하얗게 바랬다. 분명히 전화를 걸기 전에 번역 애플리케이션으로 해야 할 말을 생각해 두었는데, 누군가가 내 머릿속에 있는 단어를 청소기로 전부 빨아낸 게 분명했다.

"Hello? Can you hear me?"

아, 참… 지금은 이럴 때가 아니다. 나는 지금 50달러를 아껴야 하는 중대한 임무를 수행하고 있다. 석호야, 정신 차려! 50달러야! 2시간 반 동안 캡시컴을 따야 벌 수 있는 돈이라고!

"Uh… I want to go white haven beach tomorrow…."

조심스레 화이트 해븐 비치에 가고 싶다는 말을 꺼냈다. 그러자 내가 버벅거리는 걸 단숨에 알아챈 상담원은 내가 당황하지 않도록 최대한 쉽게 설명해 준다.

"Ok~ When?"

"Ok~ Thank you. How many people?"

"Ok, total 150 dollars, tell your card number please~"

마치 어린아이에게 단어를 하나씩 가르쳐 주듯이 하나하나 천천히 응대해 주는 그 입술에 축복이 있으라! 이곳 상담원에게는 이런 일이 드물지 않은 일인가 보다. 내가 엉터리 문법으로 아니 영어 단어를 뱉어내면 상담원은 그걸 참고로 해서 내가 최대한 알아듣기 쉽게 설명한다. 100퍼센트 고객 맞춤형 응대다. 생각보다 너무나도 간단하게 예약을 마쳤다. 그리고 내가 예약을 하는 동안 직원이 하는 말을 듣지 못한 형의 반응은 상상 이상이다.

"우와~! 석호야, 진짜 대단하다! 난 정말 너 아니었으면 그냥 100달러 내고 갔을 거야. 내가 맛있는 거 사줄게, 고마워!"

나중에 고기를 얻어먹었기에 직원과의 통화내용은 지금까지도 형에게는 비밀이다. 나는 이렇게 영어 울렁증을 한 단계 극복했다.

식빵으로 간단하게 아침을 해결하고 나간 선착장. 튜브, 비치발리볼, 물안경, 선크림을 준비해온 사람들과는 달리 나는 DSLR 카메라, 형은 드론을 들고 있다. 마치 해변으로 사냥이라도 나가는 사람처럼 비장하기까지 한 마음으로. 그런데… 아, 깜빡 잊은 게 있다. 선크림이었다! 선글라스는 잊지 않고 챙겨왔는데, 선크림을 놓고 오다니… 선크림을 바르지 않고 선글라스를 쓴다면 판다가 될 게 뻔하다. 열대지방 해변에 가면서 선크림을 빠트렸다는 건 낚싯대만 준비하고 미끼를 빼먹은 강태공과 다르지 않다. 진짜 강태공이야 세월을 낚는거니까 미끼가 필요 없지만.

오늘 하루는 선크림 없이 무지막지한 태양의 집중공격을 견뎌야 한다. 숙소로 돌아가 선크림을 가져오는 건 늦었고, 수비를 도외시한 공격이 더 매서운 법. 단단하게 정신무장을 하면서 배에 올랐는데, 곧장 두 번째 고비가 찾아왔다. 바로 배 멀미였다. 배를 타기 전에는 늘 패치형 멀미약을 붙이곤 했는데, 또다시 실수를 한 것이다. 굳건하리라 믿었던 정신무장은 곧장 무릎을 꿇었다. 수십 미터 아래 바닥까지 들여다보일 정도로 맑은 바다는 투명하게 빛났고, 마치 우주가 펼쳐져 있는 것처럼 신비로웠지만 나의 내부는 거대한 지진이라도 난 것처럼 뒤집어지고 있었다. 신비로운 풍경에 연신 감탄사를 쏟아내며 사진을 찍고 있는 형의 모습이 그토록 얄미워 보일 수가 없었다. 그러나 누구를 탓하랴! 아무리 아름다운 우주의 기적도 멀미 앞에서는 지옥의 풍경이 된다는 걸 나는 그때 깨달았다.

지옥에서 보낸 한 시간. 형이 엎어져 있던 내 어깨를 흔들었다. 승객들은 모두들 배에서 내릴 준비를 하고 있었다. 배는 해변에서 200미터 정도 떨어진 곳에 정박 중이었는데, 사방은 바닥까지 들여다보이는 투명한 바다다. 화이트헤븐 비치를 포함한 이곳 지역은 국립공원으로 지정되어 있어 자연을 훼손하는 행위가 금지되어 있고, 섬에는 큰 선박이 정박할 만한 항구가 없다. 소형 모터보트를 타고 상륙해야 한다. 하… 멀미는 멈출 기미가 없는데, 그나마 더 작은 배를 타고 흔들려야 하다니…. 더할 나위 없는 풍경 속에서 나 홀로 지옥을 헤엄치고 있다.

육지에 두 발로 섰다. 밀가루처럼 고운 모래사장이 꿀렁꿀렁 흔들린다. 속이 뒤집혀 정신이 없는 와중에도 발바닥으로 전해지는 느낌은 지금까지 알고 있던 해변의 모래와 완전히 다르다. 이곳 모래는 98%가 이산화규소로 이루어져 있어 열을 흡수하지 않아 뜨겁지 않다. 7킬로미터 정도 이어져 있는 해변에는 평일이라서 그런지 사람이 많지 않다. 그마저도 대부분의 사람들은 상륙지점에서 500미터 이내의 영역에 모여 해수욕을 즐기고 있었고, 크루즈 직원들

의 안전순찰도 반경 500미터 이내에서만 이루어진다.

　형이 내게 말했다.

　"석호야, 우리 다른 쪽 해변으로 가서 드론을 한 번 날려보자."

　"뭐? 그냥 여기서 해. 왜 굳이 다른 데로 가? 아까 직원한테 물어봤는데 여기서 해도 된대."

　"아니, 그냥… 구경도 하고, 또 사람들이 다 쳐다볼까봐."

　"어? 쳐다보면 뭐 어때. 그냥 여기서 해. 귀찮아."

　멀미의 여운이 아직 남아 있어 움직이기가 싫었다. 그렇다고 해서 형에게 짜증을 내야 할 일은 아니었다. 그럼에도 나도 모르게 짜증스럽게 대꾸한 게 조금 미안했다. 누군가와 함께 여행한다는 건 그렇다. 상대에 대한 배려가 사라지는 순간 그 여행은 삐걱거리게 된다. 섬 다른 쪽으로 조금 이동해서 구경도 하고 드론도 날려보고 싶은 형의 마음을 이해해야 했다. 그런데 나는 당장 좀 귀찮다는 내 입장에만 집중하고 있었던 것이다.

일단 형을 따라 15분 정도를 걸었다. 모래사장을 건너, 물웅덩이를 건너, 수 천 수 만 년 동안 바닷바람을 견디며 살아온 고목으로 둘러싸인 숲을 뚫고 아무도 없는 해변에 도착했다. 해변엔 우리 둘 뿐이었다. 수 킬로미터로 펼쳐진 백사장이 텅 비어 있는, 마치 무인도처럼 인간의 손을 타지 않은 것 같은 그 해변은 신비로움을 넘어 경외심까지 들었다. 내 두 눈으로 들어온 이 풍경이 실제의 현실 풍경인지 잠시 의심스러웠다. 왜 이곳을 세계에서 가장 아름다운 해변이라고 극찬하는지 비로소 알 것 같았다.

아름다운 해변은 투명한 바닷물로만 이루어지는 것이 아니었다. 멀고도 먼 바다로부터 달려왔을 파도를 맞아주는 희고 곱디고운 모래밭, 그 모래해변을 감싸 안고 있는 고목들로 이루어진 숲…. 이곳은 절대로 인위적으로 만들 수 없는 곳이다. 신이 이곳을 만들기 위해 며칠을 고민했다고 하더라도 믿을 수 있을 것 같았다. 그렇다. 지금 난 꿈속에 나올 법한 장면을 눈앞에 마주하고 있다.

조금 전까지 투덜거렸던 게 너무나도 미안했다. 형은 드론을 띄우느라 신이 났고, 나는 그런 형의 모습을 뒤에서 몰래 담았다. '찰칵!' 나는 열심히 셔터를 누르고 난 뒤 바다로 풍덩 몸을 던졌다. 아무엇도 그려져 있지 않은 빈 도화지와도 같은 바다에 나는 한 자루 붓이 되어 선들을 그렸다. 그 선들은 금세 파도에 밀려 사라졌지만 내 마음속엔 영원히 지워지지 않을 궤적으로 남았다.

화이트헤븐 비치는 작은 우주였다. 신비로움, 광활함, 아름다움이라는 요소를 모두 갖추고 있다. 그 우주 속에서 하나의 먼지가 되어 헤엄치고 있다는 사실이 꿈만 같았다. 이대로 시간이 멈추었으면 좋겠다고 생각했다.

하지만 국방부 시계처럼 거꾸로 매달아 놓아도 흘러가는 게 시간이다. 이제는 꿈에서 깨어나 다시 배를 타고 돌아가야 할 시간이었다. 배는 다시 육지로 향해 물살을 갈랐고, 투명한 바다 위로 석양이 부서지고 있었다.

'내가 살고 있는 이 지구별엔 신기한 곳도 참 많구나. 내가 아직 보지 못하고 경험해보지 못했던 것들은 또 얼마나 나를 매혹할 것인가. 살아 있는 동안 그런 곳들을 모두 눈에 담고 가슴으로 느껴보고 싶다.'

빛나는 석양의 짧고도 아쉬운 퍼포먼스가 끝나고 어둠이 깊어지면서 수많은 별들이 쏟아질 것처럼 떠올랐다.

브리즈번으로 가는 길

날씨만 나쁘지 않다면 나는 주말 아침 지인들과 함께 산에 오르는 걸 좋아했다. 등산을 좋아하는 또래 친구는 좀처럼 볼 수 없었으므로 대부분의 산행은 나이가 좀 있으신 분들과 함께였다.

군포에 있는 수리산을 올랐을 때의 이야기다. 군포에서 출발해 안양으로 내려오는 코스를 탔다가 길을 잃었다. 지도를 켜보니 방향은 맞지만 등산로는 보이지 않았다.

그때 자주 등산을 하셨던 분이 이렇게 말했다. "등산로가 없으면 우리가 만들면 되지!" 그리고는 낙엽을 헤집으며 산을 내려가기 시작했다. 정말 이래도 괜찮은 건가 싶은 생각이 들었지만 일단 뒤를 따랐다. 그리고 그때 만난 것들은 남들이 오르내리는 등산로를 그대로 따라갔다면 볼 수 없었던 것들이었다. 새로운 경험들이었다.

우리는 번다버그를 향해 달려가는 중이었다. 에이어와 비슷한 농장지대로 한국 사람들이 많이 일하러 오는 지역이기도 하고, 설탕으로도 유명하다. 우리나라로 비교하자면 천일염으로 유명한 신안과 비슷한 느낌?

애초의 목표는 번다버그에서 350킬로미터 떨어진 브리즈번까지 가는 거였지만 시간상으로 좀 무리다 싶었다. 번다버그에 도착할 무렵이면 오후 5시가 넘을 것이고, 거기서 4시간을 더 운전하는 건 무리라고 판단했다.

도시에서는 촘촘히 세워진 가로등이 길을 밝혀주지만 고속도로나 지방도로엔 가로등이 거의 없다. 오로지 의지할 것이라곤 차량 헤드라이트 하나다. 불빛이 강한 트럭이 아닌 이상 야간 고속도로는 길에 익숙한 호주인들도 피하는 위험한 드라이브다. 게다가 형은 밤눈이 어두워 야간운전은 우리 둘의 목숨을 저승사자에게 맡겨놓는 것과 다를 게 없었다.

결국 우리는 번다버그에서 하룻밤 머물고 가기로 했다. 우리가 계획한 여행코스에서 중간 경유지로 점찍은 조건은 편안한 잠자리와 저렴한 숙박비의 교집합이었다. 그런 면에서 번다버그는 농장에서 일하는 워홀러들이 많아 싸면서도 편하게 쉴 수 있는 숙소가 많은 곳이라고 할 수 있었다. 인터넷으로 검색한 결과로는 한 사람당 25달러 정도면 따뜻한 물로 샤워할 수 있는 8인실에서 잘 수 있었다.

일단 종석이 형이 알고 있는 지인에게 부탁해 숙소를 예약하기로 했다. 세진이 형이었다. 그 형은 번다버그 이장이라도 되는 것처럼 여유 있는 목소리로 "알았다"고 대답하더니 10분 쯤 뒤에 숙소

주소를 문자로 보냈다. 자세히 보니 번다버그 시내에서 한참 떨어진 곳이다. 시내에서 30분 정도 떨어진 곳이고, 심지어 바닷가에 붙어 있었다. 지도를 자세히 보니 카라반파크다. (카라반이나 텐트를 들고 온 사람이 잘 수 있는 곳. 숙박할 수 있는 건물은 없고 화장실, 주방, 전기시설만 있는 것이 특징. 우리나라 캠핑장과 같다.) 평점도, 리뷰도, 가격도 없는 3무無 카라반파크. 못내 불안했던 나는 세진이 형을 만나자 상황을 파악할 겸 물었다.

"세진이 형, 여기 예약은 한 거야?"

"아니? 예약할 필요 없지. 너희 텐트가 있다고 했잖아."

"시내에도 카라반파크가 있을 텐데, 왜 여기야? 그리고 가본 적은 있어?"

"아니, 가본 적은 없지만 바닷가 앞이니까 좋지 않을까?"

세상에 이렇게 천하태평인 사람이 또 있을까? 아니면 우리 텐트의 성능을 너무 높게 평가한 걸까? 한국에 있을 때 바닷가에 세워놓은 캠핑카에서 밤을 보냈던 기억이 떠올랐다. 밤새도록 바닷바람이 캠핑카를 흔들어대는 통에 제대로 자지 못했었다. 바닷가에서 텐트를 치면 이번엔 바닷바람에게 따귀깨나 맞게 될 것 같다.

하지만 세진이 형의 정성을 마냥 거부할 수도 없다. 게다가 벌써 다섯 시를 넘겼고, 차는 번다버그 시내를 지나 해변을 향해 달리는 중이었다. 가는 길도 험해서 마치 오늘밤 우리가 자게 될 잠자리를 맛보기로 보여주는 것 같았다.

영 느낌이 좋지 않아서 내가 직접 카라반파크로 전화를 걸었다.

"거기 카라반파크 맞죠?"

"네. 맞습니다."

"오늘 하룻밤 지낼 수 있나요?"

"네. 카라반이나 텐트는 가지고 계신 거죠?"

"네. 혹시 한 사람당 얼마인가요?"

"한 사람당 8달러입니다."

8달러? 순간 귀를 의심했다. '에잇'이 아닌 '에잇틴'을 잘못 발음한 게 아닐까 싶을 정도로 너무나도 싸다. 8달러면 과자 한 봉지와 초코우유 하나를 집어 드는 가격이랑 비슷하다. 뿌리치기 어려운 가격이다. 아무리 싼 게 비지떡이라는 말이 있지만 배만 채울 수 있으면 비지떡이 아니라 비지도 먹을 수 있는 사람이 가난한 여행자다.

일단 전화도 받고 영업을 하는 것 같으니 내처 차를 달렸다. 30분 동안 사탕수수밭을 가로질러 카라반파크에 도착하자마자 우리를 가장 먼저 반겨준 건 눈을 뜨기도 힘들 정도로 세차게 불어오는 바람이다. 아, 이거 예상 적중인가?

가장 먼저 해야 할 일은 해가 지기 전에 텐트를 치는 일이다. 텐트 부품이 날아가지 않도록 돌로 눌러놓은 다음 텐트를 치기 시작했다. 설상가상으로 염분이 가득 묻은 모래알갱이가 날아와 텐트를 때리면서 '투둑 투둑' 하는 소리로 시끄럽다. 오늘밤에 편히 자는 건 글렀다. 바람과의 사투를 벌이며 텐트를 다 치고 나니 바람이 약간 잦아든다. 동시에 내 정신도 조금씩 돌아오기 시작한다.

'여긴 어디? 나는 누구? 내가 방금 뭘 한 거지?'

정체조차 알 수 없는 이곳에 어째서 카라반파크가 있는 것일까? 리셉션에 물어보고 싶어도 이미 문을 닫았다. 열 명이 조금 넘는 사람들이 제각기 캠핑카를 끌고 와서 캠핑을 하고 있다. 마침 옆에 큼직한 캠핑카를 끌고 온 노부부가 보여서 말을 붙였다

"하이! 이곳은 뭐하는 곳인가요?"

"하이, 굿 애프터 눈!(이런 모래바람 속에서 '굿'이란 말을 써도 되나?) 보아하니 외국인 같은데 처음 온 건가?"

"네, 이 지역의 이름이 어떻게 되죠?"

"이곳은 엘리엇 헤드Elliott heads라는 곳이야. 이곳이 처음이라면 바로 저 앞 바닷가 쪽으로 가봐. 멋진 걸 보게 될 거야."

바닷가로 가보라니? 이런 바람 속에서 그렇게 심한 말을?

그때 저 멀리서 종석이 형이 부르는 소리가 바람을 뚫고 희미하게 들려왔다. 형의 목소리를 따라 바람을 뚫고 해변으로 내려가는 순간 내 눈앞에 나타난 건 믿을 수 없는 풍경이었다. 지금껏 한 번도 보지 못했던 노을… 태양을 중심으로 선명하고 찬란한 황금빛 빛 무리가 지평선을 따라 퍼져나가고 있었다. 끝없이 펼쳐진 모래사장 뒤로 모습을 감추는 태양과 노을을 나는 잊을 수가 없다. 전혀 기대하지 않았던 곳에서 오직 나에게만 비추고 있는 듯한 그 노을빛은 그대로 내 마음속으로 들어와 불꽃을 일으켰다. 노을만큼이나 마음속 무언가가 뜨겁게 타올랐고, 세차게 불어오는 바람에 묻어오는 모래알갱이 때문에 눈을 찡그린 채로 나는 빨려들 것처럼 노을

속으로 침잠하고 있었고, 어느새 다가왔는지 노부부 또한 우리 옆에서 노을을 향해 시선을 던져두고 있었다.

엘리엇 헤드는 항구로 사용되다가 지금은 폐쇄되었고, 지역 낚시꾼들과 서퍼들의 인기를 끌고 있는 곳이라고 한다. 바람은 거세지만, 외진곳에 있어 안전요원은 없다. 또 수심이 낮고 넓은 모래사장이 있어서 번다버그 주민들이 반려동물을 데리고 자주 놀러오는 곳이라고 한다. 물론 세진이 형이 아니었다면 이곳에서 하룻밤을 보낼 생각은 하지 않았겠지만.

수리산 등산을 하며 길을 놓쳤을 때 느꼈던 것처럼 간혹 다른 사람들과 다른 길을 선택할 때 예상치 못한 보물을 찾는 행운과 마주치기도 한다. 경제학 교과서에서는 최단 시간에 최대의 효율을 내는 것이 목표지만 여행은 그렇지 않다. 여행에서는 잠시 경제학 이론을 잊어도 좋을 때가 있다. 사람들이 가지 않는 길은 대개 불안하다. 하지만 정말로 가치 있는 보물은 남들이 가지 않는 길에 있다.

남들이 가지 않는 길을 가는 용기를 갖는다는 것, 그것이 이번 여행에서 내가 얻게 된 보물이라는 생각을 했다. 여행을 통해서 얻을 수 있는 자유는 개척자에게만 주어지는 특권이라는 생각이 들었다. 타의에 의해 주어진 호주의 한적한 바닷가 모래바람 속에서 내 마음속에서는 알 수 없는 무언가가 눈을 뜨고 조금씩 자라고 있었다. 그것은 미지의 세계로 걸음을 내딛을 때의 두려움에서 벗어나 용감하게 앞으로 나아갈 때 새로운 깨달음, 삶의 보물을 만나게 될 수 있으리라는 것이었다.

무엇이든 가지 않은 길은 두렵고 불안하다. 누가 그렇지 않을까? 하지만 길지 않은 삶이었어도 사람이 살아가는 일은 대개 엇비슷하다. 낯선 곳 낯선 시간 낯선 환경에서 마주한 사람일지라도 나와 같은 인간의 삶을 살아갈 뿐이다. 말이 통하지 않으면 손과 발을 쓰면 되고, 음식 재료가 없으면 옆 사람으로부터 얻을 수도 있다. 열린 마음으로 도전의 길에 나서는 개척자에게 세상에 안 될 것은 없다.

편안한 잠자리는 아니었다. 그럼에도 노을은 아직 내 마음속에서 빛나고 있었고, 밤새 잠시 숨을 죽였던 바람이 다시 불기 시작했다. 텐트를 걷고 브리즈번로 내려가야 할 시간이다.

형이 드론을 띄웠다.

"와~ 이것 좀 봐. 우리가 보인다, 봐봐."

"신기하네, 이거 얼마주고 샀다고?"

세진이 형과 종석이 형이 드론으로 사진을 찍으며 환호성을 지르는 동안 나는 짐을 정리했다. 별다른 고민 없이 한 번도 가보지 않았던 엘리엇 헤드로 우리를 이끌었던 세진이 형. 덕분에 많은 것들을 보고 생각하고 깨달을 수 있었던 시간들이 그렇게 흘러가고 있었고, 우리는 다시 남쪽을 향해 차를 달렸다. 점점 더 도시와 가까워지고 있음이 피부에 와 닿았다. 드넓게 펼쳐진 대지를 수직으로 분할하며 호주에 온 이후 한 번도 보지 못했던 고층빌딩들이 멀리서 눈에 들어오기 시작했다. 수평의 세상에서 수직의 세상으로 가까워지기 시작하면서 흔들리던 자동차의 승차감도 조금씩 부드러워지기 시작했다. 그동안 차 때문인 줄 알았는데 길 탓이었던가? 두 번째로 고속도로 차선이 넓어진 것도 도시와 가까워지고 있다는 예후고, 차량 정체가 시작된 것으로 보아 분명해졌다.

지금까지 달려오는 동안에는 다른 차에 대해 신경을 쓸 필요가 없었다. 아니 만나는 자동차 자체가 없었다. 하지만 이제는 사방이 차로 둘러싸여 있다. 운전을 하는 형에게서도 긴장감이 느껴졌다. 가까스로 도시에 진입했지만 브리즈번의 교통신호 체계는 매우 복잡했다. 누구에게나 이해하기 쉬워야 하는 게 교통신호 체계일 텐데 우리는 그 '누구'에 포함되지 않는가 보다.

게스트하우스로 가는 길에서는 사고 위기도 겪었다. 호주는 한국과 운행차선이 반대라는 걸 잠시 착각했던 탓이다. 좌회전을 할 때는 신호통제를 받지 않고, 우회전을 할 때 신호의 통제를 받아야 하는데 착각한 것이다. 잘못해서 역주행을 할 뻔했지만 뒤따라오던 차들이 경적을 울려줘 겨우 정신을 차렸다. 조수석에 앉아 있는 나까지도 정신을 차리기 힘들 정도였으니, 운전을 하는 형은 얼마나 힘들었을까? 아마 경찰에게 걸렸으면 수 백 달러의 벌금을 물었을 것이다.

브리즈번 시내를 운전했던 시간은 20분도 되지 않았지만 2시간짜리 공포영화를 볼 때보다 더 많은 땀을 흘렸던 것 같다. 게스트하우스 앞에 주차를 끝낸 뒤 나는 한숨처럼 이렇게 말했다.

"형, 우리 살았네…."

이후 우리는 호주에 있는 동안 도시에서는 절대로 운전하지 않기로 결정했다.

에얼리 비치에서 번다버그까지 달려왔던 지난 일주일 동안 우리는 텐트에서 밤을 보냈다. 계속해서 야외취침을 하다 보니 옷을 갈아입어도 찝찝한 기분을 떨치기 어려웠다. 이제는 하루쯤 정비를 해야 할 시점이었다. 게스트하우스에 묵으면서 그동안 촬영했던 사진을 정리하고 옷이며 지친 육신과 장신을 달래기로 한 것이다.

게스트하우스에 짐을 풀고 밖으로 나오니 그제야 도시의 풍경이 눈에 들어온다. 브리즈번은 호주에서 세 번째 큰 도시로, 퀸즐랜드 주의 주도다. 200만 명이 넘는 사람들이 살고 있다. 내가 처음 도착했던 케언즈와는 느낌이 많이 다르다.

케언즈는 관광지로 유명한 곳이어서 고층건물이라고 해야 하얀색 리조트뿐이었고, 중심가라고 해도 고층빌딩은 찾아보기 힘들다. 하지만 브리즈번의 중심가는 고개를 한껏 젖혀야 건물 꼭대기를 볼 수 있다. 이제는 새떼가 무리를 지어 날아다니는 하늘이 아니라 타워크레인이 수를 놓고 있는 하늘이다.

우리는 에이어를 떠나 1,200킬로미터를 달려 이곳까지 왔다. 지금까지 달려온 거리보다 가야 할 길이 더 많이 남아 있지만 오랜만에 도시에 발을 딛고 보니 만감이 교차한다. 호주에 온 지 이제 네 달이 지나고 있다. 그동안 농장 일꾼으로 많은 일들을 경험했고, 그 뒤로는 로드트립으로 이곳까지 왔다. 눈으로 보면서도 믿기지 않을 정도로 아름다운 풍광을 만나기도 했고, 때로는 끝없이 이어지는 대지를 제자리 뛰기라도 하는 것처럼 달리기도 했다. 아름다운 풍경과 그렇지 않은 시간들이 모두 나에게 들어오고 나로부터 풀려나가며 길이 이어지고 있었다.

브리즈번에서는 꼭 하고 싶은 게 있었다. 바로 한식을 먹는 것. 제대로 된 한식을 먹어본 기억이 아득히 멀어서 마치 수백 년은 흘러간 것만 같았다. 금연을 결심했을 때 더욱 못 견디게 흡연의 욕구가 살아나는 것처럼 한국에서 먹었던 음식들이 너무나도 그리웠다. 실버링크에서 해먹었던 간장 찜닭이나 고추장 삼겹살 같은 것 말고 얼큰한 국물요리가 먹고 싶었다.

도시 중심가에 있는 한식집을 검색해 찾아가는 길은 설레었다. 스무 살이 되어 처음으로 클럽에 갔을 때도 이렇게 가슴이 두근거리지는 않았던 것 같다. 가슴을 두들기는 음악과 열띤 분위기는 아니었어도 국물요리에서 풍겨지는 냄새에 저절로 코가 벌름거렸다. 얼큰한 국물이 있어야 밥을 먹었다고 생각하는 아버지 입맛을 이어받은 것 같다.

이윽고 형 앞에는 짬뽕이 놓였고, 내 앞에는 해물순두부가 놓였다. 값은 16달러. 외식물가가 비싼 호주라는 걸 고려하면 많이 비싼 편은 아니지만, 지금까지 우리가 지출했던 식비에 비하면 상대적으로 고가다.

"형, 이 돈이면 번다버그에서 이틀은 잘 수 있는데… 도시라서 물가가 원래 이렇게 비싼 거 맞지?"

"야, 먹을 때 딴 생각하면 밥맛 떨어진댔어. 그냥 먹어."

형이 나무라듯 한소리 하고는 수저를 들었다.

찌개를 떠서 입에 넣은 순간, 강렬한 조미료 맛이 대뇌를 강타했다. 나도 볶음밥을 만들면서 조미료를 애용하곤 했던 사람이지만 이 정도면 두 스푼은 넘치게 넣은 것 같다. 그럼에도 동시에 매콤하게 입 안에서 터지는 감동은 어쩔 수 없다. 숟가락질을 멈출 수가 없다. 형과 나는 그릇을 싹 비울 때까지 단 한마디도 하지 않았다. 그저 뜨거운 탕에 들어가면서 아저씨들이 낼 법한 정체 모를 의성어만 식탁 주변으로 자욱했다.

식당에서 나왔을 때는 이미 해가 기울었다. 가로등이 깨어난 브리즈번의 거리에는 사람들이 활기찬 걸음으로 오가고 있었다. 호주에서 밤에도 사람들이 돌아다니는 걸 보다니… 처음 보는 광경이다. 야외 테라스에 앉아 맥주를 마시는 사람들, 연인들, 간혹 한국말이 들려오기도 했다. "우와, 방금 한국사람 지나갔어." 마치 달에 가서 사람을 만나기라도 한 것처럼 반가워서 인사를 나눠보려고 하다가 왠지 실례가 될 것 같아 그만두었다. 오랜만에 만나는 활기찬 삶의 현장이다. 서울처럼 화려한 네온사인이 번쩍거리는 풍경은 아니었지만 단정하게 정돈되고 은은하게 빛나는 브리즈번의 밤거리는 그 나름으로 아름다웠다.

다음 날은 브리즈번 강변의 레스토랑에서 햄버거를 먹으며 하루를 시작했다. 한강 둔치에 가면 치맥을 먹어야 하는 것처럼 왠지 브리즈번의 강변에서는 햄버거를 먹어야 할 것 같았다. 햄버거는 기대와 달리 맛이 없었다. 냉동 빵, 질긴 패티, 숨이 죽은 채소… 이런 맛을 흉내 내는 것도 쉽지는 않을 것 같았고, 탄산음료로 겨우 미각 세포를 위로했다. 괜찮은 건 그저 분위기뿐이다.

브리즈번에서 보는 사람들의 얼굴에는 늘 웃음기가 묻어 있고 여유가 풍긴다. 도심에도 여가를 즐길 수 있는 시설들이 많다. 산책을 하고, 자전거를 타고, 공짜로 바비큐 그릴을 이용할 수도 있고, 무료로 이용할 수 있는 수영장이 있는 공원 같은 시설들로 잘 정비되어 있다. 강을 오르내리는 유람선도 공짜고, 무엇보다 1년 내내 따뜻한 초여름 날씨라는 게 좋다.

문득 서울의 삶이 떠올랐다. 모두들 바쁘게 살아가는 삶, 어쩌면 그건 살아가는 게 아니라 그저 흘러가는 것이었는지도 모른다. 그저 살기 위해 살다보니 주위를 돌아보지도 못하고 자신이 무엇을 원하는지도 까맣게 잊곤 했었다. 느리게 살아야 한다거나 현실적인 삶을 도외시한 채로 유유자적한 도교적 삶만을 추구해야 한다고 말하고 싶지는 않다. 그러기엔 난 지나칠 정도로 현실적인 인간이다. 다만 조금은 여유를 가지고 삶을 대하는 것이 더 행복한 삶에 가까워지는 것은 아닌지 생각하게 되는 것이다.

　나는 여행을 할 때마다 마치 영화평론가처럼 여행한 도시에 대한 한줄 평을 남기는 버릇이 있었다. 예를 들어 "모스크바 사람들은 잔정은 그다지 없지만 대부분 진중하다."거나, "오사카 사람들은 모두들 웃는 얼굴로 살아가고 있는 것 같았지만 그 뒤로 어떤 슬픔 같은 걸 엿볼 수 있었다."거나 하는 것들이다. 그렇다면 브리즈번은 어떨까?

　"브리즈번? 정말 살기 좋은 도시지."

50년 전으로의 시간여행

　브리즈번을 빠져나온 우리와 붕붕이는 해안을 따라 길게 풀어져 있는 왕복 8차선 도로를 달리고 있었다. 영까지는 지금껏 달려온 거리 정도가 남아 있고, 이제는 내륙지방으로 들어가야 한다.

　내륙을 향해 빠져 들어가면서 이제 고속도로는 왕복 2차선 시골길로 바뀌었다. 내 몸에 맞는 옷을 입은 것처럼 길은 편안하게 다가오고 풀려나갔다. 원래는 브리즈번에서 하루만 묵을 예정이었지만 비가 세차게 내린 탓에 하루를 더 묵었다. 약속된 기한 내에 영의 체리농장까지 가려면 하루에 400킬로미터 정도는 달려야 한다.

　하지만 예상과 달리 우리 앞날에 먹구름이 드리워졌다. 내비게이션 때문이었다. 내비게이션이 원래의 길과 지름길 중에 선택하라는 안내에 아무 생각 없이 지름길을 선택한 탓이다. 지름길로 들어선 뒤 얼마 지나지 우리는 무언가가 잘못되고 있다는 걸 깨닫게 되었다. 일부 지역이 비포장도로였던 것이다. 그나마 울퉁불퉁하진 않았지만 급경사의 언덕이 연이어 나타나 롤러코스터를 타는 기분이었다. 길은 흙길과 아스팔트가 뒤섞여 있었다. 나름 국도인데 왜 이렇게 도로를 포장하다 말았는지 이유를 알 수가 없다. 성격 급한 주인 덕분에 붕붕이만 생고생이었다. 설상가상으로 지름길로 들어선 지 10분이나 지났을까? 갑자기 소나기가 쏟아지기 시작했다. 이곳에서 갑작스레 비가 쏟아지는 건 예삿일이다. 금방 그치겠거니 했지만 5분이 지나고, 10분이 지나도 멈출 생각을 하지 않는다. 세상은 온통 먹장구름으로 휩싸였고, 이제는 30미터 앞도 보이지 않았다. 폭우였다. 길은 빗물이 고인 웅덩이들로 지뢰밭을 이루고 있었고, 우리는 거북이처럼 기어갔다. 한 시간 쯤 걸린다는 내비게이션의 안내였지만 이제는 얼마나 걸릴지 알 수가 없다. 뒤돌아가기에도 이미 늦었다. 지나온 길은 이미 물바다다. 그 순간 우리 앞에 표지판이 나타났다. '500m ahead flood way.'

500미터 앞에 방수로가 있다는 뜻이다. 물을 흘려보내기 위해 일부러 길을 가로질러 커다란 수로를 만들어놓은 것이다. 설마 하는 마음으로 가보니 길을 가로지르며 흙탕물이 세차게 흐르고 있다. 10여 분 동안에 얼마나 많은 비가 내렸으면 방수로가 강으로 바뀌었을까? 무리해서 계속 가다가는 물살에 휩쓸려 용왕님 앞으로 직행할 것 같았다. 갑자기 번개가 번쩍였고, 샤워기보다 세찬 비가 계속해서 쏟아져 내렸다.

이제 오도 가도 못할 처지다.

보험사에 도움이라도 청해야 하나 싶었지만 그들이라고 뾰족한 수가 있을 리 없다. 전화도 서비스 지역에서 이탈해 먹통이다. 심장

이 조여 왔다. 길 왼쪽에 있는 목장에서는 소들이 비를 피해 나무 아래로 내달렸다. 태어나서 소가 천리마처럼 달리는 모습은 또 처음이다. 이런 식으로 계속해서 폭우가 쏟아지다가는 흙탕물에 차가 휩쓸릴 수도 있겠다 싶었다. 우리는 말을 잊었다.

그렇게 5분 쯤 시간이 흘렀을까? 조금씩 빗발이 약해지더니, 그 쳤다. 먹장구름이 빠르게 자리를 비켜주었고 서서히 햇살이 대지를 채우기 시작했다. 문득 노아의 방주가 떠올랐다. 세상을 물로 뒤덮은 비가 그치고 다시 햇살을 본 노아의 심정이 나와 같았을까?

붕붕이는 온통 진흙투성이였다. 나이 드신 할아버지를 개고생 시킨 것 같아 미안했다. 그때 반대편에서 트럭이 달려와 방수로 앞에서 멈춰 섰다.

"헤이~ 익스큐즈 미! 우리 어떻게 해야 되나요?"

"10분만 기다려요! 금방 마를 거예요!"

그의 말 대로였다. 정말 10분이 채 지나지도 않아서 방수로의 물은 썰물처럼 **빠**져나간다. 트럭이 방수로를 건넜고, 우리도 그를 믿고 건넜다. 그리고 10여 분을 달리니 다시 포장도로다.

여행을 좋아하는 사람들은 가끔 불편하고 험한 길에서 자신감을 얻을 수 있다는 말을 한다. 맞는 말이지만 막상 자신의 용기를 증명하고 자신감을 얻기 위해 내가 소중하게 여기는 것들을 놓고 도박을 하듯 일부러 그런 길을 가고 싶지는 않다.

그날은 호주를 여행하면서 가장 아찔한 공포를 느꼈던 순간이었다. 방수로를 건너기 위해 돌진하지는 않았지만 갑작스레 길이 강으로 바뀌는 상황은 잘 적응이 되지 않는다. 이런 일을 일부러 겪고 싶은 사람은 아무도 없겠지만 낯선 세계를 여행하다 보면 위험한 상황에 놓이게 되는 경우가 있다. 때문에 로드트립을 할 때는 이런 위험요소에 대해 미리 알아보고 대비할 필요가 있다. 조금만 주의를 기울이면 이런 위험한 상황을 막을 수 있다. 우리는 그 뒤로도 비포장도로를 달려야 하는 경우가 몇 번 있었는데, 그때마다 반드시 날씨를 확인하는 습관을 몸에 붙였다.

이제 우리는 뉴사우스웨일즈로 넘어와 있었다. 퀸즐랜드 생활을 끝내고 이제는 뉴사우스웨일즈 생활이 시작되는 셈인데, 몇 분되지도 않아 갑자기 핸드폰의 시간이 한 시간 뒤로 가 있다. 경도는 같지만 뉴사우스웨일즈 주는 여름에 서머타임을 적용하기 때문에 한 시간의 시차가 생긴 것이다. 왠지 아무런 잘못도 없이 한 시간을 **빼앗긴** 느낌이 든다. 방수로 때문에 잃은 시간도 있어서 좀 더 속도를 올려야 했지만 한 시간도 지나지 않아 다시 비가 쏟아지기 시작했다. 폭우로 인해 앞이 거의 보이지 않는다. 어쩔 수 없이 오늘의 주행은 여기서 접어야 했다. 가장 가까운 도시인 나라브리(Narrabri, 호주사람들은 '내러브라이' 라고 읽는다.)로 들어가 모텔에서 하룻밤을 묵기로 했다. 이런 날씨에 텐트를 치면 돛단배처럼 빗물에 떠내려갈 것 같았다.

모텔의 문은 마치 테마파크 귀신의 집 입구 같다. 내 키보다 훨씬 크고 육중해 보이는 문은 고풍스럽다. 문을 열고 들어서니 1층은 불이 꺼져 있었고, 아무것도 보이지 않는다. 영업을 하는 건가? 아니면 폐업을 한 건가? 폐업을 했을 확률보다는 귀신의 집으로 영업하고 있을 확률이 더 높아 보인다. 핸드폰 플래시를 비춰가며 주변을 살펴보니 엔틱한 소파가 놓여 있고, 모텔은 2층에 있다는 안내판이 있다. 지금 보고 있는 풍경이 마치 1970년대 미국 서부영화의 한 장면 같아서 50년 전으로 타임 슬립을 한 것 같은 착각이 든다.

2층으로 올라가 불이 켜진 방으로 들어가자, 가면무도회를 해도 될 만큼 넓은 다이닝 룸이다. 일부러 쿵쿵 발소리를 내며 들어갔는데, 다이닝 룸 오른쪽 구석에서 베이지색 셔츠 차림에 뚱뚱한 50대 호주 아저씨가 우리를 쳐다본다. 이 구역의 보스인가?

호주 아저씨는 의아한 표정이다. 예약을 하지 않고 찾아들어 오는 손님이야 모텔에서 늘 있는 일이겠지만 그렇게 찾아온 손님이

동양인이라는 게 신기했던 모양이다.

"안녕하세요, 여기서 하룻밤 머물고 싶은데요."

"예약했나? 아니면 전화라도?"

"아니요, 예약은 안 했어요. 혹시 방이 다 찼나요? 가장 싼 방으로 결제하고 싶은데요."

"아니, 잘 수 있어. 가장 싼 방은 하룻밤에 60달러고 조식 포함이야."

가장 싼 방은 퀸 사이즈 침대 하나만 있는 방을 말하는 거였는데, 그래도 60달러라니? 거기다 조식이 포함이 되어 있다니…. 다른 모텔에 비해 매우 저렴했다. 만약 가격이 비싸다고 해도 어쩔 수 없이 묵어야 할 판이었는데, 생각보다 저렴한 방값에 놀랐다.

모텔 내부는 으스스했다. 가구는 몇 십 년은 족히 넘은 것 같았고, 누군지도 알 수 없는 사람의 초상이 벽에 걸려 있다. 혹시 벽에서 손이 튀어나오진 않을까? 밤 12시만 되면 저 초상화의 눈이 이리저리 움직이는 건 아닐까? 온갖 잡스런 상상이 머릿속을 오락가락 했다.

"이봐, 친구들! 여기야. 침대가 하나뿐이니까 한 사람은 바닥에서 자야 할 거야."

로드트립을 하는 동안 침대에서 잘 기회는 거의 없으므로 누구도 침대를 포기할 수는 없다. 방법은 함께 쓰는 것뿐이다. 역시 솔로몬은 현명하다.

"그런데… 너희는 어떻게 여기 오게 된 거야?"

처음 만났을 때부터 하고 싶었던 질문을 겨우겨우 눌러 참다가 더 이상 호기심을 이기지 못하고 묻는 거라는 뉘앙스가 짙게 풍긴다.

"워킹홀리데이 비자로 호주에 왔는데, 곧 영에 가서 체리를 딸 생각이에요. 그런데 보세요. 밖에 비가 엄청 와요."

"오~ 영에 간다고? 가면 돈 엄청 벌겠군. 나는 너희가 우리 타운을 방문한 걸로 생각했어. 우리 마을에는 아시아인들이 거의 찾아오지 않거든. 그래서 신기한 생각이 들었다네."

나중에 확인해보니 나라브리는 에이어는 물론이고 영보다도 인구가 적은 마을이었다. 약 6천 명의 주민이 산다.

"원래 우리 모텔은 와이파이를 제공하지 않지만, 너희에겐 특별히 쓰도록 해 주지."

으스스한 분위기와는 어울리지 않는 호탕한 웃음과 함께 주인 아저씨가 호의를 베푼다. 처음에는 이 지역 대부인 줄 알았는데….

"시간 있으면 다이닝 룸에서 차 한 잔 할래? 손님도 없고 심심해서~"

나는 아저씨와 차를 마시기로 했고 형은 운전을 하느라 피곤했는지 먼저 잠을 자겠다고 한다.

"그런데 이 모텔은 인테리어가 아주 고급(luxury)스럽네요."

"뭐? 고급? 다 낡은 것(old thing)뿐인데? 눈이 잘못된 거 아니야? 하하…. 하지만, 이 엔틱한 스타일은 우리 모텔이 사랑을 받는 비결이지."

주인아저씨는 모텔에 대한 자부심이 굉장했다. 고풍스러운 인테리어 덕분에 이곳에서 종종 마을행사가 열리는 곳이기도 하고, 호주의 유명한 배우가 묵었다고도 자랑한다. 나는 (당연히) 누군지도 모르면서 그냥 고개만 끄덕여줬다. 주인아저씨가 보드 판에 있는 편지를 내게 보여줬다.

"아날로그틱한 모텔에서 주인의 친절함에 감동을 받고 간다. 잊을 수 없는 추억을 남겨줘서 고맙다."

– 2003년 X월 X일

오래된 벽난로, 고풍스러운 소파가 놓인 방 풍경을 보면서 나는 마치 1970년대를 재현해놓은 테마파크에 앉아 있는 듯한 기분이었다. 비가 오지 않았더라면 그냥 지나쳤을 이곳에서 이런 모습을 보고 있다는 게 왠지 행운처럼 느껴졌다. 내 인생에서 언제 또다시 단돈 60달러로 유령의 집 테마파크에서 하룻밤을 머무는 기회를 얻을 수 있겠는가.

나라브리에 갈 기회가 있다면 Centre of Town B & B Narrabri로 가보기를 추천한다. 유령의 집에서 하룻밤을 보내는 기분을 느낄 수 있다. 비가 오거나 으슬으슬한 날씨라면 몰입감이 두 배는 더 커질 것이다. 그리고 주인아저씨와 함께 찍은 내 사진이 걸려 있는지도 확인해 주시면 감사하겠다.

이곳은 체리의 수도 영

브리즈번을 제외한다면 우리가 달렸던 2,000킬로미터는 대부분 차 한 대 만나기 힘든 왕복 2차선 시골길이었다. 농장주와 약속한 날짜는 11월 15일, 바로 오늘이다. 도중에 비를 만나 발이 묶인 탓에 시간이 빠듯했다. 약속을 지키려면 나머지 530킬로미터를 오늘 중으로 달려야 한다. 내비게이션으로 검색을 해보니 쉬지 않고 7시간을 달려야 한다. 오후 6시까지는 도착해야 하는데, 혹시 늦게 되면 뭐라고 변명을 해야 하나… 차가 막혀서? 이곳에선 씨알도 안 먹힐 변명이다.

영에 도착했을 때는 오후 5시가 조금 넘고 있었다. 중간에 작은 시골마을에 들러 햄버거로 식사를 때우느라 멈춘 걸 제외하고는 쉬지 않고 달려온 셈이다. 역시 한국인의 위대한 피, 불굴의 투지로 만들어낸 결과가 아니겠는가.

영은 체리의 도시다. 도시로 들어가는 입구에 세워진 표지판에도 'Welcome to Young'이라는 문장과 함께 거대한 체리 조형물이 올려져 있다. 그뿐이랴. 옷가게, 정육점 같은 가게 유리창에도 체리 스티커와 체리 그림이 그려져 있고, 다음 주로 예정된 체리축제(National Cherry Festival) 홍보포스터들이 곳곳에 붙어 있다. 유령의 집에서 하룻밤을 보내고 이번엔 체리랜드에 들어온 느낌이다.

영은 체리의 수도(Cherry capital of Australia)라는 별명을 가지고 있는 도시다. 시드니나 멜버른과 같은 도시와 멀리 떨어진, 한마디로 일부러 찾지 않는다면 지나가는 길에도 만나기 어려운 곳. 하지만 이렇게 외진 지역인 영이지만 일 년에 두 번은 호주 농업지대 중에서도 가장 바쁜 시기를 보내는데, 11월에 체리를 수확하는 달과 매실이나 복숭아를 수확하는 1월이다. 그때는 인구 7천 명도 되지 않는 작은 마을이라고 생각할 수 없을 만큼 활기에 넘친다.

우리는 곧장 농장으로 차를 몰았다. 시내에서 10킬로미터 정도 떨어져 있는 농장까지는 10여 분을 달리는 것으로 충분했다. 차를 세우고 농장 입구에 있는 가게 문을 열고 들어가자 체리가 그려진 모자, 체리 잼, 체리 아이스크림, 체리 파이, 체리 장난감 같은 것들이 진열돼 있다. 곧이어 창고에서 체리 마크가 새겨진 옷을 입은 여자가 나왔는데, 이 정도면 손을 흔들면서 "꿈의 나라 체리랜드에 오신 여러분을 환영합니다."라고 인사를 한다고 해도 이상하지 않을 것 같다.

"체리 픽킹을 하려고 메일을 보냈는데, 슈퍼바이저가 15일까지 오라고 해서 왔어요."

"아, 그렇군요. 반가워요. 이름이 어떻게 되죠?"

그녀는 종이를 몇 장 넘겨가며 우리들 이름을 찾아보고는 자신을 소개했다.

"오~ 여기 있네. 반가워요. 앞으로 잘 부탁해요. 내 이름은 캐시예요"

이런, 나는 캐시와 끊을 수 없는 인연이 있나 보다. 이곳에서 만난 캐시는 농장주의 아내다. 농장주는 바리샤Barisha라고 하는데, 지금은 체리나무의 상태를 점검하기 위해 외출 중이라고 했다.

"원래는 17일부터 일을 시작하려고 했는데, 비 때문에 체리들이 햇빛을 많이 못 받아서 4일 정도 뒤에 시작할 것 같아요."

브리즈번에서부터 우리를 괴롭혔던 비가 이곳에도 많이 왔던가 보다. 캐시가 다시 물었다.

"혹시 일하는 동안 묵을 집은 있나요?"

"아니요, 텐트를 가지고 왔거든요."

"텐트? 음…."

몇 초 동안 망설이던 캐시가 입을 열었다.

"텐트보다는 우리 농장에 있는 컨테이너를 쓰는 건 어쩌세요? 우리 농장 뒤에 주방, 샤워실, 화장실이 딸려 있는 카라반파크가 있는데, 텐트는 주당 30달러고 컨테이너는 주당 50달러예요."

"What? 30달러요? 일주일에요?"

상대방의 말을 되물을 때는 "Pardon?"이 격식을 갖춘 표현이고 "What?"은 반항의 의미를 가지고 있다. What은 우리말로 치자면 미간을 찌푸린 채 "뭐라고?"라고 말하는 것이랑 비슷하다고 해야 할까? 너무 저렴한 가격에 나도 모르게 'What'이라는 단어가 입에서 나왔다. 텐트에서 지내면 하루에 4달러 정도다. 이곳 체리랜드에서 2주 동안 지내는 가격과 어제 묵었던 테마파크에서 하루 묵는 값이 같았다. 워홀러인 우리에게 이곳은 마치 꿈의 나라처럼 느껴진다.

영에는 체리의 수도라는 별명답게 수십 개에 달하는 체리농장들이 있다. 체리는 수확하는 시기가 약 한 달 정도에 불과해 농작물 중에서도 아주 짧은 편이어서 짧은 기간 동안 많은 인력을 투입해야 한다. 그래서 자체적으로 많은 워커들을 수용할 수 있는 카라반파크를 만들어 싼값에 숙박할 수 있도록 해 주는 것이다.

때마침 바리샤가 가게에 나타났다.

"바리샤, 우리 농장에 체리를 수확하러 온 아시아인들이에요."

그녀가 왜 아시아인이라고 말했는지는 나중에 알게 되었다. 전체 픽커 50여 명 중에서 아시아인은 우리를 포함해 딱 셋뿐이었던 것이다.

"오, 반가워. 나는 바리샤라고 해. 영은 처음이지?"

"네, 저희는 케언즈 근처에서 일하다 내려왔어요."

"그렇군. 우리 농장에 정말 잘 왔어. 작년보다 체리가 더 많이 열렸거든. 앞으로 열심히 일하셔야 할 텐데, 체리 파이 한 번 먹어볼래?"

오늘 만들었다면서 우리에게 하나씩 건네준 체리 파이는 비주얼 만으로도 체리 맛 파이가 아니라 파이 맛이 들어간 체리라고 해야 할 것 같았다. 입 안 가득 체리향이 퍼진다.

우리가 텐트를 칠 카라반파크엔 15명이 먼저 와 있었다. 우리가 제일 마지막 주자다. 프랑스인이 13명으로 가장 많았고, 나머지 두 사람은 호주인이었다. (내가 일했던 농장은 북쪽 농장과 남쪽 농장으로 나뉘어 있었는데 먼저 온 50명은 남쪽 농장의 카라반파크에 머문다고 한다. 그쪽도 프랑스 인과 호주인들이 90% 이상을 차지하고 있었다.) 실버링크에서는 볼 수 없었 던 호주인들을 보면서 영에서는 왠지 수입이 괜찮을 것 같은 느낌 이 들었다.

바리샤는 오랫동안 체리와 복숭아를 땄던 경험을 가지고 있는 베테랑이라며 우리에게 루카스를 소개했다.

"하이, 너도 이번에 픽킹을 하니? 나는 오렌지Orange에서 온 루카 스야." (오렌지는 뉴사우스웨일즈 주 남쪽에 있는 지명이다.)

"반가워요, 저희는 한국(South Korea)에서 왔어요."

외국인들이 한국인을 보면 으레 하는 질문이 있다. 예상했겠지 만 북한에 대한 이야기다. 대화는 에피타이저에서 메인 요리로 넘 어가는 것처럼 자연스럽게 북한에 대한 주제로 넘어가곤 한다. 북 한이 핵미사일로 시드니를 위협하면 호주 정부가 어떻게 대응을 취해야 하는지, 와 같은 말이다. 맞장구를 쳐주기엔 좀 허무맹랑하 다. (나중에 알게 된 사실인데 그해 8월, 우리가 에이어에 있는 동안 한미연합훈련에 참가한 호주를 향해 북한이 늘 그렇듯 '무자비한 보복과 가차 없는 징벌'을 하겠다며 으름장을 놓은 일이 있었다고 하니, 루카스 할아버지의 걱정을 이해하지 못할 바도 아니었다.)

나는 이곳의 생활시설을 좀 둘러보고 싶다는 말로 대화 주제를 돌렸다. 대화 주제는 갑자기 메인 요리에서 후식으로 넘어가듯이 자연스럽게 이곳에 대한 이야기로 넘어갔다.

루카스가 맨 처음으로 우리를 데려간 곳은 주방이었다. 혹시 '러브하우스'라는 예능프로그램에 나오던 배경음악이 기억나는가? 그 음악과 함께 깔끔하게 리모델링된 공간이 나타나곤 했었다. 하지만 문이 열리자 나는 곧 그 음악의 정지 버튼을 눌러야 했다.

에이어 워킹호스텔 8인실은 호텔이었다. 시드니로 핵미사일이 떨어지는 걱정보다 여기서 만든 음식을 먹고 식중독에 걸리지 않기를 바라는 게 더 급박한 일 같았다. 켜켜이 쌓인 먼지는 기본이고, 불결하기 짝이 없는 냉장고, 전자레인지 거기에 커피포트 내부는 녹이 슬어 있다. (한 번도 사용하지 않았다.) 주방 테이블엔 먼저 온 프랑스 친구들이 올려놓은 소스가 있었는데, 이곳에서 음식을 해먹다 가는 둘이 먹다 그냥 하나가 쓰러질 것 같았다. 어쩌면 둘 다 쓰러질 수도 있겠고.

그 다음으로 보여준 건 샤워실. 샤워커튼을 열자 잔뜩 녹이 슨 간이 샤워장이 눈앞에 드러났고, 바닥에는 개미들이 제식훈련을 하는 중이다. 화장실이라고 별로 다르지 않다. 시설은 둘째 치고 전기가 들어오지 않아 밤에는 핸드폰 불빛을 이용해야 했다. 그런데 핸드폰 불빛을 이용하면 나방과 같은 날벌레들이 달려들어 해가 지는 오후 7시 이후에는 사용을 하지 않는 게 정신건강, 장 건강에도 낫다. 어제 묵었던 유령의 집을 생각하니 7성급 초호화 호텔이다.

이곳을 정식 숙박시설로 영업을 했다면 후하게 줘서 10점 만점에 0.2점 정도는 줄 수 있을 것 같다. 이런 시설을 쓰는 데 하루에 4달러를 낸다니 금방 엄청난 바가지를 쓰는 것처럼 느껴진다.

무엇보다 큰 문제는 텐트에서 자는 거였다. 처음엔 지금 아니면 언제 한 달 동안 텐트에서 살아보겠나 싶었다. 날씨도 큰 무리가 없었다. 이 시기 영의 날씨는 늦봄에서 초여름 정도의 날씨다. 새벽이라고 해도 15도 밑으로 잘 내려가지 않고, 오후에는 30도를 조금 넘는 정도다. 침낭만 있으면 노숙을 해도 문제없다.

하지만 정작 진짜 문제를 알게 되기까지는 오래 걸리지 않았다. 이튿날 텐트에서 낮잠을 자고 있을 때였다. 비가 쏟아지면서 3초에 한 번씩 뇌성이 터지고 번개가 대지를 쪼개며 후려치기 시작했다. 점점 더 가까이 다가오고 있는 천둥소리를 들으며 나는 본능적으로 텐트에 있는 게 위험하다는 걸 느꼈다.

혹시 벼락에 맞을 확률이 높은 곳이 어디인지 알고 싶다면 아끼지 않고 공개할 수 있다. 바로 우리가 텐트가 세워져 있는 자리다.

호주 정부에서는 낙뢰 피해를 막기 위해 취할 안전행동요령 몇 가지를 알려준다.

첫째, 높은 지대에서 내려올 것.

둘째, 낙뢰가 떨어질 가능성이 높은 큰 나무 주위를 피할 것.

셋째, 쇠로 되어 있는 골프채나 낚싯대를 멀리할 것.

우리 텐트는 언덕 위에 세워져 있었고, 비를 피하기 위해 근처에서 가장 큰 나무 바로 아래였다. 게다가 쇠꼬챙이 열 개를 땅에 박아 고정을 시켜놓았다. 이건 마치 "제발 번개야 이쪽으로 좀 와다오." 라고 고사를 지내는 것처럼 보였을 것이다.

우리 텐트를 본 루카스가 걱정 어린 말을 건넸다.

"오늘 같은 날은 위험할 수 있어. 오늘은 내 카라반에서 자게."

루카스가 하는 말에는 진심이 어려 있었다. 너무 지나친 걱정이 아니냐며 반문하는 사람도 있겠지만 나는 그렇게 생각하지 않는다. 우리는 흔히 번개에 맞을 확률을 로또에 당첨될 확률과 비교하곤 하는데, 체리를 따다 보면 로또에 맞은 나무를 심심치 않게 볼 수 있었으니까.

낙뢰 사고는 평균적으로 골프장에서 많이 일어난다고 한다. 나무가 많고 언덕이 있고 골프채 같은 쇠붙이가 있기 때문이다.

영도 마찬가지였다. 지역의 지형이 많은 언덕으로 이루어져 있고 넓은 체리 밭에 피뢰침이 세워져 있을 턱이 없고, 나무들이 즐비하다.

우리를 제외한 다른 사람들은 모두 실내로 들어갔다. 텐트를 가지고 온 프랑스 친구들도 다른 친구의 차로 들어갔다. 이제 번개의 표적이 된 건 우리 둘 뿐이었다. 나는 높게 잡아 벼락에 맞을 확률을 0.1% 정도로 생각했다. 하지만 진지하게 생각해보니 당장 텐트를 떠나야 했다. 우리만 통구이가 될 수는 없었다.

우리는 곧장 텐트에서 나와 비를 맞으며 리셉션을 향해 달려갔다. 그리고 텐트를 포기하기로 결정하고 컨테이너를 빌렸다.

캐시는 웃음 띤 얼굴로 우리 이야기를 듣더니 컨테이너 이용료를 30달러로 깎아주었다.

체리과수원의 전사들

"좋은 아침! 오늘부터 한 달 동안 체리를 상대로 전투를 벌일 병사(Soldier)들이여! 준비 됐나?"

체리 농장으로 첫 출근을 한 날, 일꾼들을 불러 모은 농장주 바리샤의 목청은 우렁찼다. 조금 쌀쌀한 날씨였지만 바리샤의 아재유머로 몸이 좀 풀리는 것 같다.

"임금은 각자 수확한 체리 무게에 따라 지급할 거야. 체리를 딸 때는 가지를 부러트리지 않도록 주의하도록 하고, 반드시 꼭지 부분까지 따야 해. 아! 그리고 일을 하다가 체리가 먹고 싶다면 얼마든지 따서 먹어도 돼."

응? 내가 잘못 들었나? 체리를 따 먹지 말라는 게 아니라 마음껏 먹어도 된다고? 아직 잠이 덜 깨서 잘못 들은 건가? 옆 사람에게 슬며시 되물었더니 먹고 싶다면 마음껏 따먹어도 된단다. 이런 농장 처음이다. 한국에선 있을 수 없는 일이지. 물론 수확한 체리 무게를 재서 돈을 받으니 먹는 만큼 수입은 줄겠지만 그래도 이건 너무나

마음씨 좋은 주인이 아닌가.

내 속마음과는 달리 바리샤는 여유로운 표정이다. '좋아, 질릴 때까지 체리를 먹어보는 거야.' 체리를 수확할 때 주의해야 할 기본적인 설명을 끝낸 바리샤는 우리를 농장으로 데려갔다.

계단을 타고 언덕을 올라가자 체리 과수원이 펼쳐진다. 조금 전 바리샤의 말에 들었던 의구심이 눈 녹듯 사라진다. 눈앞에 펼쳐진 체리나무 숲. 도저히 셀 수도 없을 것 같은 체리나무들이 바둑판처럼 질서정연하게 늘어서 있고, 내 키의 세 배 정도 높이로 자란 체리나무 가지마다 열매가 빼곡하다. 가지 하나에 체리 두 박스 정도가 달려 있는데, 그런 가지들 여럿이 모여 한 그루 나무가 되고, 수십 그루의 나무들이 모여 한 줄이 된다. 그리고 수백 개 줄들이 모여 농장을 이루고 영에는 이런 농장들이 수십 개에 달한다. 체리의 수도라는 말이 그냥 생긴 게 아니라는 생각이 들었다.

체리 농장을 바라보며 우리들은 입을 다물지 못했다. 언덕 뒤편으로 해가 떠올랐다. 체리 열매들이 햇살을 받아 반짝거렸다. 보물섬을 발견한 느낌이다. 왜 농장주가 얼마든지 따먹어도 좋다고 대인배처럼 말을 했는지 이해되었다. 바리샤는 체리 왕국의 왕으로 우리들 뒤에 서 있었고 나를 포함한 50여 명의 픽커들은 눈앞에 펼쳐진 무수히 많은 적들을 쓸어 담기 위해 왕의 명령을 기다리는 병사들이었다. 약속이라도 한 것처럼 정적이 흘렀다.

한 달이라는 짧은 시간 안에 이렇게 많은 체리를 모두 수확한다는 건 불가능할 것 같았다. 나중에야 알게 된 사실이지만 픽커들이

퇴근을 할 때까지 정해진 구역에 있는 체리를 모두 수확하지 못하게 되면 남은 체리들은 그냥 내버려둔다. 다음 구역의 체리를 빨리 따는 게 농장주에겐 오히려 이익이 되니까.

체리는 수확할 시기를 놓치면 썩어버린다. 짧은 수확기 동안 최대한 많은 열매를 따야 하는 이유다. 그래서 체리농장은 최대한 많은 픽커들을 고용하고, 비가 오지 않는다면 쉬는 날 없이 일한다.

세계 각국으로부터 모여든 다양한 사람들이 한곳에 모여 일을 한다는 게 흔히 볼 수 있는 모습은 아니다. 당연히 체리 농장에서는 색다른 문화 퍼포먼스가 벌어지곤 했다. 프랑스 친구가 대형 스피커로 프랑스 댄스 음악을 틀자, 이름도 모르는 픽커들이 다들 함께 춤을 춘다. 마치 놀면서 돈을 버는 느낌이다. 의외로 프랑스인들이 흥이 넘치는 사람들이라는 걸 나는 체리 농장에서 알게 되었다. 몸도 마음도 지루할 틈이 없었다. 체리 나무를 사이에 두고 우리는 친구가 되어 갔다.

어느 날 나무 안쪽에 있는 체리를 따기 위해 고개를 디밀던 나는 깜짝 놀라 비명을 질렀다. 다른 친구들이 무슨 일인가 싶어 모여들었다. 나뭇가지인 줄 알고 잡았던 건 한 뼘도 넘을 것 같은 도마뱀이었다. 보호색 때문에 체리나무 가지로 착각했던 것이다. 다른 친구들이 신기한 표정으로 사진을 찍고 있을 때, 호주 아저씨가 다가오더니 마치 선반에서 후추통을 집어 드는 것처럼 아무렇지도 않은 표정으로 도마뱀의 꼬리를 잡고 치켜들었다.

"너무 놀라지 마. 얘도 이 지역의 주인이야."

이곳 도마뱀은 위협을 받으면 가끔 물기도 하지만 독은 없다고 한다. 꼬리가 잡힌 도마뱀은 신기한 눈으로 자신을 쳐다보는 우리들을 향해 위협을 하듯 비늘을 꼿꼿이 세웠고 양 볼을 부풀렸다. 예전에 친구 집에서 애완용 이구아나를 본적은 있었지만, 야생 도마뱀을 본 건 처음이다. 호주 아저씨는 시크하게 도마뱀을 풀밭으로 던졌고, 해방된 도마뱀은 재빠르게 기어 사라진다.

  한국에서 야생동물이라는 말을 들었을 때는 나와 다른 세계에 살고 있는, 다큐멘터리에서만 접할 수 있는 동물이라고 생각했다. 하지만 호주에서는 다양한 야생동물들이 인간과 더불어 살아가고 있다. 그들 모두 이 지구별의 주인인 것이다. 그 뒤로도 야생 도마뱀을 몇 번 더 보았는데, 익숙해져서인지 별로 놀라지 않게 되었다. 이제는 나뭇가지에 올라 있는 도마뱀을 보고 인사말을 건넬 정도가 되었다.

"안녕? 넌 뭘 먹고 사니? 체리도 먹니?"

물론 도마뱀은 아무런 대꾸도 하지 않았다. 그저 자신보다 수백 배 큰 생물체를 한 번 스윽 쳐다보고는 이내 다른 곳으로 시선을 돌린다. 설마 보호색을 띠고 있다고 내가 보지 못했을 거라고 생각하는 건가? 이제는 그런 도마뱀의 모습이 귀엽기까지 하다.

도마뱀만 만났던 건 아니다. 체리를 따다가 갑자기 거센 소나기를 만났던 날이었다. 앞이 보이지 않을 정도의 폭우를 피해 나무 아래로 들어갔지만 옷이 홀랑 젖는 건 어쩔 수 없다. 다행히 소나기는 5분이 지나지 않아 멈추었지만 바리샤는 오늘 일은 여기서 끝내고 다들 돌아가라고 했다. 체리가 비에 젖으면 따는 것도 쉽지 않고 냉장보관도 곤란하기 때문이다.

숙소로 돌아갈 준비를 하고 있을 때 언덕 위에서 어떤 커다란 존재가 콩콩콩 뛰어가는 모습이 보였다. 점프하는 높이나 속도를 보면 사람이 아니다. "혹시 외계인? 가서 뭔지 보자!" 우린 기대에 부푼 가슴으로 달려갔다. 농장을 둘러싸고 있는 울타리 때문에 언덕으로 올라갈 수는 없었지만 가까이 다가가자 실루엣이 점점 더 선명하게 드러났다. 긴 꼬리, 작은 머리 위로 튀어나온 귀… 야생 캥거루였다. 도로에서 로드 킬을 당한 캥거루는 몇 번 봤지만 살아 있는 야생 캥거루는 처음이었다. 아마도 갑자기 쏟아진 비를 피하기 위해 달려갔던 것 같았다. 브리즈번 동물원에서도 보지 못했던(비 때문에) 캥거루를, 그것도 야생 캥거루를 만나다니!

캥거루는 잠시 우리를 향해 시선을 돌렸다. 조금도 겁내지 않고 우리들 시선을 받아낸다. 마치 "야생 캥거루 처음 봐?"라고 묻는 것처럼. 이윽고 캥거루는 몸을 돌려 다른 곳을 향해 콩콩 뛰어갔다. 다부진 몸과 탄탄한 다리로 넓게 펼쳐진 언덕을 콩콩 뛰어가는 모습이 너무나도 당당하게 보였다. 마치 과시라도 하는 것처럼 높직이 점프하는 모습은 아름다웠다. 나는 과연 저 캥거루처럼 당당한 자세를 견지하며 세상을 살아왔던가? 언덕 너머로 유유히 사라지는 캥거루를 보면서 당당한 자세가 얼마나 위엄 있고 매력적인 것인지 알 것 같았다.

체리농장에서 일을 하면 한 봉지(값으로 따지면 12달러) 정도의 체리를 챙겨올 수 있다. 캡시컴은 스파게티나 카레 이외에 크게 활용할 수 없었지만 체리는 다르다. 잼을 만들어 빵에 발라 먹거나 요거트와 함께 먹으면 일품이다. 체리농장에서 일한 지 일주일이 되는 날, 우리는 첫 주급으로 1,100달러(약 90만 원)를 받았다.

워홀러 입장에서 체리농장을 한 단어로 규정하자면 '돈'이다. 에이어의 캡시컴 농장에서는 주당 500달러 정도를 모았는데 체리농장에서는 1000달러가 통장에 남았다. 에이어의 농장이 돈을 적게 주었던 것인지, 영이 돈을 많이 주는 것인지를 묻는다면 둘 다 맞는 이야기라고 할 수 있겠다.

에이어는 법에 어긋나지 않는 선, 즉 최저임금 체계를 지키는 정도에서 가장 짜게 준다. 그곳의 매력은 세컨비자를 받기 위한 농장

근무일수를 안정적으로 받을 수 있다는 점이다. 그에 비해 영은 일하는 시간이 짧아 세컨비자를 따기 위해 필요한 날짜를 채우는 데는 부족하지만 특별한 기술이 없는 워홀러들이 돈을 가장 많이 벌수 있는 곳 중 하나다. 이는 체리 자체의 단가가 높기 때문이다. 제주도에 있을 때도 겨울에 귤을 따러오면 돈을 많이 벌 수 있다고 했는데 한철 과일이 돈이 좀 되나보다.

수확기가 시작된 지 3주가 지나니 지금까지 수확한 체리보다 포장해야 할 체리가 더 많다. 바리샤는 포장 창고(쉐드)에서 일할 사람이 필요하다며 내게 옮기지 않겠느냐는 제안을 했다. 창고에서 일하는 사람은 30명이 조금 넘었다. 70%가 대만, 10%가 중국, 17%가 프랑스 사람이었고, 한국인은 나 혼자다. 스핑크스 노래, 고속도로 휴게소 노래를 들으며 체리를 따다가 창고로 옮기니 이제는 만다린어 노래가 흐른다. 알 수 없는 가사지만 후렴구에 반복되는

'No more love~'만은 알겠다. 국적을 불문하고 비트가 **빠른** 노래는 창고에서 포장을 하면서도 저절로 어깨가 들썩인다. (이곳에서 일하며 만난 대만 친구들을 몇 년 뒤 타이페이에서 다시 만나게 되었는데, 내가 'No more love~'를 불렀더니 굉장히 좋아했다.)

체리 작황이 예년보다 좋아 기분이 좋았는지 바리샤가 말했다.

"헤이, 전사들! 올해 체리 수확량이 많았는데, 너희들 덕분에 잘 처리하고 있어! 그래서 팩커와 픽커 모두에게 피자를 쏘려고 해."

우리는 콘서트에 가서 가수 이름을 외치듯 바리샤, 바리샤를 연호하며 환성을 올렸다. 바리샤가 말을 이어갔다

"너희 중에 혹시 채식주의자(Vegetarian) 있니?"

이곳에 와서 놀란 것 중 하나가 채식주의자에 대한 배려다. 신기한 광경이다. 내가 회사에 다닐 때 회식자리를 예약하라는 지시를 받으면 세 군데 중 하나였다. 소고기집, 돼지고기집, 치킨집. 요즘에는 회식문화도 바뀌고 있지만 아직까지도 채식주의자를 먼저 배려하는 모습은 쉽게 보기 어렵다. 이외에도 다인종 국가인 호주는 모든 사람들의 다양성을 존중하는 문화가 일반적이다. 식당에 가면 채식주의자 전용 메뉴판, 할랄 음식 전용메뉴판도 볼 수 있었다. 다양성을 포용하는 사회가 어떤 모습인지 눈으로 귀로 배울 수 있는 기회였다. 내가 그런 배려심 있는 질문에 호응할 수 있는 방법은 존경어린 눈빛으로 바라봐 주는 것뿐이었다.

금요일 오후였다. 일을 마치고 컨테이너 밖에 있는 의자에 앉아

바람을 쐬며 쉬고 있을 때 루카스가 다가와 한마디 하셨다.

"이봐 친구들, 지나는 길에 자네들 차를 봤는데 말이야, 앞바퀴에 공기가 많이 빠진 것 같더라. 내게 타이어 공기압 측정계가 있으니 한 번 재봐."

평소 타이어에 바람이 빠져 있다는 생각은 들었지만 딱히 신경을 쓰지는 않고 있었다. 마치 이가 좀 아파도 참을 수 있을 때까지 견디다가 최후의 마지노선이 무너져야 비로소 치과에 가는 것처럼 좀 더 상황이 심각해지면 카센터에 갈 생각이었다. 공기압을 재보니 적정 공기압보다 12%가 부족했다.

"지금까지 무슨 느낌 없었어? 타이어에 공기가 없으면 위험할 수 있으니 공기를 넣는 게 좋을 거야."

맞는 말이었다. 생각해보니 에이어에서 안전검사를 받은 이후 붕붕이를 한 번도 돌봐주지 않았다. 밥(기름)만 먹였지 나라브리로 오는 길에 진흙 샤워를 했을 때도 세차 한 번 시키지 않았다. 게다가 얼마 전 1차선 도로에서 마주 오는 차를 먼저 보내려 차를 돌리다 나무에 사이드미러가 부딪혀 떨어져나가는 사고까지 있었다. 물론 테이프로 간단하게 수술을 해 뒀지만 그동안 붕붕이가 우리에게 느꼈을 설움을 생각해서라도, 또 우리 안전을 위해서라도 타이어에 공기를 채워야 할 것 같았다. 발을 다치면 한걸음도 걸을 수 없는 것처럼 붕붕이도 마찬가지다.

한국에서는 타이어에 펑크가 나면 보험사에서 금방 구조팀을 보내주지만 광활한 호주의 내륙지방에서는 영화 두 편을 봐도 겨우 도착할까 말까다. 그래서 호주의 주유소들은 대부분 타이어 공기 주입기를 갖추고 있다. 그러니 시내의 가까운 주유소로 가면 된다.

루카스에게 고맙다는 인사를 하고 우리는 곧장 주유소로 갔다. 예의상 기름을 조금 넣고 구석에 있는 공기주입기 옆에 차를 댔는데, 어라? 공기 주입구가 타이어 휠에 가려져 있는 게 아닌가. 공기를 주입하려면 먼저 휠을 먼저 빼내야 했는데, 이렇게 힘을 쓰는 일은 역시 종석이 형이 전문이다.

'붕붕아, 아프겠지만 조금만 참아봐.'

형이 타이어 휠을 세게 확 잡아당기는 순간, 이런! 갑자기 타이어에서 바람이 빠지는 소리가 들렸다.

"뭐지? 타이어에 구멍 난 거야?"

"휠만 뺐는데 구멍이 난다고?"

타이어에선 계속해서 바람 빠지는 소리가 들렸다. 구멍이 난 곳을 이리저리 찾아보니 주입구와 바퀴 사이에 벌어진 틈을 확인할 수 있었다. 힘만 센 형이 휠을 너무 세게 잡아당겨 공기주입구에 충격을 주면서 틈이 벌어진 것이다. 일단 손으로 틈을 막아봤지만 될 턱이 없다. 결국 3분 만에 타이어 바람이 전부 빠져나가고 붕붕이가 털썩 주저앉았다. 12% 모자란 공기압을 채우려다 80%를 빼버렸다. 충치 치료하려다 이빨을 빼버린 셈이다. 붕붕이는 아까보다 훨씬 더 아파보였다.

차에 대해서는 아는 게 하나도 없으니 뭘 어찌 해야 할지를 모르겠다. 하지만 이미 일은 벌어졌다. 이대로는 집으로 갈 수 없으니 처음부터 침착하게 생각해보자. 다행히 트렁크에 여분의 타이어가 있었다. 하지만 차량을 들어 올릴 수 있는 도구인 잭이 없다. 주유소 직원에게 세상에서 제일 불쌍한 표정을 지으며 혹시 잭을 빌릴 수 있는지 물었다. 고개를 젓는다. 그러면서 보험에 가입했으면 보험사에 연락을 해보는 게 어떻겠느냐고 조언한다. 마침 우리가 가입한 보험에는 도로에서 긴급 상황이 생겼을 때 서비스를 받을 수 있는 긴급출동(Roadside assistance) 서비스가 포함되어 있었다.

매달 수십 달러의 보험료를 내면서도 부를 일이 없었는데, 이런 상황에 처하게 되니 오히려 다행이다. 문제는 전화상담이다. 보험사 직원은 화이트헤븐 비치의 안내원처럼 영어를 못하는 관광객을 상대하지 않는다. 더듬거리며 말하는 외국인과 통화를 하는 게 답답하겠지만 나도 살아야 하지 않겠는가.

"안녕하세요, NRMA 서비스센터입니다. 무엇을 도와드릴까요?"

"안녕하세요, 제 차 타이어에 펑크가 났는데요."

"네? 펑크요?"

"네. 펑크, 아, 아니… 펑크."

"죄송한데, 뭐라고요?"

"펑크! 펑크! 헝크! 안 들리세요? 휭! 휭! 횡크!"

"선생님, 펑크음악을 말씀하시는 건가요?"(Sir, are you saying funk music?)

졸지에 펑크음악 전도사가 되었다. 내가 하는 말이 주유소 안까지 들렸나 보다. 가게 직원이 나오더니 자신이 이야기해 주겠다고 해 순순히 핸드폰을 넘겨주었다.

"안녕하세요, 저는 가게 점원인데요. 이분 타이어에 바람이 **빠**지고 있어요."

타이어에 바람이 **빠**지고 있다는 표현은 ("tire is keep going flat."이라고 말한다) 플랫 타이어라고 말해야 하는데 펑크 음악만 이야기하다니… 어이가 없어서 웃음이 났다.

보험사에 주유소 주소를 불러주려고 할 때 실버링크의 캐시와 비슷한 덩치 큰 호주 아주머니가 다가와서 물었다.

"헤이~ 무슨 일이야? 무슨 문제 있어?"

주유소의 점원이 상황을 설명하자 아주머니는 "그래? 한 번 트링크 좀 열어볼 수 있어?"라고 물었고, 형이 트렁크를 열어 주었다. 트렁크를 들여다 본 아주머니가 말한다.

"보험사는 부르지 않아도 될 것 같아. 트렁크에 잭이 있잖아."

차 주인인 우리도 모르는 잭이 트렁크에 들어 있었다고? 보험사 직원에게 잠시 기다려달라고 말한 뒤 트렁크에 깔린 카펫을 들추니 잭이 보인다. 두 달 동안 차를 몰면서도 여분의 타이어 밑에 깔려 있어서 지금까지 몰랐던 것이다. 굳이 보험사를 부를 필요가 없었다. 일단 보험사 직원에겐 스스로 해결할 수 있을 것 같으니 문제가 생기면 다시 연락하겠다는 말과 함께 전화를 끊었다. 갑자기 우리에게 찾아온 아주머니 덕분에 집에 갈 수 있을 것 같다는 희망이 보였다.

"정말 고맙습니다. 잭이 있는 건 저희도 지금에야 알았거든요. 어떻게 아셨나요?"

"우리 아버지가 자동차정비소를 운영하거든. 보통 호주 사람들은 차에 잭을 갖고 다녀. 땅이 넓다보니 중간에 타이어에 바람이 빠지게 되는 일을 대비해서 항상 잭이랑 예비 타이어를 준비해야 하지. 아마 너희 차 전 주인이 샀을 거야."

엔진오일 색깔이 황금색이라며 열심히 영업하던 희선 누나도 잭이 있다는 건 말하지 않았던 걸 보면 그녀 역시 잭의 존재를 모르고 있었던 것 같다. 아주머니는 잭 사용법과 타이어를 교체하는 방법까지 자세히 설명해 주셨다. 하지만 몸 쓰는 일은 이론이 아니라 실전이다. 대충 이론은 익혔지만 실습을 하다 보니 제대로 안 된다.

결국 아주머니께서 직접 잭을 이용해 차를 들어 올리고 타이어까지 교체해 주셨다. 슈퍼우먼이 있다면 바로 이분이다. 아주머니는 주유소 매니저로 일하는 분이었고, 어린 시절부터 카센터를 하는 아버지 덕분에 자동차 수리에 대해 많이 배웠다고 한다.

예상치 못한 상황에서 예상치 못한 누군가로부터 도움을 받는 경우가 의외로 많다. 여행을 할 때는 그런 순간들이 더 자주 일어난다.

"혹시 괜찮다면 사진 한 번만 같이 찍어도 될까요? 그냥 이 상황이 믿기지가 않아서요."

"물론이지! SNS에 사진을 올려, 타이어를 교체할 줄 아는 여자(A women who can repair tyre)라는 태그와 함께. 하하!"

아주머니는 호탕하게 웃으셨고, 우리는 그냥 가기가 미안해서 기름을 가득 채웠다.

지금까지 호주에서 경험한 바에 의하면 호주 사람들은 자동차에 대해 무슨 일이 생기면 자기 일처럼 도와주려고 한다. 땅이 워낙에 넓어 자동차에 무슨 일이 생기면 정말 난처한 상황에 빠지게 되므로 인지상정으로 서로를 돕는 문화가 형성되었을 것이다. 아, 나도 앞으로는 곤란한 상황에 빠진 사람들을 도우면서 살아야 하겠구나!

"아주머니, 이제야 올려요, 말씀하셨던 해시태그."

#A woman who can repair tyre

산 넘어 산

한바탕 타이어를 두고 난리굿을 펼친 우리는 주유소에서 멀지
않은 햄버거가게에 들어가 저녁을 먹었다. 이곳은 영에서 무료 와
이파이가 제공되는 유일한 곳이어서 올 때마다 한 시간 정도 앉아
있다 가곤 했다. 형은 영화를 다운받았고, 나는 노래를 다운받았다.
이번 주는 일하면서 심심하지 않을 듯 했다.

"형! 오늘 정말 대박이다. 우리도 앞으로 주저하지 말고 도움이
필요한 사람들을 도와줘야겠어."

오늘 배운 교훈을 되새기며 차로 돌아왔더니, 이게 웬일? 차 앞
바퀴가 다시 주저앉은 게 아닌가. 한 시간 전 경험의 데자뷰다. 당
혹스러웠다.

"여기 올 때까지만 해도 잘 굴러왔는데…."

원인을 깨닫기까진 10초도 걸리지 않았다. 여분의 타이어도 사
실은 펑크가 난 타이어였던 것이다. 후회해봤자 늦었다. 시간은 저
녁 9시, 우리에겐 이제 예비 타이어가 없었다. 일단 햄버거가게로

들어가 또 '세상에서 제일 불쌍한 사람처럼' 자초지종을 설명하면서 매니저에게 도움을 구했다.

"저기… 우리 타이어에 바람이 빠졌는데, 여분의 타이어가 없어. 우리가 보험사를 불러서 해결해 볼 텐데 만약 안 되면, 내일까지 이 차를 여기에 둬야 할 것 같아."

"그래, 어쩔 수 없지. 해결할 때까지 여기 주차해도 돼."

우리는 "땡큐" 소리를 무한반복하면서 다시 주차장으로 나왔다. 일단 다시 보험사에 전화를 걸었다. 하지만 보험사로서도 별다른 수가 없었다.

"오, 선생님. 죄송하지만 저희로서도 도와드릴 방법은 없네요. 저희도 근처 타이어 가게에서 동일한 타이어를 가져다 주는 것밖에는 할 수 없거든요."

"지금 문을 연 타이어 가게는 없나요?"

"흠… 저희가 찾아보니 시드니밖에 없네요."

시드니는 영에서 3시간이 넘는 거리다.

"선생님, 오늘은 근처 모텔에서 주무시고 내일 타이어를 교체하는 게 어떨까요? 근처에 타이어 가게가 없다면 연락 주세요. 저희가 내일 가겠습니다."

공교롭게도(?) 햄버거가게 바로 옆이 타이어가게였다. 가게 안에 있는 수백 개의 타이어 중에는 분명히 우리 차 사양에 맞는 것도 있기는 하겠지만… 문을 닫았다. 결국 당장은 보험사로부터 도움을 받는 게 불가능하다. 매달 수십 달러의 보험료를 내고 부를 일도 없었는데, 정작 필요한 상황에서 도움이 안 된다니…. 하지만 죄 없는 상담원에게 달리 할 말도 없다.

가장 현실적인 방법은 상담원의 말대로 근처 모텔에서 자고 내일 타이어를 교체하는 것이었다. 숙박료는 하룻밤에 120달러, 한 달 치 농장 숙박비랑 맞먹는 금액이지만, 별 수 없다. 우리는 혹시나 경찰이 견인을 해갈까봐 종이에 메모를 써서 대시보드에 올려놓았다.

'버려진 차가 아니니 가져가지 마세요.'

"형, 이 정도면 운명이라고 생각해야 할 것 같아. 어차피 타이어가 펑크날 운명…."

실소밖에 나오지 않았다. 오늘따라 달빛도 처량했다. 우리는 근처에 모텔로 향했다. 그때였다. 저 멀리서 "헤이~ 미스터 장!" 하고 부르는 소리가 들렸다. 고개를 돌려보니 50미터는 될 거리에서 나를 부르는 건 나와 함께 창고에서 일하는 대만 친구들이었다.

"11시인데 여기서 뭐해? 너희는 농장에서 자는 거 아니야?"

대만 친구들은 마을에 있는 쉐어하우스에서 생활하는데, 잠시 산책을 나왔던 길이라고 했다.

"우리는 별을 보고 싶어서 나왔는데 잘 안 보이더라고. 그런데 너희는 왜 여기에 있어?"

"아, 사실은… 우리에게 큰 문제가 하나 생겼거든."

대만 친구 베티가 내 손을 잡더니 말했다.

"장! 걱정하지 마. 무슨 문제가 있는지는 모르지만 우리는 9명이

나 있잖아. 무슨 일이든 해결할 수 있을 거야!"

무슨 문제인지 아직 말하지도 않았는데 그렇게 신경을 써 주는 것 자체가 너무나 큰 감동이다. 이제 '세상에서 제일 불쌍한 표정'도 오늘만 세 번째다. 우리가 처한 상황을 장황하게 설명했다. 대만 친구들은 우리 이야기를 듣더니 서로 이야기를 나누다 누군가에게 전화를 했다.

"장! 걱정하지 않아도 될 것 같아. 우리 친구 중에 차를 수리할 수 있는 사람이 있어. 집에 가서 데리고 올게."

약 10분 뒤 자동차 정비사인 대만 친구까지 총 10명이 차를 타고 햄버거가게 주차장으로 왔다. 친구들은 대시보드에 올려놓은 메모지를 보더니 배꼽이 빠지기라도 한 것처럼 웃었다.

"아하하… 장! 이 메모지 너무 웃기다."

메모지를 보고 깔깔거리리며 웃어대는 대만 친구들을 보면서도 왠지 기분이 나쁘지는 않았다. 든든한 구원군이 생긴 느낌이었다. 보험사보다 이 친구들이 우리에게 훨씬 더 도움을 준다. 새로 온 친구의 이름은 에디. 에디는 타이어에서 펑크난 부분을 확인하고는 만다린어로 뭐라고 이야기를 하더니 우리를 보며 말했다.

"Don't worry. Friend!"

알고 보니 에디는 기원이처럼 차량정비병 정도가 아니라 대만에서 차량정비사로 일했다고 한다. 그는 구멍 난 타이어를 땜질하는 고무까지 준비해 왔다.

베티는 내 손을 잡고 시종일관 우리를 안심시켰다.

"장! 걱정하지 마. 만약 이 친구가 못 고친다고 해도 내일 고치면 되잖아? 우리 쉐어하우스에서 같이 자면 되니까."

그러지 않아도 된다, 그냥 그렇게 이야기 해 주는 것만으로도 고마워서 눈물이 날 지경이었다. 에디는 잭으로 차를 들어 올려 타이어를 **빼낸** 뒤 고무로 구멍이 난 부분을 땜질한 다음 타이어를 차에 싣고 오후에 갔던 주유소로 갔다. 우리는 남아 있는 친구들과 초등학생 때 친구들이랑 학교 끝나면 그랬던 것처럼 주차장에 쪼그리고 앉아 이야기를 나눴다. 사실 처음 타이어에 구멍이 났을 때도 대만친구들에게 도움을 요청하고 싶은 생각이 있었지만 그들의 전화번호를 몰라 전화할 수 없었는데, 이렇게 만나게 될 줄은 꿈에도 몰랐다.

"처음에는 본드로 구멍을 메워서 갈까도 생각했지."

"뭐? 그건 정말 위험해. 항상 안전하게 다녀야지~."

"고마워. 너희들에게 어떻게든 나중에 꼭! 꼭! 보답할게"

이때 만큼은 보증이라도 서 줄 수 있을 것 같았다. (한 5천 달러를 한 도로. 그때 내 전 재산이 5천 달러였으니까.)

"아니야, 그럴 필요 없어. 우린 다 같이 타향으로 와서 지내는 사람들이잖아. 낯선 땅에서는 누구나 도움이 필요하지. 대신 너도 나중에 도움이 필요한 사람을 도와주면 돼. 나도 예전에 한국 사람들에게 도움을 많이 받았어."

낯선 땅으로 워홀을 온 사람들끼리 서로서로 돕는 모습은 따뜻한 울림을 주었다. 오후에 주유소 매니저로부터 도움을 받았을 때는 감사의 표현이 생각이 나지 않아, 감사의 말을 더 알아둬야겠다고 생각했는데, 5시간 뒤에 또 써야 할 상황이 오다니.

에디가 바람을 빵빵하게 채운 타이어를 가지고 왔다. 이제 정말로 안전하게 집으로 돌아갈 수 있게 되었다.

"친구들, 너무너무 고마워! 난 정말 오늘을 잊지 못할 거야!"

다사다난한 하루를 보내고 집으로 돌아가면서 형에게 말했다.

"형, 이 정도면 운명이 아니었을까? 타이어에 어떻게든 바람을 넣었을 운명."

어려운 상황에서 누군가를 도와주면 반드시 나에게 되돌아온다고 한다. 그날 이후 나는 크든 작든 어려움에 처한 사람이 있으면 주저하지 않고 돕기 위해 노력하게 되었다.

어둠을 뚫고 농장에 도착하니 11시가 넘었는데, 친구들에게 어떻게 보상해 줄까? 생각하면서 잠시 하늘을 올려다보다가 곧 베티에게 해 줄 수 있는 보상을 찾았다. 나는 바로 베티에게 메시지를 보냈다

"베티! 이 사진을 봐! 내가 방금 찍은 거야. 나중에 해가 지면 우리 농장으로 와. 여기 일이 끝나면 대만으로 돌아간다며? 가기 전에 이런 밤하늘은 꼭 보고 가야 하지 않겠어?"

끝나지 않는 잔치 없으며 영원한 고난도 없다. 그럭저럭 영에서의 생활에 익숙해지고 있을 무렵, 수확 시기도 끝이 보이고 있었다. 일을 시작한 지 4주가 지나고 있던 어느 날, 바리샤가 우리에게 말했다.

"친구들! 우리 농장은 22일까지만 하고 문을 닫을 거야. 두 달 뒤에는 살구를 수확할 건데, 그때 다시 오고 싶다면 떠나기 전에 이야기하도록 해! 모두들 정말 고마워!"

영의 농장생활은 만족할 만했다. 에이어에서 석 달 동안 600만 원을 벌었다면 이곳에선 한 달 만에 400만 원 조금 더 벌었다. 마지막 주에는 보너스까지 받았다. 다시 총알을 가득 채운 우리는 이제 다음 목적지를 선택해야 할 시점이었다.

여행자로서 지도를 펼쳐 다음 목적지를 정할 때만큼 신나는 건 없다. 우리는 쏟아질 것처럼 어두운 하늘을 가득 채우고 있는 별무

리를 이불 삼아 누워 담배를 피우며 앞으로 만들어갈 여행에 대해 이야기했다.

영에서는 에이어보다 선택지가 좀 더 많다. 시드니는 차로 3시간 거리고, 캔버라는 2시간, 멜버른은 6시간 거리다. 또 세컨비자를 가지고 있어서 좀 더 긴 시간 동안 일을 할 수도 있으므로 도시에서 일자리를 구하기도 수월할 것이다. 나를 농장으로 이끌었던 종석이 형도 이제는 도시로 가고 싶어 하는 눈치였다.

"이번엔 도시로 가볼까? 남들 다 가보는 쉐어하우스에서도 생활 해보지 않았고….".

형 말대로 우리는 5개월 동안 호주에서 살면서 다른 사람들이 호주에 오면 가장 먼저 구한다는 쉐어하우스를 구경도 해보지 못했다. (에이어에서 살던 8인실은 쉐어하우스라기보다 닭장에 가까운 수준이다.)

사실 나는 타즈매니아Tasmania로 내려가고 싶었다. 말하자면 마음속으로 이미 답을 정해놓은 상황이었다. 하지만 도시에 대해 미련을 품고 있는 형을 설득해야 한다.

타즈매니아는 호주 최남단에 있는 섬이다. 호주 지도를 펼쳐놓고 보면 동남쪽에 호주를 50분의 1로 축소시켜 놓은 듯한 섬이 있는데, 바로 타즈매니아다. 간단히 설명하자면 섬 대부분이 유네스코 세계자연유산으로 지정된 국립공원이고, 호주 내에서도 청정자연보호구역으로 손꼽히는 곳이다. 면적은 우리나라의 2/3 정도로 약 50만 명이 살고 있다.

한때 제주도가 그랬던 것처럼 타즈매니아도 혹독한 자연환경 때

문에 악명 높은 유배지였다. 물론 지금은 호주인들이 선호하는 대표적인 친환경 관광지 중 한곳이다.

내가 타즈매니아에 관심을 갖게 된 것은 프랑스 친구들의 경험담 덕분이었다.

"거긴 꼭 가봐야 해. 뉴질랜드랑 좀 비슷한 곳이야."

대륙의 자연환경이 끝없이 펼쳐진 초원, 중간 중간 솟아오른 구릉, 그 사이를 가로질러가는 강이 조화를 이루고 있다면 타즈매니아는 높게 솟아오른 산, 바닷바람을 맞으며 수 천, 수 만 년 동안 깎인 신비로운 지형이 특징이다. 제주도를 보고 한반도의 자연환경을 판단할 수 없듯이, 호주대륙을 보고 타즈매니아의 대자연을 짐작하

기는 어렵다. 타즈매니아는 내게 "이 정도라면 오지 않고는 못 배기겠지?" 라고 도발하는 것 같았다.

호주는 주마다 대표성을 나타내는 슬로건이 있다. 퀸즐랜드는 "Sunshine State"(의역 : 햇빛이 비추는 곳), 빅토리아 주는 "The place to be"(의역 : 우리가 있어야 할 곳) 같은 것이다.

타즈매니아의 슬로건은 "Explore the Possibilities" (의역 : 가능성을 탐험하라)이다. 잘 보존된 자연환경 안에서 자신의 가능성을 탐험할 수 있는 곳. 딱 내가 원하는 곳이었다. 거기다 한 가지 이유가 더 있다면 호주의 북쪽인 케언즈부터 시작해서 최남단인 타즈매니아까지 내려간다는 상징성도 있었다. 문제는 그곳에 가서 구해야 할 일자리였는데, 타즈매니아는 12월부터 사과, 포도, 베리류의 작물을 수확한다고 했다. 많은 워홀러들이 그곳으로 일을 하러 간다고 하는데, 우리가 가기엔 딱 좋은 곳이라고 생각되었다. 한국과 직항으로 연결되지도 않은 곳이고, 호주에 와서야 알게 된 이 작은 섬은 지금이 아니라면 언제 가보게 될지 알 수 없다.

"형, 타즈(매니아)에 가면 앞으로 내가 운전할게, 어때?"

"도시에 가서 해 주면 안 되냐? 어차피 도시에서는 나도 운전 못할 거 같거든".

형에게는 브리즈번에서의 아찔한 경험이 아직까지도 트라우마로 남아 있었다. 작전 1단계 실패, 다음 작전으로 넘어간다. 작전 2단계는 시각 자료를 통한 설득이다. 인터넷에 'Tasmania'를 치고 이미지를 종석이 형에게 보여줬다.

"어때? 가고 싶지?"

형은 5분쯤 내 얼굴을 바라보더니 수락했다. 다행히 작전 3단계까지 가지 않고 설득에 성공했다. 역시 백문이 불여일견이다. 작전 3단계는 우리의 공동재산인 차로 협박하는 것이었다.

나중에 타즈매니아에서 별을 보며 형에게 "내가 영에서 타즈매니아로 가자고 했을 때 사진을 보고 괜찮아 보여서 온 거야?"라고 물었을 때, 형은 이렇게 대답했다.

"음, 그런 것도 있지만 네가 정말 타즈에 가고 싶어 하는 것 같아서 그랬지. 나는 처음에는 도시로 가고 싶었거든. 그래도 우리가 지금까지 같이 겪은 일들을 생각해보면 꼭 팔자가 좋은 편이라곤 할 수는 없지만….”

형은 잠시 생각을 하다가 덧붙였다.

“그래도 하고 싶은 일들은 후회 없이 했으니까, 거기 가서도 잘할 수 있겠다 싶어서 간 거지.”

역시 나는 형보다 한 수 아래다.

어쨌든 우리의 다음 목적지가 정해졌다. 다시 한 번 신발끈을 동여맸다. 이번 여행의 주제는 도시여행. 시드니, 캔버라, 멜버른 3개의 큰 도시 중 하나라도 그냥 지나치긴 아쉬웠다. 하지만 도시에서 운전을 하는 게 자신이 없어서 캔버라까지는 차로 이동하고, 캔버라에서 시드니까지는 버스를 이용하는 걸로 계획했다. 시드니를 다녀온 뒤에는 다시 차로 멜버른 근교까지 갈 예정이다. 그리고 멜버른에서 페리에 차를 싣고 타즈매니아로 건너가면 작전 성공이다.

12월 23일, 체리 수확 시즌이 끝나자 농장주인 바리샤에게 작별인사를 했다

“너희는 어디로 갈 예정이지?”

“우린 타즈매니아로 가려고.”

“타즈매니아? 거기 날씨 좋지~ 하하.”

바리샤는 길을 떠나는 우리에게 체리 잼을 선물했다.

“Good luck, guys. Merry christmas and happy new year~”

시드니의 쇼핑축제 박싱데이

첫날은 2시간을 운전해 150킬로미터 떨어진 수도 캔버라에 입성하는 것이 목표였다. 별다른 어려움은 없었다. 수도라는 위상에 걸맞지 않게 캔버라는 텅 비어 있었다. 공사장에는 인부가 없고, 주택가를 지나가는 동안에도 자동차가 보이지 않는다. 이 도시에 좀비 떼라도 다녀가셨나? 문득 바리샤의 말이 생각났다.

"지금 캔버라에 가면 사람들이 다들 떠나서 텅 비었을 텐데?"

호주는 크리스마스부터 새해까지 긴 휴가기간이다. 학교, 회사, 일부 가게도 문을 닫고 가족들과 휴가를 떠난다. 한국도 마찬가지지만 공휴일을 칼같이 지키는 곳이 정부기관이다. 정부기관이 몰려 있는 캔버라가 텅텅 빌 수밖에 없는 이유였다. 마치 추석이나 설 명절 때 서울 도심이 한적해지는 것과 비슷하다. 어쩐지 캔버라로 들어가는 길은 뻥 뚫리고 빠져나오는 차량이 꼬리를 물고 정체되어 있더라니… 다 이유가 있었다. 그러니까 좀비 떼를 피해 탈출하기 위해서가 아니라 연휴를 맞아 사람들이 캔버라를 떠나고 있

었던 것이다.

덕분에 우리는 한적한 도시를 여유롭게 운전하며 다닐 수 있었다. 마치 빈집에 들어온 느낌이다. 주차비가 비싸기로 악명 높은 캔버라지만 오늘만큼은 에이어나 영의 주차장보다도 한산하다. (그렇다고 주차비를 할인해 주진 않는다.)

사실 캔버라는 여행자들이 많이 찾는 도시가 아니다. 즐길 거리가 없다는 게 그 이유다. 서핑이나 스쿠버다이빙을 할 수 있는 바다가 있는 것도 아니고, 오페라하우스처럼 유명한 건축물이 있는 것도 아니다. 게다가 양 옆으로 시드니와 멜버른이라는 인기 있는 관광지가 있어서 상대적으로 관심도가 떨어진다.

하지만 나는 호주 남부를 여행하거나 시드니나 멜버른 근처를 지난다면 이곳을 꼭 한 번은 들러보라고 추천하고 싶다. 두 가지 이유가 있다.

첫째는 캔버라에서는 정치의 중심지답게 호주 사람들이 추구하는 보편적 가치를 느낄 수 있고, 둘째는 세계적으로도 대표적인 계획도시로서 독특한 도시구조를 가지고 있기 때문이다.

사실 호주 사람들도 캔버라에 사는 사람이 아니라면 한두 번은 찾을 수도 있지만 자주 찾지는 않는 도시라고 한다. 정부기관을 제외하고 미술관, 박물관, 전시장, 전쟁기념관 등이 달걀판에 담긴 달걀처럼 다닥다닥 붙어 있는데, 한 번 둘러보고 나면 곧 흥미가 떨어지기 때문이다.

하지만 바로 그러한 점이 우리에게는 캔버라로 가봐야 할 이유가 된다. 이곳의 슬로건은 "Heart of Australia"(의역: 호주의 심장)이다. 심장이 없으면 사람이 살 수 없듯이, 캔버라는 호주 정치의 심장 역할을 하고 있다. 캔버라는 건설된 지 100년도 채 되지 않았고 세계의 수도 중에서도 역사가 짧은 편이다. 하지만 캔버라에 들어서면 호주에 이민을 온 사람들이 이 대륙의 번영을 위해 헌신했던 정치적 노력을 도시 곳곳에서 엿볼 수 있다.

그 노력은 이 도시의 위치로도 알 수 있다. 처음 수도를 결정할 때 시드니와 멜버른이 치열하게 2파전을 벌였다고 한다. 서로를 비방하는 진흙탕싸움까지 벌어질 정도로 상황이 복잡해지고 도저히 한 쪽의 손을 들 수 없게 되자, 두 도시의 중간에 지금의 캔버라를 수도로 낙점한 것이다. 원래는 뉴사우스웨일즈 주의 영토였지만 중립성을 유지하기 위해 호주 수도 준 주로 독립시켰다.

원래 이곳은 캥거루가 뛰어 놀았던 야생의 땅이었다. 지금도 차를 타고 조금만 외곽으로 나가면 캥거루가 무리를 지어 뛰어다니는 모습을 볼 수 있고, 게스트하우스에서는 캥거루를 보러가는 투어 상품까지 있다. 전 세계 수도의 역사를 보면 외부의 공격을 막을 수 있는 군사 요충지거나 마실 물이 있는 강을 따라 도시가 만들어지고 발전하면서 수도로서의 위상을 갖게 되는 게 일반적이지만, 캔버라는 오로지 정치적 결정으로 낙점된 곳이다. 그 결과 캔버라는 행정도시의 표본이자 국민 화합을 상징하는 도시로 자리매김하고 있다.

우리는 캔버라에 대한 정보를 간단하게 읽어보고 나서 국회의사당, 분수대, 전쟁기념관, 동전 제조공장 등 다양한 박물관을 찾아보았다. 일부 공공기관은 한국어 안내판도 마련하고 있었는데, 우리는 마치 수학여행을 온 사람들처럼 신기한 눈으로 둘러보았다.

역사, 예술, 정치 이 세 가지의 공통점은 바로 아는 만큼 보인다는 것이다. 경주에 여행을 갈 때 준비해야 하는 것은 셀카봉이 아니라 경주를 둘러싼 역사에 대한 지식인 것처럼 캔버라에 가기 전에는 호주 역사를 미리 공부하고 가는 것을 추천한다. 만약 공부를 하고 가기 어렵다면 가이드를 동행하는 패키지여행을 해도 좋다.

하지만 아직까지 캔버라는 한국 사람들에게 인기 있는 관광지는 아니고, 영어를 할 줄 모른다면 가이드 투어는 어렵다. 비용 대비 가장 효과적인 방법은 캔버라 여행에 대한 책 한 권을 들고 캔버라를 여행하는 것이다. 혹은 일부 공공기관에 비치되어 있는 건물마다 한국어 안내책자를 보면서 가는 것도 좋은 방법이다.

시드니와 멜버른이 짜릿한 경험을 안겨주는 탄산음료라고 한다면 캔버라는 호주의 정신을 은은하게 느낄 수 있는 차茶와 같은 느낌이다. 아는 만큼 보이는 캔버라, 조용한 매력을 가진 캔버라는 그래서 더 특별한 곳이다.

캔버라에서 이틀을 묵은 뒤 우리는 시드니로 출발했다. 브리즈번의 악몽 때문에 붕붕이는 잠시 캔버라의 텅 빈 주차장에 세워두고 버스를 이용했다. 3시간 반 정도를 달리고 나서야 도착한 시드니는 차선이 12개로 늘어날 정도로 대도시로서의 위용을 뽐낸다. 호주에 온 이후로 가장 큰 도시다.

버스는 우리를 시드니 중앙역에서 내려줬다. 우리는 처음 서울에 올라온 시골사람들처럼 지나가는 사람들을 두리번거리며 바라보았다. 사람들은 "조금만 더 쳐다보면 눈 뜨고 코 베인다는 게 뭔지 알려줄 거야." 라는 냉랭한 표정이었다. 공기조차 지금까지 호주에서 맡았던 것과는 완전히 다르다. 매캐한 냄새에 폐에 먼지가 쌓이는 느낌이다. 그래도 서울보단 나았지만. 아차, 지금 이럴 때가 아니다. 우리의 위치를 보고해야 할 사람이 있다.

"하이, 맥스! 우리 시드니역에 도착했어, 어디로 가면 된다고 했지?"

영에서 함께 일했던 대만 친구 맥스에게 신세를 지기로 되어 있었다. 타이어 때문에 곤란한 상황에 빠졌을 때 도와주었던 대만 친구 열 명 중 하나다. 맥스, 에디, 베티까지 잠시 함께 머물고 있었는데 우리와 마찬가지로 시드니의 새해맞이 불꽃놀이를 보기 위해서였다.

맥스는 시드니 현지인으로부터 집을 빌려 다른 워홀러들에게 방을 빌려주고 관리하는 일을 하고 있었다. 우리는 뒷마당에 텐트를 치는 편의를 얻었다. 시드니 도심에 텐트를 치고 자연주의 생활을 하는 것도 꽤나 분위기가 그럴 듯싶었다.

"제이, 만약 시드니로 오면 우리 집 뒷마당에 텐트를 쳐. 불꽃놀이 때문에 사람들이 몰려들어서 숙박비가 꽤 비쌀 거야. 다른 친구들이 방을 쓰고 있어서 실내에서 잘 수는 없지만, 너희는 텐트가 있잖아."

맥스의 말은 정확했다. 시드니 불꽃축제는 세계적인 명성을 떨치고 있었고, 그 불꽃놀이를 보기 위해 호주 전역으로부터 수많은 사람들이 몰려온다. 30달러면 묵을 수 있는 8인실 게스트하우스도 연말이면 120달러, 150달러로 치솟는 마법을 볼 수 있다. 법망을 피해 운영하는 한인 쉐어하우스에서 잘 수도 있지만 그마저도 60달러나 했다. 새해맞이 불꽃축제가 얼마나 큰 인기를 끌고 있는지 실감할 수 있다.

"내가 한 달 동안 집을 비운 탓에 뒷마당이 좀 지저분해. 텐트를 치고 머무는 대신 청소를 좀 도와줬으면 해. 뭔가… 내추럴(Natural) 함을 느낄 수도 있잖아? You know?"

결국 맥스의 목적은 힘 좋은 인부가 필요했던 것 같다. 하지만 우리에게도 이득이니까 윈윈 게임이다. 우리는 영에서 맥스와 업무협약을 체결했고, 시드니 시내에서 30분 떨어진 맥스 집에 캐리어를 끌고 도착했다.

뒷마당은 잡초와 풀무더기로 발을 딛을 곳조차 없었다. 분명히 '영에서 일하느라 잠시 비웠다.'고 했는데 한 일 년은 비운 것 같았다. 뒷마당 주변으로 빌라가 둘러싸고 있어 교도소에 수감된 재소자의 느낌이 어떤 것인지 조금은 알 수 있을 것 같다. '내추럴하다'는 설명은 '잡초나 풀무더기 천지'라는 말이라는 걸 비로소 알게 되었는데, 이곳을 두고 '자연 속에 머무는 하루'라고 말할 수 있으려면 우리 집 앞 안양천은 대자연의 보고라고 불러도 무방하다.

그래도 공짜가 어딘가. 일단 청소를 시작했다. 잡초는 끈질긴 생명력으로 저항했지만 몸 쓰는 일로 베테랑이 된 경력 5개월 차 농부인 우리들 앞에선 역부족이다.

역시 여기서도 두각을 나타내는 사람은 종석이 형이다.

"장, 제이! 대단하다! 너희들이 없었으면 내일까지 해도 못 끝냈을 거야! 고마워!"

맥스는 꽤나 만족한 모양이었다. 덕분에 돈 들이지 않고 시드니에 공짜로 베이스캠프를 건설할 수 있었다. 이번에는 우리가 대만 친구들을 도와준 셈이지만 이 일과는 별개로 나와 종석이 형은 대만 친구들에게 마음의 빚이 있었다. 바로 우리 자동차 타이어를 고쳐준 고마운 친구들이었다는 것이다. 이번 기회에 제대로 보답을 해 주고 싶었다. 이날 저녁, 종석이 형과 나는 호주를 떠날 때까지 한 번도 실패하지 않았던 우리의 대표 메뉴인 간장 찜닭을 대접했다. 찜닭을 먹는 친구들 눈치를 봤는데, 다행히 너무들 좋아한다.

"너희들 박싱데이에 뭘 살 건지 결정했어? 미리 정해 둬야 물건을 살 수 있을 걸?"

호주는 매년 12월 26일이 박싱데이다. 박싱데이를 한 단어로 표현하자면 지름신이 강림하는 날, 없던 구매욕이 마구마구 치솟게 되는 날이다. 원래 박싱데이는 크리스마스 다음날 귀족들이 자신들을 뒷바라지하느라 제대로 휴일을 즐기지 못한 하층민들을 위해 선물을 준 날에서 유래했다고 한다. 지금은 기업들이 창고에 남아 있는 재고를 처리하기 위해 물건을 싸게 파는 날로 의미가 바뀌었다. 박싱데이는 소비자의 편의를 돕기 위해(?) 국가공휴일로 지정되어 있는데, 이날이 오기도 전부터 내 이메일로 날아오는 광고메일을 보고 알고는 있었다. 딱히 뭘 사고 싶은 마음은 없었지만, 농장 일 능 하느라 닳고 닳은 신발 한 켤레 정도만 사면 만족할 것 같았다.

시드니에서 일하고 있던 기원이에게 전화를 해 다음날 9시 백화

점 앞에서 만나기로 약속을 정했다. 백화점이 개점하는 시간에 만나려고 한 것인데, 이건 처음부터 잘못이었다. 평소 9시에 문을 열고 저녁 6시에 칼같이 문을 닫는 백화점도 박싱데이에는 아침 6시에 열고, 저녁 늦게까지 영업을 한다. 한마디로 '쇼핑 축제'인 날이다. 약속시간보다 10분 먼저 도착했는데, 벌써부터 수많은 사람들이 지하철 입구에서 쏟아져 나오고 있었다. 6.25 때 피난민 행렬이 이랬을까? 출퇴근시간 강남역이나 신도림역에 가면 비슷한 모습을 볼 수 있을 것 같다. 호주에서 이런 인파를 만난 건 처음이었다. 10

분 뒤 피난민 행렬에서 간신히 탈출한 기원이와 나는 에이어에서 헤어진 뒤로 두 달 만에 재회했다. 에이어에서는 우리 둘 다 꾀죄죄했고, 지금도 나는 흙먼지와 체리 과즙으로 얼룩진 옷을 입고 있었지만 기원이는 입성이 말끔했다.

　"이야~ 너 시드니 쥐 다 됐구나, 근데 시드니는 원래 이렇게 사람이 많냐?"

　"나도 시드니에 살면서 이렇게 많은 사람을 보는 건 처음이야. 진짜 숨 막혀 죽는 줄 알았다니까."

매일 매일이 이렇게 많은 인파에 치이게 된다면 그야말로 시드니의 삶도 그다지 만족스러울 것 같지 않았다. 그래서 내가 강남에 있는 회사에 다닐 때 늘 얼굴을 찌푸리고 다녔던가 보다.

나는 밥을 먹고 나서 쇼핑을 하고 싶었지만, 그럴 상황이 아니었다. 1분이라도 빨리 사람들의 행렬에 합류하지 않으면 값싼 물건은 물 건너갈 것이라는 직감이 들었다. 우리는 간단하게 인사를 나눈 뒤 바로 백화점으로 들어갔다.

지금부터는 '쇼핑 축제' 박싱데이를 알차게 보낼 수 있는 방법에 대해 이야기를 해보도록 하겠다.

1. 백화점이 문을 열기 전부터 대기해야 한다.

우리가 백화점에 들어갔을 때 눈앞에 보이는 건 엄청난 인파, 그리고 가게마다 길게 늘어선 입장대기 줄이었다. 각 가게 앞에는 보안요원이 혼잡한 매장을 정리하기 위해 입장 인원을 제한하고 있고, 사람들은 설레는 마음으로 가게 안의 물건들을 뚫어져라 보고 있었다. 특히 에스컬레이터를 타고 내려갈 때 보이는 수많은 사람들은, 왠지 월리를 찾아야 할 것만 같은 생각까지 들었다.

2. 박싱데이에는 분명히 싸고 좋은 물건이 존재한다.

하지만 일찍 일어나는 새들만 얻을 수 있는 먹이다. 내가 원하는 웬만한 브랜드의 신발은 전부 다 팔리고 없었다. 고작 10시도 안 됐는데 말이다. 사이즈가 남아 있는 신발은 할인을 하지 않는 신상이 전부였다. 대만 친구들은 새벽 5시에 차를 타고 출발했다고 하는데, 그 친구들은 청소기와 옷, 키보드 등을 싸게 샀다. 이날은 호주 사람들도 백화점이 열기 전부터 문 앞에서 길게 줄을 선다.

3. 원하는 물건을 미리 정리하자.

이날은 심심할 때 마트에 가서 눈에 보이는 물건을 집는 날이 아니라, 평소에 원했던 물건을 콕 집어 사는 날이다. 일부 품목은 인터넷 사이트에서 재고 확인이 가능하다. 대만 친구들이 샀던 청소기는 내가 갔던 시드니 중심가 백화점에는 재고가 2개밖에 없다고 해서, 재고가 더 많고 사람들이 별로 오지 않을 것 같은 외곽의 쇼핑센터에 가서 샀다고 한다. 추가로 팁을 주자면 저격수의 마음가짐을 가져야 한다. 많은 물건을 사겠다고 생각하는 대신 사고 싶은 물건 한 놈만 제대로 노리는 게 성공 확률이 높다. 혹은 사고 싶은 물건의 순위를 정하고 가는 것도 좋은 방법이다.

4. 먼저 잡는 사람이 임자다.

9시에 만난 것부터 우리의 작전은 실패한 것이나 마찬가지였다. 기원이는 딱히 사고 싶은 물건이 없었지만 아쉬운 건 나였다. 아쉬운 마음을 뒤로 하고 SPA 브랜드 매장에 갔는데, 그곳은 완전히 전쟁터다. 브랜드 매장처럼 옷이 잘 정리돼 있는 게 아니라 매대에 가득 쌓여 있는 물건을 먹이에 달려드는 하이에나처럼 사방에서 몰려들어 고르는 것이다. 정신이 없다. (하필 내가 입은 옷도 베이지색 옷이었다.)

일단 나도 뛰어가서 옷 무더기를 뒤지기 시작했다. 탈의실의 줄은 길게 늘어서 있어 입어보는 건 포기해야 했다. 이런 곳의 룰은 딱 하나, 먼저 잡고 가져가는 사람이 임자다. 어떤 사람은 다양한 종류의 옷 대여섯 벌을 한꺼번에 들고 탈의실 앞에 있었는데 그건 조금 매너가 없어보였다. 나는 붕붕이 짐칸에 별로 여유가 없어 옷은 사지 않으려고 했지만 40달러짜리를 20달러로 할인해 준다는 분위기에 휩쓸려 얼떨결에 사버렸다. (그 옷은 결국 멜버른에서 잃어버렸다.)

5. 브랜드, 제품군에 따라 할인율이 제각각이다.

회사의 할인 방침에 따라 큰 격차의 할인율을 보인다. 같은 화장품 브랜드라고 하더라도 백화점은 10~20%밖에 할인하지 않고, 시계 브랜드도 어떤 브랜드는 절반 이하의 가격에 팔고, 어떤 브랜드는 아예 할인을 하지 않는 곳도 있었다. 또 할인율이 정해져 있는 것이 아니다. 우리나라 편의점처럼 2+1이나, 물건을 사면 티셔츠나 모자를 증정하는 등 다양한 방식으로 판매를 한다. 특히 전자제품이 경우 할인폭의 편차가 큰데, 유명한 브랜드의 제품은 우리나라에서 사는 것과 비슷할 정도로 별로 할인을 하지 않았고, 나온 지 오래된 제품이나 인지도 없는 브랜드의 제품은 70%까지 할인을 하고 있었다. 고작 옷 한 벌만을 성과로 하기엔 뭔가 아쉬웠는데, 전자제품 매장을 둘러보다가 정가 500달러짜리 액션카메라가 300달러로 할인하고 있는 걸 봤다. 40% 할인이었는데, 수중촬영도 가능한 카메라였다. 재고는 두 개밖에 없었다. 내 생각회로는 아주 단

순했다. '타즈매니아 → 바다 → 수중촬영 → 구매.' 10초도 생각하지 않고 덥석 집어 들었다. 이제 공군, 지상군에 이어 해군까지 장착한 셈이다.

6. 충동구매는 금물이다.

이외에도 한국으로 돌아갈 때까지 쓰지도 않다가 출국 전전날 게스트하우스 매니저에게 선물한 목욕비누, 지금도 알람 맞출 때만 쓰는 인공지능 스피커 등을 샀다. 목욕비누는 70% 할인, 인공지능 스피커는 30% 할인해서 산 것이지만, 생활방식에서 미니멀리즘을 추구하는 나에게 그다지 좋지 않은 선례로 남았다.

환불이 안 되는 물품도 있다. 'Non Refundable'이라는 말은 환불이 불가하다는 것이니 참고하는 것이 좋다.

7. 무조건 편한 복장으로.

복장은 트레이닝복에 편한 운동화가 제일 좋다. 나는 전날 대만 친구들의 말을 듣고 작업복과 흙이 잔뜩 묻은 운동화를 신고 갔다. 마치 일하는 기분이었다. 기원이는 깔끔한 셔츠와 스니커즈를 신고 왔는데, 시간이 지날수록 피곤한 쪽은 기원이였다. 일단 몸이 피곤하면 쇼핑이든 뭐든 다 귀찮아지게 마련이다.

8. 꼭 26일 하루만 할인을 진행하진 않는다.

세계 어디를 가도 사업하는 사람들에게 정해진 룰은 없다. 일부 매장은 26일 이전부터 긴 시간을 가지고 할인하는 경우도 있고, 어떤 매장은 박싱데이 때도 팔리지 않은 물건을 모아 거저 주는 가격으로 할인행사를 진행하는 경우도 있다. 할인일정은 유동적이므로 참고하면 좋을 것 같다. 하지만 가장 쓸 만한 물건을 가장 싸게 파는 날은 26일이다.

내 박싱데이를 총평하자면 폭풍이 지나가고 초토화된 자리에 남아 있는 먹잇감이 있는지 두리번거리기만 하다 간신히 액션카메라 하나만 건진 거라고 할 수 있다. 물론 이날은 축제다. 단점은 사람이 너무 많다는 것인데, 시드니는 서울 인구의 절반 정도에 불과하지만 도로는 사람들로 꽉 찼고 차들은 사람이 걷는 것보다 느리게 오가고 있었다. 시드니 사람들이 전부 이곳으로 모여든 건 아닐까 하는 생각이 들 정도였다.

피난민 무리에서 **빠져나온** 뒤 우리는 하이드파크를 산책했다. 공원에는 피크닉을 나온 가족들, 의자에 앉아 함께 스마트폰을 들여다보고 보고 있는 연인들, 잔디에 누워 책을 보는 남자 등 다양한 사람들이 자신만의 휴일을 즐기고 있었다.

특징은 모두가 다 다른 인종의 사람이라는 점이다. 히잡을 두른 여성, 미간에 연지곤지(빈디)를 찍은 인도 여성, 조금은 촌스러운 패션의 일본 남자, 키가 2미터는 되어 보이는 흑인 남자 등…. 시드니는 백인들의 도시라는 생각을 버려야 한다. 나는 지금까지 시드니만큼 다양한 인종의 사람들이 한곳에 모여 사는 곳을 본 적이 없다. (나는 아직 미국을 가보지는 않았다.)

케언즈가 친구 같은 도시이고, 브리즈번은 여유를 가지고 살아가는 도시였다면 시드니는 다양성을 포용하는 도시라는 생각이 든다. 내가 어떤 방식으로 살아가더라도 인격체로서 존중받을 수 있는 곳이며, 다양한 국적과 인종을 포용하고 있는 도시라는 생각이 들었다.

그날 밤, 숙소로 돌아와 서로 구입한 물건에 대해 이야기하다 액션카메라를 샀다고 했더니 형이 당황한 표정을 짓는다. 그리고 가방에서 액션카메라를 꺼낸다.

"야, 너도 그거 샀어?"

서로 닮아가는 걸까? 서로 다른 매장에서 샀지만, 가격은 똑같다. 덕분에 해군 전력이 두 배로 늘었다.

한여름에 맞이한 새해

작전명 : 하버브릿지를 사수하라.

예상시간 : 24시간

투입인원 : 5명 (샤니, 조, 제니스, 종석이 형, 그리고 나)

투입장소 : 하버브릿지가 가장 잘 보이는 자리.

    지구에는 200개가 넘는 나라들이 있고, 나라마다 기념일을 가지고 있다. 대부분 기후적인 요소나 종교적인 요소와 관계가 있는데, 우리나라는 가을에 곡식을 거두고 조상에게 차례를 지내는 추석이 있고, 서구권에서는 그리스도의 탄생을 기념하는 크리스마스가 있다.

    하지만 공통적인 기념일이 하나 있다. 1월 1일 새해다. 국적을 떠나 모든 사람들이 지나간 한해를 잘 보내고 다가올 새해를 맞이하기 위해 일출을 맞이하거나 조상에게 제사를 지내기도 하고 사찰을 찾아 절을 올리거나 풍습에 맞춰 가족끼리 식사를 한다. 새해를 맞이하는 방법은 다르지만 이날은 모든 지구인들의 축제이다.

시드니에서는 매년 12월 31일에서 1월 1일로 넘어가는 날, 성대한 불꽃축제가 벌어진다. 지구상에 존재하는 주요 도시마다 불꽃축제를 하지만 시드니 불꽃축제는 의미가 매우 크다. 세계 주요 도시 중에서도 뉴질랜드 다음으로 가장 먼저 새해를 맞이하는 곳이기 때문이다. 지구촌 나라들 중에서 가장 먼저 새해를 맞이하는 뉴질랜드가 축포를 터트리고, 2시간 뒤에는 시드니가, 다시 2시간 뒤에는 서울이 새해를 맞는다. 그 다음 서쪽의 중국, 인도, 유럽, 미국이 순차적으로 새해를 맞이한다.

시드니에서는 도시 곳곳에서 성대한 불꽃놀이를 진행하는데 그 중에서 불꽃놀이를 가장 잘 볼 수 있는 곳은 바로 하버브릿지 앞이다. 오페라 하우스 앞도 좋은 자리지만 그곳은 돈을 내고 들어가야 하는 곳인지라 우리는 하버브릿지를 작전구역으로 설정했다. 22년 동안 적도 위쪽에서 새해를 맞이하다가 처음으로 반팔과 반바지를 입고 새해를 맞이하려니 실감이 나지 않는다. 앞으로도 이런 경험은 해보기 힘들 것 같아 시드니 불꽃축제는 꼭 보기로 했다. 그런데 나와 같은 생각을 하는 사람이 많은 걸까? 매년 행사를 할 때마다 100만 명이 넘는 사람들이 불꽃축제를 구경한다고 한다. (참고로 시드니의 인구는 약 500만 명이다.)

명당을 차지하려면 최소한 하루 전에는 가야 한다. 경찰들도 불꽃축제가 시작되기 24시간 전까지는 자리를 폐쇄하다가 31일 오전 00시가 되면 펜스를 철수시킨다. 그때부터 밖에서 기다렸던 사람들이 박싱데이에 정신없이 물건을 집는 하이에나처럼 우르르 몰려들어 텐트를 친다. 처음 들었을 때는 해외토픽감이라고 생각했던 이 기막힌 작전에 우리를 초대한 것은 대만 친구 샤니와 조였다.

"헤이, 장! 우리 하버브릿지 앞에서 하루 동안 자리를 잡고 기다릴 건데, 너희도 같이 갈래?"

샤니의 말 한마디에 우리는 '지금 아니면 언제 해보겠어?'라는 마음으로 해외토픽의 주인공이 되기로 하고 작전에 참가했다. 바닷가 앞에서 자는 건 번다버그에서도 한 번 해본 적이 있기에 무엇을 준비해야 할지 알고 있었다. 우리는 텐트와 주전부리를 들고, 감기에 걸리지 않기 위해 두꺼운 옷 몇 벌을 준비한 뒤 12월 30일 밤 11시 30분, 집을 떠났다.

전철 막차를 타고 하버브릿지가 가장 잘 보이는 블루스 포인트 보호구역(Blues point reserve)에 도착했더니 벌써부터 수 백 명의 사람들이 텐트를 치고 있다. 세상에는 참 희한한 사람들이 많다. 곧이어 우리도 그 대열에 합류해 작전을 시작했다. 종석이 형과 나는 비장한 표정으로 그동안 숙달된 텐트치기 실력을 마음껏 발휘했다. 주위가 조용해지더니 주변사람들이 우리를 쳐다본다. 기막히다고 생각했던 작전에 우리가 제일 열심이었다. 텐트를 치고 나니 갑자기 중국인 하나가 우리에게 자기네 텐트 치는 것을 조금 도와달라고 부탁한다. 도움이 필요한 곳에는 도움을 주어야 한다는 게 그동안 배운 우리 신조다.

한국의 인터넷 실시간 검색어를 보니 연예대상 수상자가 오르내린다. 한해가 마무리됐다는 것은 날씨보다 실시간 검색어로 더 실감이 난다. 작전 개시 2시간이 넘어가자 슬슬 사람들의 발길이 끊기기 시작했다. 나머지 사람들은 내일 아침에 오려나보다. 새벽 3시가 넘어가면서 우리도 잠에 빠져들었다.

작전 개시 5시간이 지나고 아침 6시, 슬슬 사람들이 몰려오기 시작했다. 못을 박는 소리, 간식을 먹는 소리, 중국어, 영어, 일본어, 프랑스어 등등 정말 세계 곳곳으로부터 온 사람들의 목소리로 와글거린다. 텐트 안에 있어서 바깥 사정은 볼 수 없었지만, 듣기평가를 할 때처럼 귀를 쫑긋 세워 돌아가는 상황을 어림한다.

작전을 개시한 지 10시간이 지난 오전 11시, 작전 방해세력이 등장했다. 바로 경찰이다. 텐트 높이가 너무 높으면 뒤에 있는 사람들의 시야를 가린다고 높은 텐트만을 골라 쳐내기 시작한 것이다. 4인용 텐트도 무자비하게 처단시키는 모습을 보니 우리는 야간자율학습에서 도망친 다음날 매를 맞기 위해 기다리는 사람처럼 다가오는 미래를 알기에 두려움에 떨고 있을 뿐. 예상했던 대로 경찰이 우리의 텐트를 두드렸다. 우리는 아무도 찾아오지 않는 집에 갑자기 초인종이 울린 집주인처럼 마치 몰랐다는 듯한 표정으로 텐트의 문을 열고 고개를 내밀었다.

"굿모닝, Sir, 이 텐트는 뒤에 시야를 방해하니 치워주셔야 합니다. 다음에 저희가 다시 올 때까지 치워 주세요."

하는 수 없이 텐트에서 나와서 보니 어제 우리가 했던 기막힌 작

전보다 훨씬 더 기가 막힌 풍경이 펼쳐져 있다. 우리 뒤로 수 백, 아니 수 천 개의 텐트와 돗자리들이 자리를 잡고 있었던 것이다. 분명히 우리가 작전을 시작할 때만 해도 300명도 채 되지 않았는데, 눈으로 가늠할 수도 없을 정도의 사람들이 바글거린다. 밖으로 나와서 보니 우리 줄은 100명 중 1, 2등이라고 할 수 있을 정도로 앞쪽이다. 고작 오전 11시밖에 되지 않았는데, 이 정도면 말 다했다.

화장실 앞에는 50명이 넘는 사람들이 줄을 지어 늘어서 있다. 언제 이렇게 많은 사람들이 몰려온 것인지. 가장 현명한 방법은 물을 마시지 않는 것뿐, 역시 집 밖으로 나서면 개고생이다. 이미 잡은 자리다 보니 철수할 순 없고, 우리는 6인용 텐트를 그대로 바닥에 깔고 옷과 부채 따위로 얼굴만 가리고 만두처럼 일렬로 누웠다. 아, 그런데 이게 뭔 일인가? 팔과 다리에 선뜻한 느낌이 들어 벌떡 일어나 보니 비가 내리기 시작한다. 세찬 비는 아니라는 게 그나마 다행이랄까? 사람들이 우산을 펼치기 시작하는데, 우리는 우산도 없다. 오늘 불꽃을 담기 위해 가져온 DSLR을 젖게 할 수는 없다. 어쩔 수 없이 깔고 앉은 텐트를 뒤집어쓰고 쭈그려 앉았다. 다행히도 비는 30분도 채 내리지 않고 그친다. 이 정도면 다사다난했던 한해의 마지막 날까지도 다이내믹하지 않은가.

작전수행 15시간째, 사람들이 통행하는 길가를 제외하면 더 이상 발을 디딜 틈도 없다. 그런데, 거동이 불편할 정도로 절룩거리는 다리로 앞쪽으로 오신 중국인 할머니가 우리 뒤로 다가오시더니 함께 온 딸과 함께 사람들이 지나다니는 길가에 돗자리도 없이 앉으신다. 거기 계시다간 흙먼지를 한 컵은 들이마실 것 같다. 우리 자리는 8명도 더 앉을 정도로 충분해서 그분 일행들에게 함께 앉자고 권했다. 오늘의 착한 일 한 가지 완수!

작전 수행 18시간 째, 시나브로 해가 지기 시작한다. 올 한해의 마지막 해가 지고 있다. 정말 다사다난했던 한해. 일 년 동안 한 가지도 하기 힘든 걸 올해에만 몇 가지를 했었는지 가만히 생각을 떠올린다. 독립만세, 퇴사, 창업 준비, 워킹홀리데이… 워킹홀리데이를 하면서도 많은 일들이 있었다. 이곳에서 느낀 감정의 변화, 가치관의 변화는 이루 말할 수 없을 정도다.

호주에 오기 전에는 불확실한 미래를 기다리면서 그저 '오늘'을 소비하는 날들이었다. 하지만 이제는 내가 살아가고 있는 '오늘'이 모여 나의 미래를 만들어나갈 발판을 마련하고 있다는 생각이 든다. 조금씩 삶에 대한 생각의 기준이 잡히고 차츰 성숙해지고 있다는 게 느껴진다. 내년에는 내게 어떤 일이 일어날까? 설레는 마음을 감출 수 없었다. 마음속으로 지난 일 년 동안 열심히 달려온 나를 칭찬하고 격려했다.

"헤이, 장! 무슨 생각해?"

샤니가 내 얼굴을 들여다보고는 고개를 갸웃하며 묻는다.

"아무것도 아니야. 그냥 올 한해에 대해 생각해봤어."

지금까지 이러저러하게 많은 사람들로부터 도움을 받아왔다. 이렇게 여행을 하고 있는 것조차도 나 혼자였다면 엄두도 나지 않았을 것 같다. 내 옆에 앉아 중국 할머니가 싸온 만두를 먹고 있는 형이 제일 고맙다. 형이 없었다면 여기까지 오지 못했을 것이다.

반팔 차림에 새해를 맞는 기분은 묘하다. 하지만 오늘이 12월 31일이라는 건 변함없는 사실이고, 지금껏 살아오면서 가장 따뜻한 겨울이다. 실컷 떠들다가 마침내 노을이 졌다. 올해의 마지막 태양, 안녕~ 내년에 보자~ 해가 완전히 떨어지고 밤이 되었다. 사람들은 곳곳에서 한해를 마무리하는 기분에 들떠 다 같이 노래를 불렀다. 나는 작전을 수행한다는 비장한 마음도 내려놓은 채 모르는 사람들과 뒤섞여 손을 잡고 춤을 추기도 했다. 하버브릿지에서 쌀쌀한 바닷바람이 불어오기 시작했다.

작전수행 22시간 30분 째, (12월 31일 오후 11시 30분) 흥분과 기대를 담은 목소리들이 여기저기서 울려퍼지기 시작한다. 휘파람 소리가 곳곳에서 터져 나오고 있다.

11시 59분. 주체할 수 없는 흥분이 온 몸에 전율이 인다.

"텐, 나인, 에잇, 세븐, 식스, 파이브, 포, 쓰리, 투, 원!"

"Happy New Year!!"

거리로 나선 수십 만 명의 사람들과 함께 우리는 새해를 축하했다. 모두의 염원을 담은 불꽃이 하버브릿지와 오페라하우스를 중심으로 시드니 곳곳에서 솟구쳐 터지고 퍼지기 시작했다. 태어나서 그토록 규모가 큰 불꽃놀이는 처음이었다. 나와 같은 사람들

이 아마도 많을 것이다. 사방에서 솟구쳐 오른 불꽃은 하버브릿지를 조망하는 이곳까지도 환하게 밝힌다. 이곳에 모여든 모든 사람들의 앞날이 그 불꽃처럼 환하게 빛날 것이라고 축원해 주는 것 같았다. 입을 맞추는 연인들, 거동이 불편한 할머니와 딸, 호주 워홀을 처음부터 같이한 여행 동반자 등등 이 순간만큼은 모두가 하나가 된 마음이다.

30분간의 열정적인 불꽃놀이가 끝났다. 사람들은 약속이라도 한 것처럼 박수와 환호로 마무리했다. 지나가다 마주치는 모든 사람들에게 "해피 뉴 이어!" 라는 인사말을 건네며 지하철에 탔고 집으로 돌아오는 길은 너무나도 황홀했다.

이번 작전의 목표는 불꽃놀이뿐만이 아니었다. 24시간 동안 함께 있으면서 모두가 하나 된 마음으로 새해를 맞이할 수 있었다는 게 이 작전에서의 궁극적 목표였음을 작전을 완수해낸 뒤에 알 수 있었다. 외국에서 새해를 맞이하는 건 정말 특별하고 잊지 못할 경험이다. 특히 호주에서 맞이하는 새해는 날씨와 새해맞이 시간 등이 다른 나라와 비교했을 때 더욱 특별하다. 비록 기다리는 동안에는 더웠고, 비도 맞았고, 피곤했지만 어쨌든 결과는 대성공이었다. 지금도 내 마음속에 호주는 하나의 꺼지지 않는 불꽃처럼 남아 있다.

낯선 세상에서 친구가 되는 법

멜버른에서의 두 번째 날, 저녁으로 감바스 알 아히요를 먹었다. 스페인 식 새우요리다. 이름만 들으면 세상의 온갖 값비싼 재료를 다 때려 넣은 요리처럼 들리지만 실상은 별거 없다. 프라이팬에 칵테일 새우가 잠길 정도로 올리브유를 두른 다음 마늘과 고추를 넣고 끓이면 끝이다. 올리브유에 절인 새우라고 해야 할까?

우린 더 매운맛을 내고 싶어서 태국산 고추까지 넣었다. 태국 고추는 작고 매운 게 특징이다. 새우와 이런 매운 고추를 함께 먹는 것으로 한국인의 정신을 일깨우고 있는 중인데, 그런 우리를 옆 테이블에 앉아 있던 유럽 남자가 신기하다는 듯 쳐다본다. 사실 우리도 감바스에 태국 고추를 넣은 건 처음이었다.

그와 눈이 마주치는 순간 내가 한마디 했다.

"너도 먹어보고 싶어?"

"나? 좋지~ 그럼 하나만 먹을 수 있어?"

우리는 유럽 친구에게 한국, 아니 태국의 맛을 전도해줬다.

"우아~ 이거 진짜 맵다~ 아시아에서는 원래 이렇게 먹어?"

우리가 넣은 고추처럼 빨개진 얼굴로 그가 말했다. 아마 이곳이 에이어 실버링크였다면 그는 우리에게 1점도 아까워했을 것 같은 표정이었다. 매운 걸 좋아하는 나조차 이 알싸한 맛은 견디기 힘들었는데 이 친구는 오죽했을까? 우리가 먹던 맥주를 건네주려고 했지만 그 친구는 이미 자기가 가지고 온 물을 벌컥벌컥 들이키고 있었다. 그는 이탈리아에서 온 친구였다.

"너무 매웠어. 하지만 어쨌든 고마워. 사실 이걸 먹으면서 놀란 게 두 가지가 있는데, 하나는 이 요리에 매운 고추를 같이 넣어 먹는 거고, 하나는 네가 날 보자마자 먹어보겠냐고 물어본 거였어. 내가 만난 아시아 사람들은 모두들 경계심이 있는 것 같던데 너는 안 그런 것 같아서."

그 친구가 어떤 아시아 사람들을 만났는지는 모르지만, 그 친구의 마음을 이해할 순 있었다. 호주 워홀에서는 세계 각국에서 모여든 수많은 친구들을 만나게 된다. 케언즈에서 멜버른까지 오면서 내가 만난 사람들의 국적만 봐도 미국, 영국, 중국, 일본, 태국, 벨기에, 대만, 이탈리아, 프랑스, 핀란드, 홍콩, 인도네시아, 독일, 네덜란드, 우루과이, 아르헨티나 등이었다. 내가 만난 사람들끼리 국제 대회를 개최해도 될 정도다.

하지만 출신 국가를 떠나 이곳으로 여행을 온 사람들은 모두가 새로운 친구를 만나고 싶어 하는 마음을 가지고 있다. 다만, 어떻게 다가가야 할지 몰라서 말을 걸지 못하는 경우가 있을 뿐이다. 인사는 하고 싶지만 처음 보는 외국인에게 대뜸 "하이!" 하고 인사를 던지며 다가가긴 어려운 것이다. 테니스에 비유하자면 라켓도 없이 공을 상대에게 보낼 수는 없는 것과 같다.

내가 지금까지 내가 외국인 친구들에게 어떻게 대화의 문을 열어왔는지 곰곰이 생각해보았다. 리시브 방법은 크게 3가지가 있었다.

첫 번째는 자연스러운 대화 전개다. 상황에 가장 알맞은 단어나 리액션으로 다가가는 것이다. 그 순간의 상황에 맞는 대화로 풀어내야 한다. 예전에는 영어 실력을 빨리 늘리기 위해서는 외국인 친구를 만나는 것이 좋다고 생각했고, 외국인만 만나면 무조건 대화를 시도했다. 물론 맞다. 언어는 직접 입을 통해서 말하는 것이 실력을 가장 빠르게 키울 수 있는 방법이기 때문이다.

하지만 외국인 친구들을 단지 내 영어 실력을 늘리기 위한 '수단'으로 생각해서는 안 된다. 영어 실력은 친구를 사귀는 과정에서 얻을 수 있는 것 중 하나에 불과하다. 가장 중요한 건 상대를 대하는 가장 진실하고 자연스러운 마음이다. 당시 내가 처음 만났던 외국인들에게 했던 말은 지금 생각해도 참 창피하다. 평소 잘 쓰지 않는 단어를 억지로 써보려고 하고, 상대의 말을 듣기보다 내가 훨씬 더 말을 많이 했다. 차라리 "나는 너랑 이야기를 하면서 영어 실력을 늘리고 싶어. 혹시 괜찮을까?" 라고 말하는 게 훨씬 더 나았다. 대화는 진실하고 전개는 자연스러워야 한다.

두 번째는 열린 마음이어야 한다. 에이어에 있을 때의 일이다. 보

람찬 하루 일을 마친
뒤 수영장에서 물놀이
를 하고 있을 때 지나
가던 일본 친구 사오
리가 우리를 불렀다

"제이, 장~ 오늘 굿
바이파티가 있는데 너
희도 와줬으면 좋겠어.
이따 저녁에 보자."

그의 양손에는 식재
료들이 잔뜩 들려 있었
다. 실버링크에서는 일
을 마치고 떠나기 전날
이면 함께 일했던 사

람끼리 모여 굿바이파티를 하는데, 그때까지 우린 온 지 얼마 되지
않아 한 번도 굿바이파티를 해본 적이 없었다. 게다가 사오리와 별
로 가깝게 지낼 기회도 없었다. 그저 한두 번 이야기 나눈 게 전부
다. 꼭 가야 하나 싶던 차에 물놀이를 마치고 방으로 돌아가는 길에
다시 한 번 마주쳤다

"오~ 장! 이따 올 거지? 마지막인데 같이 밥 먹었으면 좋겠어."

사오리가 열린 마음으로 먼저 다가오자 내 마음도 열렸다.

'그래, 이 정도로 초대한다면 나가 줘야지.'

사오리가 초대한 굿바이파티에는 실버링크에 있는 대부분의 사람들이 모두 모였다.

외국에서 만나는 사람들은 모두가 하나의 새로운 세계다. 우리는 처음 만난 사람들과 서로의 나라에 대해 이야기를 나눴다. 영국 사람은 아침에 보통 무엇을 먹는지, 아르헨티나 사람들은 탱고를 밥 먹듯이 추는지, 프랑스 사람들은 정말로 아스파라거스도 치즈를 찍어 먹는지… 별 것 아닌 것 같아 보여도 그들과 나누는 이야기는 모든 게 새롭게 다가왔다. 모두들 마음을 열고 대화를 나눴고 그래서 소통은 자연스럽고 즐거웠다.

세 번째는 공통된 대화 주제다. 여행을 하면서 만났던 사람들이 즐겨 나눴던 화제는 주로 음식, 사진, 문화에 대한 것들이었다.

음식

에이어에서 굿바이파티를 할 때였다. 모두 찰리 팜에서 일하던 친구들이었는데, 내가 준비한 음식은 캡시컴을 넣은 치킨샐러드였다. 조금은 골탕을 먹여줄 생각이었다. 애써 표정 관리를 하며 파티 장소로 들어갔더니 식탁에 올려놓은 음식들이 가관이었다. 캡시컴 스파게티, 캡시컴 라자냐, 캡시컴 사천식 새우볶음… 식탁에는 찰리네 농장이 그대로 올라 있었다. 졸지에 찰리에게 절대 들켜서는 안 될 비밀의 굿바이파티가 되었다. 마치 텔레파시가 통한 듯했다. 우리는 웃음을 멈출 수 없었고, 음식을 통해 소중한 추억을 쌓고 마음을 나눌 수 있었다.

음식을 나눠 먹는다는 건 서로에 대해 알 수 있는 가장 매개체의 하나다. 나는 음식의 효과를 믿는다. 음식문화는 인류 역사를 통틀어 가장 중요한 것 중 하나였다. 재료에 알레르기가 있거나 독을 타지 않은 이상 음식을 거절하는 친구는 없다.

사진

워홀러들은 거의 대부분 여행을 하기 위해서 온 사람들이다. 여행자에게 사진은 필수적인 아이템이다. 추억을 물리적 흔적으로 남기는 유일한 방법은 사진뿐이다. 그래서 "여행을 하면서 남는 건 사진뿐"이라는 말도 한다.

시드니 맥스 집에서 저녁을 먹고 있을 때였다. 갑자기 그 순간이 너무나도 행복한 느낌이었다. 특별한 이유는 없었다. 그냥 그 순간을 어떻게든 기록하고 싶은 마음이 들었다. 그래도 '밥을 먹다가 사진을 찍는 건 좀 실례일까?' 싶었는데, 갑자기 맥스가 말했다.

"Jay, Jang! Let's take a picture."

맥스도 같은 마음이었나 보다. 우리는 밥을 먹다가 카메라를 보고 활짝 웃었다.

왜 그 순간 사진을 찍고 싶었는지는 지금도 기억나지 않는다. 촬영 날짜가 1월 1일인 걸 보면 새해 첫 저녁식사이었기 때문이었을까? 이유야 어찌 되었든 내가 이곳에 있었다는 걸 가장 확실하게 남겨주는 사진을 찍는 순간엔 모두가 행복한 웃음을 짓는다. 자주 웃기 위해 자주 사진을 찍는 건 또 아닐까?

문화

외국인들과 쉽게 가까워질 수 있는 한국인만의 강점이 있다. 바로 K-pop과 한국 드라마를 비롯한 한류다. 이제 외국의 거리를 걸으면서 K-pop을 듣게 되는 일은 낯설지 않다. 졸음을 쫓으려고 라디오를 틀었다가 한국 아이돌 노래가 흘러나왔다는 일도 생각보다 흔하다. 한국 드라마나 한국화장품 등 문화, 연예 부분은 외국인들에게 우리가 생각하는 것보다 훨씬 더 많이 퍼져 있다.

영에서 만났던 루카스 할아버지처럼 나이가 든 분들은 아직 '한국'이라고 하면 자연스레 북한으로 이야기가 넘어가지만, 젊은 층에서는 한류가 확실한 문화다. K-pop 가수 이름 몇 개만 외워두거나, 휴대폰으로 그들이 좋아하는 노래를 들려주면 정말 좋아했다.

자연스러운 대화, 열린 마음, 공통된 대화 주제는 외국인들과 소통할 때의 훌륭한 리시브 방법이다. 마치 중학교 도덕시험의 답처럼 추상적이고 알쏭달쏭하게 들릴 수도 있겠지만, 외국인 친구들을 만날 때 영어 실력보다는 마음가짐이 훨씬 더 중요하다는 것은 분명하다.

진정한 친구로 다가가기 위한 마음만 있다면 쉽게, 그리고 깊게 다가갈 수 있다. 물론 열린 마음이 없다면 몇 번의 대화를 끝으로 금방 어색한 관계가 된다. 경험상 깊이 사귀는 친구가 영어 실력을 늘리는 데 훨씬 큰 도움이 된다.

참고로 종석이 형은 리액션이 굉장히 좋았다. 다른 친구들이 하

는 말을 잘 들어주고 잘 웃어줬는데, 역시 인간의 마음을 움직이는 건 하드웨어보다 소프트웨어인 것 같다. 마음 준비만 되어 있다면 언어의 장벽은 가볍게 뛰어넘을 수 있다. (단, 한 가지 필요한 것이 있다면 기본적인 단어는 알고 가야 한다. 영어가 능숙하지 않아도 알고 있는 단어만으로 대화를 이어나가는 데 어려움이 많이 줄어든다.)

반면 외국인 친구를 사귈 때 주의해야 할 점도 있다. 맥스 집에서 만났던 매트라는 대만 친구가 있었다. 거실에서 대만 뉴스를 보던 매트는 내게 이런 이야기를 했다.

"헤이, 장! 너는 대만과 중국의 관계가 어떤지 알고 있어?"

워홀을 가면 수많은 대만 사람과 중국 사람들을 만나게 마련인데, 같은 중국말을 쓴다고 해서 같은 생각을 가지고 있다고 생각하면 안 된다. 중국은 대만을 중국에 속해 있는 하나의 지방으로 생각하고, 대만은 중국으로부터 독립된 정통성을 가진 민주국가로 생각하기 때문이다. 만약 중국인과 대만인 사이에서 제3자인 우리가 "중국은 대만 땅이지." 혹은 "대만은 독립국가지." 라고 한다면 분위기가 순식간에 냉동고처럼 얼어버릴 수도 있다. 아무리 덥다고 해도 이런 방법은 쓰지 말아야 한다.

물론 나는 대만은 중국으로부터 독립된 자주국가라고 생각한다. 하지만 내 생각을 중국 사람들 앞에서 내 본심을 드러낸다면 서로 얼굴을 붉히는 상황이 발생할 수 있다.

대만과 중국의 사례뿐만 아니라 국제적 분쟁을 주제로 이야기하는 것은 당사국 국민에게 실례가 될 수 있다. 나는 중국인 앞에서는 내 생각을 이야기 하지 않는다. 물론 본인의 신념이 확고하다면 달라지겠지만….

내가 알고 있는 대만과 중국에 대한 이야기를 하다 보니 매트는 이렇게 대만에 대해 많이 알고 있는 제3국 사람은 처음 봤다고 말했다. 생각보다 외국인들은 다른 나라에 대해 그다지 큰 관심이 없는가 보다.

그날 밤 우리는 강대국들의 치열한 패권 경쟁이 낳은 안타까운 시대상에 대해 진지한 이야기를 나눴다. 그 이후로도 매트와는 SNS를 통해 관계를 이어나갔고, 나중에 타이페이에 갔을 때 다시 만나 함께 야시장을 구경하기도 했다.

예의 없는 행동이 환영받지 못하는 건 당연하다. 대표적인 게 인종차별과 같은 행동이나 말이다. 만난 지 얼마 되지도 않았는데 욕설을 섞는 것도 최악 중 하나다.

호주에서 만났던 한국 워홀러 중에 흑인만 만나면 고개를 삐딱하게 하고 "Yo ~ 브라더!"라고 하는 사람이 있었다. 물론 친해진 뒤라면 친근감의 표시로 읽히겠지만 처음 만나서 그런 식으로 상대를 대하는 건 무례함으로 받아들여지기 쉽다. 한국에서 살고 있는 흑인들에게 '한국에서 흑인으로 살아가는 것'이라는 주제로 인터뷰를 한 영상을 본 적이 있는데, 그때 그들은 인터넷에서 '흑형'이라고 칭하는 말을 매우 기분이 상하는 말이라고 했다. 제 아무리 그런 의도가 아니었다고 하더라도 상대를 먼저 존중하는 마음으로 생각해봐야 한다.

워홀러들은 모두가 초행이다. 모두가 이곳에 적응하기 위한 정보를 필요로 한다. 때문에 외국인 친구들을 많이 사귀게 되면 나중에 생소한 지역으로 여행을 갔을 때도 친구들의 도움을 받을 수 있는 경우가 많다.

쉐어하우스나 백팩커에서 친구들을 많이 사귀자. 인터넷으로 찾아보는 것과는 다른 갓 잡은 물고기처럼 싱싱한 정보를 얻을 수 있다.

대체적으로 이런 정보를 잘 공유하고 있는 사람들이 대만 사람들이다. 대만 사람들은 지역별로 그들만의 정보를 공유하는 커뮤니티를 가지고 있다. 단점은 폐쇄적이어서 아무나 들어가지 못한다는 건데 일단 그 커뮤니티에 들어가게 되면 그 지역에서 굶을 걱정은 하지 않아도 될 수준이다.

에이어에 있을 때 친하게 지낸 대만 친구가 있었다. 내가 브리즈번으로 간다고 하자 브리즈번 근처에 있는 골드코스트의 정보공유 그룹에 나를 초대해 줬다. 나는 골드코스트로 가지는 않았지만 괜찮은 시급의 일자리 정보와 중고물품 거래도 활발히 이루어지고 있었다. 타즈매니아에 갈 때 숙소 정보나 에이전시 정보를 알려준 것도 대만 친구들이다.

우리가 여행지에서 만나는 한 사람 한 사람 모두가 하나의 세계다. 그들 속에는 내가 경험하지 못했던 세계를 품고 있고, 그들과 대화하면서 그 세계와 지혜를 배울 수 있으니 얼마나 소중한 기회인가. 책을 통해서 고금의 지혜를 얻고 견문을 넓힐 수도 있지만 직접 세계로 나가 살아 숨 쉬는 사람들과 만나기를 권한다.

그레이트 오션로드

'세상에 이런 일이'라는 TV 프로그램을 보면 생각하지도 못했던 기상천외한 일들이 소개된다. 누가 지었는지는 모르지만 정말 잘 지은 이름이라고 생각한다. 우리가 신기한 것들을 볼 때 무의식적으로 하는 말을 그대로 가져다 썼으니 공감 천 배다. 사진으로 그레이트 오션로드를 처음 봤을 때 들었던 생각이 바로 그랬다.

"세상에 이런 곳이 다 있다고?"

우리가 사는 지구별에는 그레이트 오션로드가 아니더라도 인간의 힘으로는 절대로 만들 수 없는 대자연의 신비들이 많다.

하지만 이곳은 정말 특별하다. 태고의 아우라가 뿜어져 나오는 수직의 해안 절벽과 수백 만 년에 걸쳐 형성된 바위들이 에메랄드빛 바다에 발을 담근 채 서 있는 풍광은 그대로 숨이 멎다.

내가 그레이트 오션로드와 처음 접하게 된 건 중학생 시절 자연 다큐멘터리를 통해서였다. 해안을 따라 구불거리며 끝이 보이지 않게 뻗어가는 수 십 미터 높이의 수직 암벽은 깊은 인상으로 뇌리에 남아 있었다.

반드시 가서 보아야 할 이유는 얼마든지 있었다. 사진만으로도 가서 보고 싶다는 열망이 들끓었다. 수직의 절벽 위에 서서 바닷바람을 맞으며 무한의 바다와 암벽의 구불거림과 기이한 해중 바위를 보게 된다면 어떤 느낌일까? 10년 전에는 아득하기만 했던 열망을 이제는 풀어낼 기회였다.

그레이트 오션로드로는 특정한 지역이 아니라 빅토리아 주 남부에 있는 약 200킬로미터에 달하는 해안도로를 말한다. 규모와 길이 모두 세계적으로 알려진 해안도로 중 하나다. 아쉽게도 종석이 형은 다른 약속이 있어 나 혼자 가기로 했고, 멜버른에서 왕복 600킬로미터가 넘는 거리를 운전해야 한다. 국제운전면허는 있었지만 운전이 능숙하지도 않은 데다 기름 값 등을 고려해 그냥 100달러를 주고 당일치기 패키지여행을 예약했다.

솔로여행을 출발하는 날, 샌드위치로 아침을 때우고 백팩커를 나섰다. 소풍을 가는 아이의 설렘도, 좋아하는 가수의 공연을 보러 가는 두근거림도 아닌 기묘한 기쁨에 가슴이 두근거렸다. 이런 느낌은 무어라고 표현해야 할지 참 난감하다. 세상의 어떤 것들은 말과 글로 표현할 수 없는 것들도 있다는 걸 비로소 깨달았다. 수천 만 년 동안 묵묵히 바닷바람에 맞서 견뎌온 늠름한 전사와도 같은 대자연을 친견하기 위해 가고 있는 것이다.

아침 7시, 그레이트 오션로드를 향해 버스가 멜버른을 떠났다.

패키지여행은 관광객 규모에 따라 25인승 혹은 45인승의 버스를 운행한다. 운전기사가 가이드 역할까지 겸한다. 1시간쯤 달리자 그 레이트 오션로드의 입구다. 이곳의 슬로건은 '전 세계 첫 번째 해안 도로'다. 이 지구별에서 그레이트 오션로드가 정말로 첫 번째의 해 안도로는 아니겠지만, 얽혀 있는 사연만큼은 특별하다.

오션로드의 건설은 1차세계대전과 관련이 있다. 전쟁에서 돌 아온 남자들의 일자리를 마련해 주기 위해 지롱시 총독이 해안도 로 건설이라는 대규모 공사를 시작하게 되었고, 1918년에 시작해 1932년에 완공된다.

입구를 들어서자 곧 해안도로가 나오기 시작했다. 30분이 지나 고, 40분이 지나도 버스는 계속해서 달린다. 하지만 지도를 보니 1/4에도 미치지 않은 지점이다. 운전기사의 눈은 머리 뒤에도 달려 있나 보다. 놀란 내 표정을 보고는 '뭘 이 정도로?' 라고 답하듯이 버 스의 핸들을 꺾었고, 다시 눈앞에는 수 킬로미터로 굽이진 도로가 해변을 따라 풀린다. 오른쪽으로 막아서는 가파른 산을 피해 길은 휘어져 돌고 왼쪽으로는 망망하게 펼쳐진 바다다.

창문을 조금 열자 거센 바람이 밀려들어와 뺨을 후려친다. 직감 만으로도 이곳이 도로를 개설하기에 적합한 곳이 아님을 알겠다. 도로가 마을과 마을을 연결하는 혈관 같은 것이라면, 해변을 따라 가는 것이 아니라 내륙으로 연결하는 게 효율적이다. 하지만 이 해 안도로는 그런 상식을 가볍게 무시한다.

208 _ 1년쯤 늦어도 괜찮아 우린 아직 젊잖아

해안선을 따라가다 보니 도로는 구불구불 뱀처럼 풀어지고, 경사가 심한 언덕은 롤러코스터다. 거기에 빅토리아 주 남부해안은 바람이 강하고 도로를 내면서 깎은 벼랑의 낙석 위험도 상존하는 곳이다. 실제로 그날도 몇 군데에서는 낙석으로 인한 도로공사를 하고 있었다. 그럼에도 이런 도로를 만든 이유는 무엇이었을까? 롤러코스터로 승객들의 멀미를 유발해 멀미약을 팔아볼 수작? 어쩌면 거대한 자연에 안기고 싶어 하는 욕망의 투영은 아니었을까?

처음에 이 도로를 건설할 땐 별다른 기계의 도움 없이 모든 작업을 폭약과 육체노동으로 감당했다고 한다. 1930년대라면 충분히 기계로 도로를 건설할 수 있었음에도 불구하고 기계 없이 인간의 근육으로 개설한 이유는 무엇일까? 어쨌든 이곳에 와서 자연환경을 경험해보면 얼마나 대단한 작업이었는지 깨닫게 된다.

수십 킬로미터를 달리는 동안 목장을 빼곤 아무것도 없었다. 있는 그대로의 자연이 그렇게 펼쳐져 있다. 끝이 보이지 않는 바다는 깊이에 따라 투명해지기도 하고, 청록색, 파란색의 그라데이션을 이루며 거대한 물감을 풀어놓은 것 같다. 사실 이런 풍경을 반드시 이곳에서만 볼 수 있는 건 아니다. 제주의 바다 또한 이에 못지않게 아름답다.

하지만 그레이트 오션로드는 이런 해안도로가 수백 킬로미터에 걸쳐 풀려 있다는 게 다르다. 장면 하나 하나가 이어져 영화가 만들어지는 것처럼 그레이트 오션로드는 오랜 대자연의 역사를 한 편의 영화처럼 볼 수 있는 곳이다. 감히 이 영화의 제목을 짓는다면 '백문이 불여일견'이라고 짓겠다.

버스는 해변과 내륙 도로를 두어 시간 달린 뒤 그레이트 오션로드의 하이라이트인 12사도상(Twelve Apostles)에 도착했다.

"자, 우리는 이곳에서 한 시간 동안 자유시간을 갖도록 하겠습니다. 여러분도 모두 이곳에 오길 원하셨잖아요? 하하, 여러분의 눈에 마음껏 담아 가세요."

베테랑 기사 아저씨는 들떠 있는 관광객들의 마음을 적절히 흔들 줄 알았다. 다큐멘터리에서 보던 장소를 내 두 발로 딛게 되는 역사적인 순간이다. 나는 제일 먼저 버스에서 내려 12사도상이 있는 곳으로 뛰어갔다. 전망대가 가까워지자 사람들이 보이기 시작했다. 사람들은 메두사를 보고 굳어버린 돌처럼 한 곳으로 시선을 던진 채 사도상이 되었다. 그리고 나 역시 돌이 되었다.

고층 아파트 높이로 솟아오른 거대한 성벽처럼 벼랑이 해풍을 마주하며 서 있었고, 그 절벽은 층을 이루며 다른 색깔의 석회암들로 띠를 두르고 있다. 살아 있는 지질학 교과서다. 부서지는 파도, 바위, 구름 한 점 없는 푸른 하늘은 말 그대로 수천 만 년 동안 자연이 빚어낸 거대한 예술작품이다. 10년 전부터 내 마음에 담겨 있던 풍경이 눈앞에 펼쳐져 있었다. 전율이 일고 떨렸다. 그대로 굳어서 이곳을 떠나고 싶지 않았다.

12사도상은 태평양의 파도에 씻기며 위풍당당했다. 수백 만 년의 세월을 품고 있는 거대한 바위다. 해안 절벽이 파도에 깎여 살들을 다 털어내고 육지와 분리되어 외따로 바다에 몸을 담고 있는 12사도. 배스해협으로부터 불어오는 강한 바람을 견디며 12사도는 길고도 긴 시간을 서 있다.

12사도상은 12개의 바위가 마치 예수의 12제자를 연상시킨다고 하여 붙여진 이름이지만 처음부터 이런 이름은 아니었다고 한다. 처음 12사도상을 발견한 이는 '소와 새끼 돼지(Cow and Piglet)'라는 이름을 붙였다고. ('어미 돼지와 새끼 돼지'라는 말도 있다.) 그러다가 1920년대 해안도로가 건설이 되면서 관광객들을 불러들이기 위해 신비한 느낌을 주고자 개명했다. 호주에서는 웬만하면 처음 발견한 사람의 이름이나 발견자가 붙인 이름을 쓰지만 소와 새끼 돼지는 정말 매력 떨어지는 이름이었나 보다.

효과가 있었던 것일까? 그레이트 오션로드는 호주에서 방문객 수가 가장 많은 명소로 자리매김해 연간 200만 명이 넘는 사람들이 찾는다.

하지만 지금은 12개의 바위 전부를 볼 수 없다. 비, 바람, 파도의 공격에 무너져 지금은 8개만 남아 있다. 가장 최근에 무너진 건 2005년인데, 지질학 전문가들은 50년에서 500년 사이에 하나가 더 무너질 것으로 예측하고 있다. 그보다 더 오랜 세월이 흐른 뒤에는 나머지 8개도 무너져 내릴 운명일까? 죽음이 있기 때문에 삶이 소중하고 더 아름다워지는 것처럼 그래서 12사도상은 더 애틋하고 아름답다. 소멸과 탄생을 반복하는 것이 자연의 섭리니까 말이다.

절벽은 지금도 매년 2센티미터 가량 침식작용에 의해 깎여나가고 있는데, 그에 반해 새로운 바위섬들이 절벽에서 떨어져 나오고 있다.

12사도 국립공원은 깁슨비치Gibson beach로 내려가 거대한 바위를 올려다 볼 수도 있다. 이곳에서 찍은 사진을 보면 대부분 절벽 위에서 찍은 것들인데, 해변에서는 바위의 위용을 제대로 표현하기 어렵기 때문인 것 같다. 하지만 절벽 위에서 장엄한 풍경을 조망하는 것도 일품이지만 해변으로 내려가 낮은 곳에서 높은 곳으로 올려다보는 것도 꽤나 특별한 경험이다.

해변으로 내려가는 계단은 위태롭다. 몸이 휘청거릴 정도로 바람이 강하다. 절벽 위에

서 바다를 내려다보는 것만큼이나 50미터 높이의 절벽은 아찔하다. 모래바람이 황사처럼 날려 세상이 뿌옇게 바랬고, 소금기가 느껴진다. 포효하는 파도 속에서 수영이라도 하려고 시도한다면 1분도 지나지 않아 목숨을 걱정해야 할 판이다. 12사도와는 달리 내려

다보는 벼랑보다 올려다보는 절벽이 더욱 웅장하다. 서 있는 자리를 바꾸면 보이는 것들이 이렇게 달라진다.

해변으로 내려갈 때는 주의해야 할 게 있다. 침식작용이 진행 중이므로 언제 어디서 돌이 떨어질지 알 수 없는 것이다. 헬멧을 가져갈 필요는 없지만, 절벽 아래 눕거나 절벽을 기어오르려는 시도는 애초 접는 게 좋다.

대자연 앞에 서 있는 순간이면 늘 생각하곤 했던 게 있다.

"만약 200년 전에 여기에 왔었다면, 누구에게도 알려지지 않아서 아무도 찾지 않던 그때 여기에 서 있었더라면 어떤 생각을 했을까?"

12사도상 국립공원에서도 잠시 그런 생각이 들었다. 하지만 이내 접었다. 이곳이 품고 있는 기억들은 대자연의 장엄한 아름다움에만 있는 것이 아니었기 때문이다. 이곳 바다는 지뢰처럼 수도 없는 암초가 숨어 있다. 신대륙을 개척하기 위해 바다를 건너온 수많은 이민자들이 이곳 그레이트 오션로드의 바다에서 암초를 만났고, 목숨을 잃었다. 정확하지 않은 항해지도와 몸을 가누기에도 벅찬 강풍 그리고 암살자처럼 바다 속에 몸을 숨긴 채 지나가는 배를 노리는 암초… 이 바다는 대자연의 장엄과 아름다움으로만 느끼고 표현할 수 없는 곳이었다.

지금도 이곳에는 배를 정박할 수 있는 항구가 없다. 나라면 200년 전이라면 구명조끼라는 신문물을 입고 있었더라도 이곳에서만큼은 살아남지 못했을 것 같다. 찰리 채플린은 "삶이란 멀리서 보면 희극이지만 가까이서 보면 비극"이라는 말을 했다. 핵심을 짚은 말이라고 생각한다. 이곳 역시 그러하다. 멀리 떨어져서 보면 장엄한 대자연의 위엄에 입을 다물 수 없지만, 가깝게 다가가 마주한 바다는 수백 년 전 이곳이 비극의 현장이었음을 깨닫게 된다.

멜버른으로 돌아갔을 때 종석이 형이 내게 그레이트 오션로드에 대한 느낌을 물었다. 10년 전 내가 나에게 "그레이트 오션로드에 서면 어떤 느낌이 들까?" 라고 물었던 것처럼.

어떤 말로 표현할 수 있을까? 역시 할 말이 생각이 나지 않을 때는 이렇게 말하면 된다.

"형, 거긴… 직접 가봐야 돼."

유배의 섬, 타즈매니아

하루 종일 침대에 머물렀다. 영을 떠나 여행을 시작한 이래로 근 3주 동안 여행을 계속했더니 피로가 쌓였나 보다. 노는 것도 피곤한 일이다. 밖에는 비가 오고 있었고, 내일은 타즈매니아로 가는 배를 타야 해서 짐 정리도 해야 했다. 창문을 열어 놓으니 시원한 바람이 들이친다. 저절로 잠이 온다. 이렇게 여유롭게 하루 종일 숙소에서만 뒹구는 게 얼마만인가 싶었다.

낮잠을 자고 일어났을 때 백팩커 스태프가 방문을 두드린다.

"이봐, 친구! 방은 편안해? 오늘 저녁에 캥거루고기 파티를 하는데 올 생각 있어?"

"캥거루고기?"

"응, 혹시 먹어본 적 있어?"

"아… 아니, 아직."

나는 캥거루고기를 먹는다는 것도 처음 들었다. 그렇다고 해서 '세상에 이런 일이' 정도의 반응을 보일 정도의 일도 아니다. 사람들이 원하고 찾는다면 공급은 언
제든 만들어진다. 그럼에도 동물
원에 살고 있는 동물 정도로 생각
이 머무는 캥거루를 '고기'로 생
각해본 적은 결코 없었다. 캥거루
는 내게 아직은 신비로운 동물이
었다. 생각해보면 고속도로를 운
전할 때 과속금지 표지판만큼 자
주 볼 수 있는 게 로드 킬을 당한 캥거루였다.

"그럼, 저녁에 야외 테라스로 와. 세계적으로 유명한 호주산 캥
거루고기를 1인당 10달러에 먹을 수 있으니까!"

이번 기회에 한 번 먹어볼까? 알 수 없는 표정을 지으며 엉거주
춤한 내게 스태프는 마치 도전장을 내밀듯이 초대장을 불쑥 내밀
었다. 초대장에는 캥거루 한 마리가 웃고 있었다. 초대장 그림을 보
니 조금 끔찍했다. 캥거루고기 파티에 웃고 있는 캥거루 초대장이
라니…. 캥거루고기는 한국에서도 구할 수 있지만 일반적으로 강아
지 간식으로 많이 쓰인다.

초대장을 받고 나머지 짐을 정리하면서 곰곰이 생각해봤다. 지
금까지 나는 일반적으로 먹는 돼지고기, 소고기, 닭고기를 제외하
면 양고기와 말고기 정도를 더 먹어보았다. 양고기는 러시아에서
먹은 양고기 수프, 말고기는 제주도에서 먹어 본 적이 있었다. 양고
기는 노린내가 있는 편이어서 요리를 정말 잘 해야 하는데, 러시아

에서 먹은 양고기는 냄새가 역할 정도로 심해서 결국 한 입도 먹지 못했다. 정확히 말하면 양고기는 냄새만 맡았을 뿐이다. 김치 맛 나는 된장찌개 없고 사과 맛 나는 딸기 스무디 없다. 내게 양고기는 그렇게 기억되어 있다.

말고기도 질긴 식감으로만 기억에 남아 있다. 그렇다고 보면, 소, 돼지, 닭을 제외한 고기는 시도한 결과가 그다지 좋지 않아서 캥거루 파티에도 굳이 가고 싶은 마음은 없었다. 그럼에도 '그래도 호주까지 왔는데, 호주에 온 기념으로 한 번 먹어볼까?' 싶은 마음도 있었기에 우선 인터넷을 검색해보았다.

캥거루고기는 호주 개척기에 이민자들이 즐겨 먹었다고 한다. 소고기나 양고기보다 가격이 저렴하고 신선한 고기를 먹을 수 있었기 때문이다. 호주 원주민들은 지금까지도 캥거루를 잡아먹는 식문화가 있다.

'그래, 지금 아니면 언제 먹어보겠냐!'

나는 스태프의 도전장을 들고 비가 오는 저녁, 야외 테라스로 갔다. 테라스에는 약 20여 명의 친구들이 모여 있었다.

"하이~ 프렌드. 왔구나! 좋은 선택이야."

"하이, 사실 한 번도 먹어본 적 없는데, 괜찮을까?"

"그럼~ 캥거루고기는 수출도 하니까 너희 나라에서도 먹을 수 있지만, 캥거루의 나라에서 먹는 캥거루고기 맛은 다를 걸?"

이 친구, 우리나라 마트의 음식코너에서 일했으면 분명 판매왕 타이틀을 거머쥐었을 것이다. 나는 테이블 앞에 앉았다. 이 친구 말을 듣다보니 지금 캥거루고기를 먹어보지 않으면 어제 그레이트 오션로드에 가지 않았을 때 했을 법한 후회를 할 것 같다. 가운데 놓인 큰 테이블에는 토마토 파스타, 샐러드, 소시지 등 고기랑 함께 먹을 수 있는 다양한 메뉴의 음식들이 올라 있었다. 소고기, 돼지고기도 준비되어 있었는데 이 파티의 주인공은 단연 캥거루고기다. 캥거루고기는 사람 수만큼 양이 정해져 있었고 고기를 제외한 나머지 음식은 먹고 싶은 만큼 가져가면 된다. 호주에서는 이런 바비큐파티가 아주 흔하다. 에이어, 영, 시드니에서도 이런 식의 바비큐파티를 몇 번 경험한 적이 있었기 때문에 그다지 어색하지는 않았다. 다만 저 붉은 핏덩어리는 나를 긴장시키기에 충분하다.

기다리면서 카드게임을 하는 동안 마침내 캥거루고기의 시식 시간이 왔다. 스태프가 그릴에 구운 고기를 내 접시에 놓고는 하얀 소스를 뿌려 준다.

"친구, 미리 말하지만 네 인생 첫 번째 캥거루고기 시식을 미리 축하할게."

스태프는 대단한 리액션을 바라는 표정으로 내 앞에 서 있었다. 일본 친구들처럼 오그라드는 리액션은 해 줄 수 없더라도 얼굴을 찡그리지는 말아야 한다, 국적을 떠나 상대가 자부심을 느끼는 음식을 먹고 얼굴을 찡그리는 건 실례다.

맛이 어떨까? 기대 반 궁금증 반, 그 순간만큼은 대단한 미식가라도 된 것 같은 표정을 짓고 고기를 입에 넣었다. 방금 전까지 다

짐했던 결심은 어디로 사라졌는지 저절로 표정이 일그러진다. 입
속에서는 캥거루고기의 향이 가득했다. 전형적인 육고기 비린 맛
이었다. 생선의 비린내와는 다른, 노린내를 잡지 못한 양고기의 맛
과 비슷했다.

"오 마이 갓, 친구. 네게 안 맞아?"

아차, 내가 지금 무슨 짓을 한 거지? 이 친구는 내게 신비로운 맛
을 알려주기 위해 나를 부른 건데, 이 친구의 성의에 이 정도로 답을
해서는 안 되지. 위장에서는 더 이상 그 고기를 내려보내면 오늘 밤
두고 보자는 경고를 날리고 있었지만, 일단 꾹 참고 먹었다.

"아니야, 아니야. 맛있는데?"

새해를 맞이한 지 얼마나 됐다고 벌써부터 거짓말을 해버렸다. 하지만 이건 선의의 거짓말이다. 스위치를 누르면 눈에서 반짝거리는 빛이 나올 것 같은 스태프의 눈을 외면할 수 없었다. 식감 역시 굉장히 독특했는데 말고기보다 더 질겼다. 푸른 초원을 뛰노는 말고기는 근육 때문에 식감이 질긴데, 캥거루도 마찬가지다. 우락부락한 근육 덩어리로 초원을 껑충껑충 뛰어다니는 캥거루고기는 지금까지 먹어본 고기 중에서 가장 질기다는 데 한 표를 던질 만했다. 분명히 구운 고기인데 되새김질을 하는 소처럼 끝도 없이 씹어야 한다. 내가 경험한 캥거루고기는 향과 육질 모두 양고기와 말고기의 실패를 그대로 재현했다. 자세히 보니 고기를 앞뒤로 1초씩만

구웠던지 완전 싱싱하다.

"새롭고 신선한 맛인데?"

"어때? 맛있어? 필요하면 더 줄게."

뭐? 이 순간 내게 필요한 건 고기보다 그 친구의 양심이었다. 한 덩어리는 어떻게든 먹을 수 있겠지만 차마 더 달라고는 할 수 없다.

"아니야, 다른 메뉴랑 같이 먹으니까 배불러서, 이 정도면 충분해."

애써 웃으면서 거절하는 내 속뜻을 눈치 챘는지 다른 고기라도 더 먹겠냐고 물어서 일단은 괜찮다며 거절한 뒤 주위를 둘러보았다. 신기하게 몇몇 서양 친구들은 캥거루고기만 몇 덩이를 먹고 있다. 역시 사람에게는 각자의 입맛과 취향이 있는 것 같다. 마치 우리는 삼겹살을 가장 좋아하는 고기 중 하나라고 하지만, 호주에서는 생소한 재료인 것처럼 말이다. 영에서 삼겹살을 구워먹다가 프랑스 친구에게 한 쌈을 주었던 적이 있었는데, 그 친구의 표정이 오늘 나와 비슷했었다. 아, 그 친구의 느낌이 이런 거였구나. 그때 왜 그 친구에게 한 쌈을 더 권했던가, 잠시 참회의 시간을 가졌다.

하지만 나만 캥거루고기가 맞지 않았던 것도 아닌 것 같다. 다른 친구들에게 맛이 어땠는지 물었더니 새로운 맛이긴 한데, 당분간은 안 먹을 것 같다는 대답이 돌아왔다. 나중에 숙소로 돌아와 만난 종석이 형에게 "맛있다."며 한 번 먹어보라고 했더니 돌아온 대답도 그랬다.

"너, 나 일부러 골탕 먹이려고 그러지? 경험 삼아 먹어봤는데, 다시 먹고 싶지는 않더라."

나중에 마트에 가서 찾아보니 모든 정육코너에 캥거루고기가 있었다. 그동안 내가 발견하지 못했을 뿐. 사실 호주에서도 캥거루고기는 그다지 인기가 없다.

처음 캥거루고기를 먹은 대부분의 사람들은 경험에 의미를 둔다. 그래서 나는 한 번쯤은 캥거루고기를 먹어보도록 추천한다. 내가 양심이 없어서 맛없는 걸 억지로 먹이려고 그러는 게 아니다. 스태프의 말대로 캥거루고기는 이곳에서 먹을 수 있는 특별한 요리 중 하나기 때문이다. 살아가면서 맛있는 요리만 먹고 싶은 사람에게는 추천하지 않지만, 다양한 요리를 맛보고 싶다면 괜찮을 것 같다. 단, 요리를 잘 하는 곳을 찾아가는 걸 추천한다. 스태프처럼 마트에서 사서 제대로 굽지도 않고 먹으면 위장이 불평하는 소리를 듣게 될 것이다. 내가 찾아본 결과 아직까지는 한국에서 캥거루 고기를 맛있게 요리할 줄 아는 식당이 있다는 말은 듣지 못했다.

타즈매니아 데본포트Devonport로 가는 페리에 차를 싣기 위해 멜버른 항구에 도착했다. 데본포트는 타즈매니아에서 여객선이 정박하는 유일한 도시다.

배에 차를 싣기 전에는 먼저 차에 반입금지 물품이 실려 있지 않은지 검사를 한다. 타즈매니아의 생태계를 교란시킬 수 있는 식물 종이나 배의 화재를 방지하기 위해 휘발유 등은 가지고 들어갈 수 없다. 그래서 차량들이 숙제 검사를 받는 학생들처럼 한 줄로 길게 늘어선다.

"하이~ 굿 이브닝! 잠시 차 안을 확인하겠습니다. 트렁크와 뒷문을 열어주세요."

짐을 최소한으로 가지고 온 터라 이미 숙제를 마친 학생처럼 우리는 여유 만만한 얼굴로 트렁크와 뒷문을 열었다. 그런데 선생님은 차에 가득 실려 있는 물건을 보고는 긴 한숨을 내쉰다. "이걸 언제 다 검사하나." 하는 표정이다. 짐을 줄이고 줄여 생활에 꼭 필요한 옷, 텐트, 이불, 의자, 간장, 소금, 라면, 비눗방울 정도만 담았을 뿐인데 선생님에게는 영 마음에 들지 않았나보다. 뒷문은 그냥 넘어가고 트렁크를 검사하다가 우리를 부른다.

"선생님, 미안하지만 탑승하려면 기름은 버리셔야 합니다."

아차! 로드트립을 하면서 기름이 떨어질 때를 대비해 사놓은 비상용 휘발유다. 산에 올라갈 때 물을 들고 가는 것처럼 로드트립 여행자에게 비상용 기름은 필수니까. 단, 배에 들어갈 때는 미리 비웠어야 했는데 깜빡한 것이다. 마음 같아선 붕붕이의 입을 열어 기름을 먹여주고 싶었지만, 이미 우리 차를 검사하느라 꽤나 오랜 시간이 걸렸고, 뒤로는 숙제 검사를 받기 위해 대기하고 있는 차들이 끝도 보이지 않을 정도로 밀려 있다. 결국 우리는 약 30달러어치의 휘발유를 항구에 기부할 수밖에 없었다.

직접 운전을 해서 항공기 격납고처럼 넓은 공간에 붕붕이를 주차시키니 재난영화의 주인공처럼 가슴이 두근거린다. 영화 '2012'에 나오는 재난 대피용 방주에 타는 느낌 같다.

우리가 표를 끊은 자리는 침대칸이 아닌 의자 칸이었다. 좌석은 영화관 프리미엄 급보다 편했지만 문제는 의자 바로 앞이 통유리로 되어 있다는 거였다. 어둠이 깔리면서 그레이트 오션로드에서 12 사도를 상대로 맹공을 퍼붓던 해풍이 무림고수가 장풍을 쏘듯 통유리를 두들겼고, 야외 데크로 나가는 문도 굳게 잠겼다. 파도 또한 마치 재난영화의 한 장면처럼 매섭게 배를 두드리고 있었는데, 사실 타즈매니아는 불과 200년 전까지만 하더라도 험악한 바다로 가로막힌 자연환경 때문에 죄수들이 절대 빠져나올 수 없는 악명 높은 유배지였다. 수천 명을 태울 수 있는 여객선도 작은 낚싯배처럼 선미가 들썩거렸다. 바깥 기온이 많이 떨어져서 통유리로는 한기를 막기에 역부족이다. 우리가 배를 탔을 때는 타즈매니아의 기온이 가장 더운 시기였음에도 그랬다. 만약 겨울에 의자 칸 표를 끊을 거라면 핫팩과 개인 담요를 준비하는 게 현명할 것 같다.

데본포트에 도착했을 때는 해가 떠오르고 있었다. 이제는 대륙이 아니라 섬이다. 우리처럼 숙련된 여행자들은 새로운 여행지에 도착하면 가장 먼저 무엇을 해야 할지 잘 안다. 1순위는 바로 숙소를 찾는 것이다. 일자리도 없는 우리에게 남은 선택지는 돈이 적게들고 언제든지 떠날 수 있는 카라반파크뿐이다. 카라반파크는 바닷가 바로 앞에 있었다. 좋게 생각하면 오션 뷰를 가진 상급 주택지고 나쁘게 생각하면 모래가 날리는 백사장 바로 옆이다.

우리는 바닷가에서 30미터도 떨어지지 않은 곳에 텐트를 쳤다. 이제는 섬마을 텐트 생활 시작이다.

영에서 형을 꾀기 위해 약속했던 것처럼 이제부터는 내가 운전을 하기로 했다. 지금까지는 국제면허가 없어서 운전을 할 수 없었지만, (안타깝게도) 시드니에서 국제면허를 발급받았기 때문이다. 다행히 타즈매니아에서의 첫 도로 주행은 무섭지 않았다. 이곳 역시 길 위에 차가 거의 눈에 띄지 않았기 때문이다. 형은 내가 운전하는 꼴을 곁눈질로 몇 분 쯤 살피더니 마음이 놓이는지 이내 잠에 빠져 들었다. 물 들어올 때 노를 젓기 시작하는 뱃사공의 표정이 떠올라 웃음이 나왔다.

타즈매니아에서 일자리를 구하는 방법은 크게 두 가지가 있다. 첫 번째 방법은 타즈매니아 전역에 있는 대규모 농장이나 에이전시에 가서 이력서를 내는 방법이고, 두 번째 방법은 규모가 작은 개인 농장, 공장에 들어가 이력서를 내는 것이다. 이력서를 전달하는 방법도 간단하다. 업무시간에 농장이나 공장의 사무실에 들어가서 이렇게 이야기하면 된다.

"안녕하세요, 일자리를 찾아보고 있는데요, 저희 이력서 드릴게요. 꼭 연락주세요."

너무 겸손한 태도는 일자리를 구하는 데 감점 요인이다. 자신이 없더라도 긴장한 티는 내지 말자. 마치 시험은 망쳤어도 용돈은 받아야 하는 고등학생처럼 말이다.

일단 대형 농장과 에이전시를 먼저 돌기로 했다. '구직자 전용 주차장'이라는 안내판을 따라 주차장으로 들어갔지만 오토바이 한 대도 주차할 공간이 없다. 겨우 주차장 밖 갓길에 차를 세운 후 사무실로 들어가자마자 지금까지는 한 번도 보지 못한 '고용담당자'라는 직책을 가진 사람이 쌀쌀맞은 얼굴로 우리를 맞이했다. 머리에 안경을 올려 쓴 덩치가 큰 여자였다. 미간을 찌푸린 채로 서류를 꼼꼼히 넘기고 있는 모습을 보니 취직을 하지 않았음에도 "You're Fired.(넌 해고야.)"라고 소리칠 것만 같은 표정이다.

당당하게 행동하자는 자신감은 사라지고 지레 겁먹은 얼굴로 이력서를 냈다. 타즈매니아는 많은 워홀러들이 내려오는 곳이어서 수확 시즌에도 일자리 경쟁이 치열하다. 조금이라도 눈 밖에 나면 채용 기회가 물 건너갈 것 같았다. 살짝 기분 나쁜 마음을 애써 감추고 밖으로 나왔는데 중국어를 쓰는 워홀러 10명이 동시에 우리가 나온 사무실로 들어간다. 이 정도면 우리가 오기 전에 200명은 넘게 만났을 것 같았다.

사실 대규모 농장이나 에이전시는 최소한의 안전장치라고 생각했다. 정말 좋은 일자리는 영에서 일했던 체리농장처럼 개인농장, 공장에 있다. 우리는 다시 이력서를 들고 섬 안쪽 곳곳에 숨어 있는 중소 규모의 농장과 공장으로 차를 몰았다. 내리자마자 왠지 모르게 눈물이 날 것만 같은 양파 공장, 찰리가 운영할 것 같은 초콜릿 공장, 섬에서도 구석진 곳에 위치해 기숙사까지 제공해 준다는 육류가공 공장, 청정수역을 자랑하는 타즈매니아 앞바다에서 잡은 연어를 포장하는 수산물 가공공장 등 다양한 직종의 수많은 농장과 공장이 널려 있다. 에이전시에서 만난 쌀쌀맞은 아주머니와는 달리 모두 친절하게 이력서를 받아준다. 하루 종일 이력서를 돌리고 났더니 정말 보람찬 하루다. 이 정도면 고기반찬을 먹어도 될 것 같다.

"휴~ 첫날부터 너무 열심히 움직였나? 형, 우리 몇 군데나 들렀지?"

"세 군데."

"뭐? 고작?"

부지런히 돌아다녔음에도 에이전시를 제외하면 고작 세 군데 이력서를 넣은 게 오늘의 우리 실적이다. 타즈매니아에서 일자리를 구할 때 힘든 점은 소규모 농장이나 공장들이 서로 수십 킬로미터씩 떨어져 있다는 것이다. 큰 기업이나 에이전시의 사무실은 시내에 있어서 괜찮지만 큰 곳을 제외하고 개인 농장과 공장들은 멀리 떨어져 있어 찾아가는 데 시간을 많이 잡아먹었다. 우리가 이력서를 넣은 곳들은 모두 합해서 다섯 곳이었다. 양파 공장, 라즈베리

농장, 당근 농장, 치즈 가공공장, 워킹호스텔. 다섯 곳을 도는 데만 200킬로미터 넘게 운전했다.

타즈매니아에는 노력에 비해 큰돈을 벌 수 있는 농장이나 공장이 꽤 많다. 하지만 우린 다른 워홀러들에 비해 좀 늦은 시기에 들어와 이미 그런 일자리는 우리보다 훨씬 먼저 들어왔던 사람들이 차지하고 있었다. 우리에게까지 차례가 올 턱이 없다. 대규모 농장은 웬만하면 쉽게 들어갈 수 있으나 육지에서도 그런 일자리는 쉽게 구할 수 있다. 마치 백화점에서 80% 파격세일을 한다고 대대적으로 광고해서 갔더니 80% 할인상품은 선착순 100명만 가져가고 나머지 사람은 다른 곳에서도 다 하는 20~30% 할인상품만 가져갈 수 있는 것 같았다.

섬의 단점은 한 번 들어오면 그냥 나가는 게 손실이 크다는 거다. 물론 굶으며 다닐 정도로 궁핍하지는 않았지만 이왕 여기까지 왔는데 일은 해야 했다. 무엇보다 타즈매니아를 경험해보지 못했다.

다행히 며칠 뒤에 연락이 왔다. 발신처를 보니 우리가 맨 처음 덜덜 떨면서 이력서를 냈던 에이전시다.

"아직 일을 구하지 않았다면, 근처 농장에서 일을 해보는 게 어때요? 내일까지 사무실로 오세요."

사무실로 가서 근로계약서에 사인을 하고 일자리를 잡았는데, 데본포트에서 35킬로미터 떨어진 블루베리 농장이었다. 카라반파크에서 왕복 70킬로미터를 오가야 한다. 거리는 고사하고 몇 개월 동안 계속했던 떠돌이생활에 마침표를 찍기 위해서라도 쉐어하우스를 구해야 했다.

우리는 데본포트보다는 농장과 가까운 옆 동네 버니Burnie로 갔다. (여기서 말하는 옆 동네는 데본포트에서 50킬로미터 떨어진 곳이다.) 집을 알아보기 위해 인터넷에서 연락한 집주인이랑 문자를 주고받은 뒤 쉐어하우스 앞에서 만나기로 했다. 에어 이후로 텐트, 컨테이너, 쉐어하우스 뒷마당, 백팩커 호스텔 등을 전전하다 한곳에 정착할 생각을 하니 마음이 편안해졌다. 비록 내 집은 아니지만 내 집을 마련할 때의 기분이 이런걸까? 하는 생각이 들었다.

집주인이 알려준 곳에 도착했을 때 우리 앞에 나타난 건 나라브리에서 묵었던 '유령의 집' 시즌2였다. 이번엔 나라브리보다도 훨씬 리얼하다. 외벽 벽돌은 떨어져 나가고 창문은 곳곳이 깨져 있다. 집에는 아무도 없었지만 문도 잠겨 있지 않다. 남의 집에 들어갈 때는 노크를 하고 가는 것이 예의겠지만 이런 집을 소개해 준다는 건 집주인이 우리에게 예의를 지켜주지 않는 것이다.

우리는 집주인도 오지 않았음에도 일단 안으로 들어갔다. (사실 이 곳에 누가 살고 있을 거라고는 상상도 못했기 때문이다.) 실내는 도둑떼가 휩쓸고 간 것처럼 난장판이었다. 이런 집은 공짜로 살라고 해도 못 산다.

집주인이 올까봐 다시 밖으로 나가는 순간 젊은 부부가 검은 승용차에서 내렸다. 저 사람들이 집주인이구나. 자기들도 여기 못 살 것 같은데 어떻게 우리에게 이런 집을 소개해 줄 생각을 했을까? 인사는 생략하고 항의를 하려고 했는데 젊은 부부가 딱딱한 말투로 내 말을 막았다.

"당신들, 여기엔 어떻게 오신 거죠?"

집주인이 집을 보러온 사람도 못 알아보나? 우린 2명의 한국 남자라고 문자에서 분명히 이야기했는데?

"집 주인 아니신가요? 우리는 쉐어하우스를 보러 온 건데요."

"혹시 문자를 보여주실 수 있으신가요?"

집주인은 아닌 듯 했다. 누굴까? 왜 나한테 다짜고짜 문자를 요구하지?

"보아하니 당신이 집주인은 아닌 듯하네요? 저도 저의 사생활(Privacy)이 있는데…."

그러자 젊은 부부가 주머니에서 신분증을 꺼내 우리에게 보여주었다. 그들은 경찰이었다. 알고 보니 이들은 부부가 아니라 언더커버 폴리스였다. 언더커버 폴리스는 신분을 숨기고 경찰 공무를 수행하는 사람들이다.

형과 나는 얼음이 되었다. 잘못한 것은 없었지만 일단 도망을 쳐야 하나? 하는 생각이 먼저 들었다. 하지만 그들이 타고 온 검은 승용차를 보니 붕붕이는 30초 만에 잡힐게 뻔했다. 나는 바로 두 손을 공손하게 모아 핸드폰을 상납했다. 경찰은 문자를 슥 넘기더니 다시 나에게 돌려주었다.

"선생님은 아무런 관련이 없어 보이는군요. 이 집에서 누군가 대마(Weed)를 했다는 정보를 받고 들어왔어요. 일단, 들어오지 말고 바깥에 대기해 주세요."

형이 놀란 표정으로 내게 말했다.

"석호야, 뭐라고? 우리가 대마했다는 거야?"

"아니, 형 그게 아니라… 일단 가만히 있어봐."

우리는 얼음이 된 채로 그 자리에 붙어 있었고 경찰은 집을 수색하기 시작했다. 그리고 다시 5분이 지나지 않아 덜덜거리는 트럭을 타고 흰 수염을 길게 기른 키 작은 할아버지가 오셨다.

"하이~ 친구들. 좀 늦었지? 미안해."

"음, 저기… 집에 언더커버 폴리스가 들어가 있어요."

"What?"

할아버지는 다급하게 집안으로 뛰어 들어갔다. 원래 쉐어하우스를 구할 때는 다 이렇게 구하는 건가? 호주생활 몇 개월 만에 이런 경험은 처음이다. 정신을 차리고 검은색 차 안을 살펴보니 완전히 작전수행 차량이다. 무전기에, 약물검사 키트에 차량 밖으로 안테나까지… 신혼부부에게 필요한 물건이라곤 단 하나도 없다. 곧이어 경찰차들이 속속 도착했고, 10분 뒤에 경찰과 할아버지가 밖으로 나왔다. 경찰이 우리에게 이야기했다.

"협조해주셔서 감사합니다. 이 집에 살고 있던 대만인이 대마를 피운 혐의로 체포됐는데, 집에도 대마가 있는지 확인하러 온 겁니다."

신혼부부로 위장한 언더커버 폴리스들이 떠나고 난 뒤에 할아버지가 우리에게 다가와 이야기했다.

"헤이, 미안하군. 여기 살던 대만인이 지금 경찰서에 있다고 해. 그 사람이 다시 여기에 오지는 않을 테니 집을 한 번 볼래?"

우리는 할아버지의 말이 끝나자마자 약속이라도 한 듯이 손사래를 쳤다. 이 집에서 대마를 했든 아니든 그건 고려사항이 아니었다.

"아, 아니요. 괜찮아요. 저흰 그냥 다른 집 알아볼게요."

할아버지는 미안했던지 다른 제안을 했다.

"버니 시내와 가까운 곳에 집이 하나 더 있는데, 여기보다는 비싸지만 너희들에겐 좀 싸게 해 줄게."

할아버지가 다시 보여준 집으로 들어선 순간 형과 나는 서로를 향해 고개를 끄덕였다. 첫 쉐어하우스로는 적당했다.

"형, 일어나. 지금 6시 반이야."

"뭐? 벌써?"

하루의 시작은 샌드위치와 함께 시작된다. 아침 6시에 일어나 전날 만들어둔 샌드위치를 하나씩 먹고, 나머지 2개는 도시락가방에 넣은 뒤 6시 30분에 집을 나선다. 일은 7시부터 시작되는데, 약 4시간 동안 블루베리를 따다가 30분 동안 점심시간을 갖고, 일과가 끝날 때까지 계속해서 일한다. 일이 끝나는 시간은 오후 1시부터 4시지만 언제 끝날지는 대중이 없다. 그저 슈퍼바이저가 일을 끝내라고 할 때까지 블루베리를 딸 뿐이다.

농장에는 약 40명씩 묶은 총 7개 팀이 있다. 300명이 조금 안 되는 숫자다. 한국에서는 손바닥 만한 플라스틱 상자 하나에 4천 원 정도 가격으로 팔리는데, 이곳 블루베리 농장은 끝도 보이지 않는다. 한 번은 농장 끝까지 걸어본 적이 있었는데, 족히 30분도 넘게 걸렸다.

야생동물에게 이 농장은 거대한 식당과도 같다. 농장은 외부 동물의 출입을 막기 위해 높은 가림막을 설치해 놓았지만 야생동물에게 그 정도 가림막은 애교에 불과하다.

이 식당에 자주 오는 손님은 작은 캥거루라고도 불리는 '왈라비'다. 농장뿐만 아니라 타즈매니아 전역에서 쉽게 볼 수 있는 친구인데, 블루베리를 손바닥에 올려놓고 다가가면 다가오기도 한다. 브리즈번에서는 50달러를 내고 동물원에 들어가야 겨우 왈라비 머리 정도만 만질 수 있지만 이곳에선 먹이주기 체험을 공짜로 할 수 있다. 하지만 그런 행동은 왈라비뿐 아니라 슈퍼바이저도 부르는 일이므로 삼가야 한다.

"헤이~ 스테파니! 왈라비를 보면 내쫓아야 해. 아마 빅 보스(사장)가 본다면 넌 바로 해고야. 어떻게 해야 된다고?"

임금은 영의 체리농장에서처럼 수확한 블루베리에 따라서 받는 성과제인데, 영과 다른 점이 있다. 영에서는 한 바구니에 일률적으로 12달러를 받았지만, 타즈매니아에서는 매일 바뀐다. 1.8달러에서 4.3달러까지 변동 폭이 컸다. 그런데 이런 단가의 선정기준에 대해 알고 있는 사람은 아무도 없었다. 소문에 의하면 품종마다 유통기한이 다르기 때문이라는 말도 있었지만 검증되지 않은 이야기다. 하지만 한 가지 확실한 건 일의 숙련도가 올라가면 올라갈수록 버는 돈도 많아진다는 것이다. 매일 숫자가 바뀌긴 하지만 총 수확량에 따라 단가가 바뀌는 구조는 제한시간 내에 많이 따는 사람이 다른 사람의 급여를 뺏어오는 식이었다. 내가 일했던 농장은 호주 전역에 농장을 가지고 있는 일종의 대기업과도 같았는데, 숙련도가 높은 사람은 1년 내내 호주 전역에 있는 이 기업의 농장을 돌아다니며 일하기도 했다.

나는 새로 투입된 지 며칠 되지 않았음에도 오랫동안 일을 해왔던 사람보다도 더 좋은 성적을 냈다.

"헤이~ 장, 너 정말 이 일 처음이라는 게 맞아? 잘하는데?"

그건 영에서 닦은 실력이었다. 체리를 딸 때는 사다리를 오르내리며 열매를 땄지만 블루베리 농장은 사다리가 필요 없어서 더 수월했다. 첫날부터 나는 40명의 팀원 중 당당히 3위를 차지했고, 첫 주급으로 900달러를 받았다. 시급으로 계산해보니 28달러다.

하지만 돈을 많이 버는 건 좋지만 영처럼 정이 붙지는 않았다. 매일 아침 출근길이 즐겁지 않았다. 이 농장에서는 단지 돈을 버는 기계로 전락한 느낌이었다. 무엇이 나를 그렇게 느끼게 했을까?

"에브리 바디 컴온~ 어제의 단가를 알려줄게. 어제의 단가는… 두구두구두구~~ 2.1달러야."

"뭐? 고작? 2.1달러라면 최저 시급도 안 된다고!"

매일 아침마다 여기저기서 불만이 쏟아졌다. 하지만 이곳을 떠나는 순간까지 한 번도 본 적 없는 빅 보스에게 항의를 할 수 있는 사람은 아무도 없었다. 나는 컨디션이 좋지 않은 날을 제외하면 항상 상위권을 차지했지만 중위권 아래로만 내려가도 최저 시급조차 받지 못하는 사람들이 허다했다. 그들 역시 똑같은 시간 동안 일하고 노력했음에도 불구하고, 상위권 사람들이 너무 많이 가져가는 덕분에⑦ 단가가 낮게 책정되어 최저 시급도 못 받는 것이다. 사실 단가는 죄가 없다. 이건 구조의 문제다.

국제관계이론을 설명하는 책에서 이런 내용을 본 적이 있다. 강대국들이 좌지우지하는 국제기구는 강대국들에게 유리한 쪽으로 움직인다. 약소국들의 가입 조건은 강대국들에 비해 비교하기 어려울 정도로 불리하다. 그럼에도 빵부스러기라도 얻을 수 있는 길이기에 불평등을 감수하고 가입하게 된다는 논리였다.

이 농장에서의 나는 마치 강대국들처럼 다른 사람들의 몫까지 뺏어가고 있었다. 능력과 상관없이 모든 사람이 똑같은 수입을 올려야 한다고 주장하고 싶지는 않았지만 이 농장은 마치 정글과도 같은 자본주의의 극단을 따라가는 시스템이었다. 최소한의 안전장치도 없는 무한경쟁 구조가 사람을 어떻게 바꿔놓는지 볼 수 있었다.

하루는 블록을 마무리 할 때쯤 슈퍼바이저로부터 한 라인을 배정받았다. 그 라인에는 하위권 친구 둘이 이야기를 나누며 여유롭게 열매를 따고 있었다. 원래 한 라인에는 두 명만 들어가지만, 블록을 빨리 마무리하기 위해 세 명씩 배정했기 때문인데, 내가 라인으로 들어오자 그 친구들은 입을 다물고 부지런히 손을 놀려 블루베리를 따기 시작했다. 오랜만에 손이 느린 두 사람이 같은 라인에 배정을 받고는 서로 구역을 정해 느긋하게 작업을 하려고 하다가 만나기 싫은 사람을 만난 표정이었다. 아니 실제로 그랬다. 최저 시급의 원칙이 적용되지 않는 이런 임금 구조는 워커들을 무한경쟁으로 몰아넣었다. 물론 체리농장도 성과제이긴 했지만 그곳에서는 단가가 정해져 있었고 넉넉하게 주는 편이어서 손이 느린 친구들도 최저 시급은 충분히 채울 수 있었다.

이곳은 한마디로 말해서 철저한 성과우선주의사회였다. 농장 작황이 좋으면 하위권 워커들도 최저시급 정도는 받으면서 일할 수 있지만 그렇지 않다면 하위권 워커들은 지옥의 레이스를 펼쳐야 한다.

어느 날은 점심시간에 샌드위치를 먹고 있을 때 중국인 친구 에릭이 내게 다가왔다.

"헤이, 장! 너 몇 킬로그램 했어?"

"나? 한 37킬로그램 정도 딴 거 같은데?"

"와우, 37킬로그램? 넌 정말 대단해. 돈 많이 벌어서 좋겠다."

물론, 돈을 벌기 위해 농장에서 일을 하는 건 맞지만 다른 사람들 사이에서 이미 나는 돈을 버는 데 혈안이 된 인물 정도로 인식되고 있었다. 에이어의 농장에서는 힘들었지만 다른 사람의 캡시컴을 대신 따주고, 서로 가지고 온 음식을 나눠 먹고 정을 쌓으며 일했었고, 영에서는 음악을 틀어놓고 일하거나 야생동물들과 인사를 나누며 서로 친해졌는데, 이곳에서는 그렇지 못했다.

하루는 황당한 사건도 있었다. 트레이엔 수확한 사람을 구분하기 위해 각자의 스티커를 붙이는데 한 트레이를 채우고 뒤를 돌아보니 내 트레이 2개가 없어졌다. '나도 모르게 다른 라인으로 넘어왔나?' 싶었지만 내게는 공간이동 능력이 없다. 누군가가 내 트레이를 훔쳐간 것이다.

"헤이, 세라(슈퍼바이저), 누군가가 내 트레이를 가져간 것 같은데 지금까지 온 트레이에서 내 스티커가 있는 트레이를 확인할 수 있을까?"

트레이를 몇 개 들추고 나니 내 스티커가 붙은 트레이가 보인다. 훔쳐간 사람이 내 트레이에 자기 스티커를 덮어서 꽂았던 것이다. 슈퍼바이저가 그 사람과 나를 호출했다.

"이봐, 너 왜 장의 트레이를 가져간 거야?"

"나는 정말 몰랐어, 그게 내 건줄 알았을 뿐이야. 그게 다야!"

그녀는 자신의 결백을 주장했지만, 알고 보니 며칠 전에도 하나를 훔치다 걸린 적이 있는 친구였다. 하위권에 있는 수많은 사람 중 하나였는데, 혹시 마음속에 부담이 다른 사람 것에 손을 대도록 한 건 아닐까? 내가 본의 아니게 다른 사람들에게 부담을 주지는 않았는지 괜히 미안한 마음이 들어 모른 척 하고 넘어가기로 했다.

하지만 그녀는 다음 날부터 농장에 나오지 않았다. 그리고 농장 곳곳에서 각 팀의 슈퍼바이저가 팀원들에게 하는 말로 그 여자의 행방을 추측할 수 있었다.

"헤이~ 에브리 바디! 남의 트레이를 훔치는 건 범죄(Crime)야. 어제도 누군가가 훔친 일이 있었는데, 기회 없이 바로 해고시키니까 꼭 이름표를 확인하도록 해!"

사람들의 눈에는 독기가 가득했다. 서로가 이야기를 하면서도 다들 자신이 수확한 무게에 대해서는 입을 다물었다. 어차피 총량과 단가는 정해져 있고 다음날 순위가 나오는데 왜 그랬을까? 어느 사이엔가 내가 그 지옥의 레이스의 선두에서 달리고 있었다. 하루는 퇴근길에 형이 내게 이런 이야기를 했다.

"석호야, 너 요즘 얼굴 찡그리고 다니는 거 알아?"

"응? 내가?"

"그래. 너 예전보다 되게 부정적으로 생각하는 것 같아. 얼마 전에도 그랬지만 화도 쉽게 내잖아."

그날은 빅 보스가 농장을 시찰한다고 해 워커들의 자동차를 전부 한곳에 주차시켜야 했는데 종석이 형이 다른 곳에 주차시켰었다. 열심히 레이스를 하던 도중 다른 곳으로 슈퍼바이저로부터 차를 옮기라는 말을 들었다. 부랴부랴 차가 있는 곳으로 뛰어가면서 내가 투덜거렸다.

"아, 형! 형 때문에 이게 뭐야, 30분은 낭비했네. 30분이면 14달러인데…."

"아, 미안해~ 왜 화를 내고 그래~"

"아니 화내는 게 아니라… 처음부터 다른 차 있는 데 주차했으면 이런 일도 없었잖아!"

하지만 누가 봐도 화를 내고 있었다. 다음 날 걱정되는 마음으로 순위를 확인해보니 30분 자리를 비운 셈 치고는 여전히 상위권을 유지하고 있었다.

"휴~ 다행이다. 이 정도면 남들보다 잘 했네."

하지만 전혀 다행이 아니었다. 나도 모르게 이곳에서 스트레스가 쌓여갔다. 옆에 있는 소중한 사람에게 버럭 화를 내는 횟수가 잦아졌다. 내가 이러려고 농장에 왔나? 무엇이 나를 이렇게 만들었을까? 한 가지 신기한 점은 나보다 영에서 체리를 오래 딴 종석이 형이 오히려 나보다 성적이 좋지 않았다는 것이다. 내가 포장 부서로 자리를 옮겨간 뒤에도 형은 계속해서 체리를 따는 일을 했기 때문에 나보다 실력이 한 수 위인 게 분명함에도 왜 이곳에선 성적이 중간에 머무는 걸까?

일을 끝내고 쉐어하우스 테라스에 앉아 와인을 한 잔 마시며 형에게 물었다.

"형, 나 궁금한 게 있는데…. 형은 영에서 나보다 더 오래 체리를 땄는데, 왜 여기선 나보다 수확량이 더 적은 거야?"

"응? 그냥… 너무 악착같이 돈만 버는 것 같아서. 여행하러 왔으면 필요한 만큼만 벌면 되지. 너무 신경 쓰면 스트레스 받잖아?"

그랬다. 내가 욕심을 버리지 못해 그동안 스트레스를 끌어안고 있었던 것이다. 나는 형이 만들어준 계란말이를 먹으며 또 하나 배움의 문을 열었다.

다음날부터 나는 손을 조금 늦췄다. 나는 조금씩 레이스에서 뒤쳐졌다. 어느 날 슈퍼바이저가 내게 근무성적표를 주며 말했다.

"헤이, 장! 일을 시작할 때는 잘하더니, 시간이 지날수록 속도가 느려진 것 같아. 조금 더 분발해줬으면 좋겠어."

10점 만점에 6점 이하를 받으면 경고, 3점 이하를 받으면 해고인데 나는 8점을 받았다.

나는 의미심장한 웃음으로 대답을 대신했다.

"아, 장! 그리고 이건 네게만 말하는 건데, 빅 보스가 몇 명의 슈퍼바이저를 더 고용할 생각이야. 나는 너를 추천하고 싶은데, 네 생각은 어때? 한 팀의 책임자가 될 수 있는 기회야."

이 지옥의 레이스에서 심판이 될 수 있는 절호의 찬스다.

"오, 정말? 그런데 미안하지만, 나는 곧 이 일을 그만 둘 예정이라서…."

"그래? 잘하는 워커(Excellent Worker)를 놓치게 되다니, 아쉽군. 어디로 가는데?"

"음… 어… 아마 한국으로 돌아 갈 거야."

나는 계획에도 없는 한국행 스케줄을 만들었다.

타지스타일, 그리고 인종차별

'오지Aussie'라는 말이 있다. Australilian(호주인)에서 유래한 단어다. 타즈매니아 사람들은 자신들을 가리켜 '타지Tassie'라고 부른다. "우리는 대륙 사람들과는 달라. 우리만의 스타일이 있어."라는 의미를 담고 있는 말이라고 할 수 있다. 자신들에 대한 자부심이 이 단어 하나에 깊게 투영돼 있다.

대륙과 타즈매니아는 많은 점에서 다르다. 자연환경도 다르고 사람들이 살아가는 방식도 다르다.

일을 마치고 집으로 돌아와 두어 시간 눈을 붙이고 일어나니 해가 저물기 시작한다. 야생동물들이 활발하게 활동을 시작하는 시간이다. 타즈매니아는 섬 자체가 거대한 동물원이라고 할 수 있는데, 집 앞 풀밭에서 여유롭게 저녁 식사를 하고 있는 왈라비들이 보인다. 한국에선 한 번도 보지 못했던 그 녀석들은 그곳이 마치 주방이라도 되는 것처럼 매일 빼놓지 않고 찾았는데, 그래도 경계심은 살아 있어서 사진을 찍으려고 다가가면 화들짝 놀라 달아난다. 역시 블루베리로 유혹하지 않으면 유인하기가 쉽지 않다.

사실 왈라비는 뜨내기손님이고 내가 살던 쉐어하우스에는 또 다른 가족이 살고 있다. 바로 염소와 양인데, 염소는 묶어놓고 양은 그냥 풀어놓았다. 왜 그렇게 키우는지는 모르겠다. 하긴 풀어놓은 양은 가끔 마당에서 벗어나기도 하지만 얼마 가지도 않고 다시 돌아온다. 마치 보이지 않은 줄에 묶여 있기라도 한 것처럼. 궁금하기도 했다. 왜 염소는 줄에 묶어놓은 걸까? 이건 차별 아닌가? 한번은 산책을 하다가 마치 강아지와 함께 산책하는 것처럼 염소를 줄로 묶어 산책하는 할아버지까지 보았다. 신기한 생각이 들어서 이유를 물었더니 할아버지의 대답은 단순하다.

"Why not?"

이곳에는 펭귄도 살고 있다. (마을 이름이 펭귄인 곳도 있다.) 출몰 지역은 버니와 데본포트 사이 대륙을 바라보고 있는 북쪽 바다. 데본포트 옆에는 'Penguin Viewing Platform'라는 곳이 있는데 펭귄이 바다에서 육지로 오는 장면을 가이드의 설명과 함께 볼 수 있는 곳도 있다. 가이드는 펭귄의 서식지, 습성 등 인터넷에 소개되지 않는 정보까지 설명해 준다. 중요한 건 입장료인데, 무려 0원이다.

"저… 펭귄은 몇 시에 육지로 올라오나요?"

조금은 생뚱한 질문은 아닐까 주저하며 문자 가이드가 알려준다.

"보통은 해가 질 무렵에 올라와요. 조금 기다리시는 게 좋습

니다."

북극의 여름철이 백야 현상을 볼 수 있는 계절인 것처럼 남극과 가까운 타즈매니아의 여름도 9시가 넘어야 해가 진다. 정말로 9시가 넘어 해가 지면서 펭귄들이 하나 둘 육지로 올라오기 시작했는데, 어둠이 짙어질수록 점점 더 많은 펭귄들이 무리를 지어 올라온다. 마치 인천상륙작전 같다. 이곳의 펭귄 관광이 무료인 것은 가이드가 주정부에 고용되어 있는 사람들이라는 점도 있지만 펭귄이 매일 육지로 올라오는 게 아니기 때문이기도 하다. 날씨에 따라 떼를 지어 육지로 상륙하는 펭귄 쇼를 볼 수 없는 날도 있다. 이건 자연의 섭리에 따른 것이지만 다행히 우리가 갔던 날에는 많은 펭귄들이 육지로 올라오는 장관을 볼 수 있었다. 이름은 요정펭귄(Fairy Penguin). 펭귄이지만 키는 도비처럼 작다. 내가 할 수 있는 일이라곤 멀리서 바라보는 것뿐이었지만 처음으로 야생 펭귄을 보았던 그날은 오래도록 기억에 남았다.

타즈매니아에서 펭귄을 볼 수 있는 곳이 'Penguin Viewing Platform'만은 아니다. 수백 킬로미터에 걸친 북부 타즈매니아 해안에서는 어디에서든 펭귄들을 볼 수 있다고 했다. 펭귄이 밤이 되면 모래사장으로 올라오는 건 바람을 피하기 위해서다. 수십 미터

높이로 솟아 있던 그레이트 오션로드의 벼랑을 깎았던 강한 바람을 피하기 위해.

바다로 둘러싸인 타즈매니아의 바람은 강하고 파도는 거칠다. 집에서 10분만 내려가면 만나는 버니 바닷가에서도 서핑을 즐길 수 있으므로 서핑 매니아라면 천국일 것인데, 바닷가에는 바비큐 시설, 비치 베드, 샤워장 등 우리가 보기에는 호화로울 정도의 시설까지 갖춰져 있었다. 물론 공짜다. 형과 나는 쉬는 날이면 버니 시내 앞으로 펼쳐진 바닷가로 내려가 바디보드를 타거나 서핑을 즐기곤 했다. 서핑을 즐기는 사람이라고 해봐야 언제나 서너 명뿐이어서 초보자에게는 최고의 연습 장소다. 순번을 기다릴 필요도 없고, 우스꽝스럽게 넘어져도 부끄러울 일이 없다. 버니의 바닷물은 다른 바다보다 유독 짜다.

어느 날, 일을 마치고 집으로 돌아오자 집주인 할아버지가 우편물을 건넸다.

"너희들에게 온 우편물인데, 퀸즐랜드에서 뭔가 잘못한 일이 있니?"

퀸즐랜드 도로교통국에서 온 우편물이었다. 도로교통국에서 러브레터를 보낼 일은 없으니 교통위반 범칙금 통지서일 게 뻔했다. 역시 속도위반 벌금을 내라는 내용이 적혀 있었다. 카메라에 찍힌 장소를 보니 퀸즐랜드에서 뉴사우스웨일즈로 가던 길에 찍혔다. 갑작스레 폭우가 쏟아지던 그날 지름길로 **빠져나가기** 직전에 찍혔던 것이다. 벌금통지서엔 규정 속도 100킬로미터인 도로에서 시속 113킬로미터로 달렸다는 증거가 담겨 있었다.

우리를 당황스럽게 만든 건 벌금이었다. 인터넷을 검색해보니 우리가 원래 내야 할 벌금은 약 180달러였는데, 벌금을 제때 납부하지 않아 배보다 더 큰 배꼽인 가산세가 붙어 있었다. 단속 날짜로부터 벌써 두 달 하고도 반이 지났으니 가산세가 붙을 만했다. 제때 처리하지 못한 벌금이 친구들을 데리고 몸집을 불려 우리에게 온 것이다.

호주에서 주소를 변경하면 정부기관에서는 이전 주소로 배달된 우편물이 수취인에게 전달되지 않으면 새로 바뀐 주소지로 다시 보내주는데, 벌금 고지서가 거기에 해당된다. 당시 우리 주소는 에이어의 실버링크로 되어 있었는데, 캐시가 우리에게 말이라도 해 줬으면 바로 냈을 텐데… 조금 아쉬웠다. 어쨌든 호주의 범칙금 납부 시스템에 대해 알게 되었으니 그나마 배움의 기회는 얻을 수 있었다고 할까?

1월의 수요일 밤이었다. 다음날은 하루 종일 비가 예고돼 작업을 쉬기로 되어 있었기 때문에 늦은 시간이었지만 차를 몰고 시내로 나갔다. 우리가 차를 세운 건 몇 주째 개근을 하고 있던 햄버거 가게였다. 직원은 나름 단골이라고 생각했던 것인지 혹은 다른 이유가 있어서였는지 알 수는 없었지만 우리 햄버거에 슬그머니 패티나 치

즈를 한 장씩 더 넣어주기도 했다. 우리가 말하는 정이라는 문화가 호주에도 있었던 것일까?

사실 우리가 햄버거 가게에 개근 도장을 찍었던 이유는 다름 아닌 와이파이 때문이었다. 호주는 땅덩어리가 넓은 탓에 인터넷 시설이 열악한 편에 속했고, 어떤 곳은 데이터를 사용한 만큼 요금을 지불해야 하는 시스템을 가지고 있다. 우리가 살던 쉐어하우스 역시 와이파이 모뎀은 있었지만 데이터 사용량은 한 사람당 하루에 500메가바이트로 제한된다.

하지만 콘텐츠의 홍수 속에서 살고 있는 한국인들에게 500메가바이트는 사막을 걷다가 물 한 모금을 마시는 정도에 불과하다. 그래서 데이터가 샘물처럼 솟는 곳을 찾다가 햄버거 가게를 발견하고 개근 도장을 찍고 있는 중이었다.

평소엔 사람들이 너무 많아서 와이파를 사용하지 않는 게 정신 건강에 좋을 정도였지만, 이날은 늦은 시간이라 손님이 없어서 한국 못지않을 정도로 속도가 빠르다. 마치 아무도 없는 숲속 시냇가에 앉아 있는 것처럼 고즈넉한 분위기 속에서 우리는 영화, 음악, 팟캐스트 등 그동안 보지 못했던 파일들을 다운받았다. 그때였다. 우리가 앉아 있던 야외 좌석 옆자리에 갑자기 덩치가 큰 경찰 둘이 앉았다. 대체로 우리나라 사람들보다 호주인들의 덩치가 크긴 하지만 그들은 유독 마치 럭비 선수라도 되는 것처럼 우람한 체구였다.

"헤이, 하우 알 유?"

"아임 파인, 앤드 유?"

핸드폰을 쳐다보느라 대충 대답했다. 다행히 '땡큐'라는 단어는 넣지 않았지만, 경찰은 애초 우리와 '원어민과의 대화놀이' 따위를 할 생각은 아니었다.

갑자기 그들이 조금은 강압적인 말투로 물었다.

"너희들, 여기 이 햄버거 가게에 지금까지 얼마나 있었어?"

"우리? 햄버거 먹고 와이파이를 사용하던 중이었어. 한 시간 정도 있었나?"

"이 가게 와이파이를 사용하고 있었다고?"

"응."

"이 가게?"

그가 손가락으로 우리가 앉아 있는 야외 테라스를 가리켰다.

"응, 무슨 문제 있어?"

"이 가게 와이파이는 직원 전용 와이파이야. 너희는 여기 있을 이유가 없어."

경찰은 무언가를 잘못 알고 있었다. 이 가게의 와이파이 초기 접속화면에는 '고객 전용 무제한 와이파이'(Unlimited Wi-Fi for the customer)라는 안내문이 있기 때문이다. 이 햄버거 가게에 몇 주 동안 개근도장을 찍으면서도 제대로 된 속도를 누리지 못하다가 이제야 신세계를 발견했더니, 갑자기 웬 훼방꾼이 등장한 것 같았다. 경찰은 계속 말을 이어갔다.

"너희 집에는 와이파이 없어? 너희 여기 여행 온 거야? 아니면 여기 살고 있는 워커야?"

혹시 우리가 이 매장에서 음식도 사지 않고 와이파이를 사용하는 것처럼 보였나? 단지 먹고 난 햄버거 트레이를 정리하고 야외 테라스에 앉았을 뿐인데, 무슨 오해가 있는 것 같았다.

"우리는 이곳에서 일하는 워커고, 음식은 단지 다 먹었을 뿐이야. 주문은 했어. 자, 여기 영수증."

평소 영수증은 한 치의 오차도 없이 16등분으로 나눠서 찢는 나도, 이날만큼은 다행히 구겨놓기만 했다. 꾸깃꾸깃 구겨진 영수증을 펴고 있는데 경찰은 도라에몽 같은 손으로 내 고사리 같은 손을 막았다.

"No, 영수증은 필요 없어. 지금 네가 사용하고 있는 와이파이가 '직.원.전.용'(Wi-Fi for the staff)이라는 게 중요한 거야. 너흰 지금 직원전용 와이파이를 훔쳐 쓰고 있는 거라고. 이해 못했어?"

데이터를 훔쳐 쓰고 있다는 말 속에는 아까 말한 호주의 인터넷 사용 체계가 자리 잡고 있다. 이 인터넷이 정말 직원전용이었다면 사용량이 정해져 있는 데이터를 훔쳐 쓰는 게 맞으니까 말이다. 경찰의 눈빛은 "너희가 도둑질한 걸 자기 재량권을 활용해 덮어줄 테니 당장 이곳에서 떠나라."는 명령을 하고 있었다. 하지만 접속화면에서는 '고객전용 무제한 와이파이'(Unlimited Wi-Fi for the customer), '무료 와이파이'(Free Wi-Fi)라는 단어를 볼 수 있다. 남의 물건을 훔쳐 쓰는 사람을 잡는 게 그들이 할 일이라면 직업정신은 투철했지만, 완전히 헛다리를 짚었다. 나는 차분히 설명했다.

"일단 당신의 질문에 답변을 할게. 우리는 이 도시에서 블루베리를 피킹하는 워커야. 우리는 이 가게에서 햄버거를 주문했고, 지금은 다 먹었어. '고.객.전.용' 와이파이만 잠시 사용하다 집으로 돌아가려고 해."

말이 끝나자마자 경찰이 내게 이렇게 물었다.

"너, 너희 나라로 돌아가고 싶어?"(You wanna go back to your counrty?)

"나?"

경찰의 예상치 못한 말에 순간 들었던 생각은 '이 경찰이 본인의 재량권을 우리에게 (있지도 않은) 죄를 덮어주는 게 아니라 우리를 추방하는 데 써서 나를 한국으로 보내면 어쩌지?' 하는 생각이었다. 굳이 죄목을 생각하자면 경찰에 반항한 '괘씸죄'를 저지른 나는 그렇다고 쳐도 옆에 가만히 앉아 있던 형까지 한국으로 강제추방을 당하게 되면 어쩌지?

"돌아가고 싶지 않다면 이것만 기억해. 와이파이를 훔쳐 쓰지 마. 알겠어? 너희 나라에서는 모르지만 이곳에서는 범죄야."

하지만 이대로 돌아가면 우리가 잘못했다는 것을 인정하는 꼴이다. 게다가 개근상까지 받는 우리가 다음에 여기에 와서 와이파이를 쓰다가 그 경찰이랑 마주치면 그땐 어떻게 할 건가? 나는 마지막 저항의 방법으로 말없이 와이파이 초기 접속화면을 보여주었다. 그 화면엔 아기자기한 글씨체로 '고객전용 무제한 와이파이'라고 쓰여 있었다.

"무엇을 말하고 싶은지는 알겠는데, 이 와이파이는 직원 전용이야. 지금 내가 3번째 말하고 있다고."

아무리 눈이 잘못 되어도 '고객'(Customer)을 '직원'(Staff)으로 볼수가 있나? 고객전용을 고객전용이라고 부르지도 못하고 억울한 표정을 지으며 낯선 나라에서 경찰이랑 실랑이를 하는 모습에 사람들이 하나 둘씩 쳐다보기 시작했다.

"그리고 지금 시간도 너무 늦었잖아. 곧 문을 닫는다고. 이제 집으로 돌아가도록 해."

그제야 무언가 경찰의 의도가 보였다. 그때 시간은 매장 문을 닫기 몇 분 전이었다. 하지만 나는 그 경찰이 무슨 권한으로 우리를 집으로 돌려보내려 하는지 의도를 알 수 없었고, 거기다 아무리 우리를 집으로 돌려보내고 싶었다고 하더라도 이런 생트집을 잡으면 안 된다.

과연 호주인이 그 접속화면을 보여주었더라도 그 경찰이 똑같이 직원전용이라고 말할 수 있었을까? 세상에는 논리적으로 대응할 수 없는 게 한 가지 있다. 바로 무논리다. 이 사람의 무논리 앞에는 호주 사람이라도 대응을 할 수가 없다. 아니 호주 사람에겐 이런 말을 꺼내지도 않았겠지. 내가 경찰과 이야기를 이어나갈 수 없을 정도로 영어를 못하는 것도 아닌데, 왜 이런 생떼를 쓸까? 명백한 인종차별이라는 생각이 들었다. 낯선 나라에서 인종차별을 당했을 때 어떻게 해야 하는지 매뉴얼처럼 들었던 '경찰에 신고하기'도 할 수 없었다. 매장 안에 들어가 직원에게 물어볼 수 있을 수는 있었지만 그 순간은 너무 당황한 나머지 아무런 생각도 나지 않았다. 더 이상 우리가 무얼 하다간 밤새도록 돌침대에서 자게 될까봐 고개를 숙이고 나왔다.

"오케이, 알겠어. 돌아갈게."

우리는 직원전용 와이파이를 훔쳐 썼다는 잘못을 인정당하고 차를 몰고 햄버거 가게를 떠났다. 너무 어이가 없고 화가 났지만 아무런 사고를 내지 않고 집으로 돌아가는 것이 제일 중요했다.

집에 돌아오고 나서 경찰의 행동을 곰곰이 되짚어봤다. 나는 경찰이 우리에게 와이파이를 핑계로 삼아 집으로 돌려보내기 위해 그런 억지를 부린 것이라 생각한다. 정말 그 와이파이가 직원전용이라면 오후 시간대에 매장에 있는 모든 사람들이 와이파이를 쓰는 건 어떻게 설명할 것인가? 다음 날, 우리는 혹시나 하는 마음에 가게에 가서 개근상을 주는 직원에게 물었다.

"혹시, 여기 와이파이가 직원 전용인가요?"

"아니요, 매장에서 음식을 구매하신 분들이라면 누구나 무료로 사용 가능한 와이파이입니다."

당장 경찰서로 가서 그 경찰을 불러오고 싶었다. 페터 빅셀의 소설 『책상은 책상이다』를 보면, 주인공은 단조로운 삶으로부터 벗어나기 위해 사물의 이름을 자기 마음대로 바꿔서 부르기 시작한다. 그리고 그런 고집으로 인해 결국 세상과 단절돼 고립된 삶을 살아가게 된다.

우리에겐 어제 보았던 경찰이 그 소설의 주인공이었다. 만약에 호주 사람들에게 그런 식으로 행동했다면 그는 우리를 만나기도 전에 진즉 해고됐을 것이다.

영에서도 인종차별을 겪었던 적이 있었다. 우편물을 보내기 위해 우체국에 갔다가 우리 차를 향해 걷고 있을 때, 지나가던 차에서 우리를 향해 가운데 손가락을 세우면서 욕설을 뱉은 것이다.

"여기서 꺼져, 이 원숭아!"

사건은 2초 만에 일어났다. 순간적으로 차를 타고 가던 백인의 욕설을 듣고 그가 유유히 사라져가기까지는 정확히 2초가 걸렸기 때문이다. 호주가 아니더라도 여행을 하면서 이런 인종차별을 겪었던 이들이 꽤 있을 것이지만 이럴 때 드는 생각은 직접 당해본 사람만이 알 것이다. 마치 아무런 이유 없이 뒤통수를 세게 한 대 얻어맞은 느낌이다.

당할 때는 멍하다. 일어난 상황을 파악하는 데만 3초의 시간이 걸린다. 하지만 아무 이유 없는 행동에 원인은 없다. 굳이 설명하자면 논리도 없는 혐오 정서 때문이다. 3초 동안 올해 겪었던 일 중 가장 어이가 없는 일이다보니 화가 난다기보다 실소가 터진다. 그리고 걷잡을 수 없는 분노가 온몸을 감싼다.

혹시 인종차별을 당해본 경험이 있는가?

이유를 알 수 없는 억울함과 분노를 삭이며 눈물이 솟구치는 걸

겨우 참았다. 그런 한편으로는 내가 혹시 편견과 차별하는 마음을 가지고 사람을 대한 적은 없었는지 뒤돌아보았다. 아주 없었다고 자신할 수만은 없을 것 같았다. 알게 모르게 선민의식 비슷한 걸 가지고 사람을 대했던 적이 있었을 것이다.

어쨌든 호주 이야기를 하면 꼭 묻는 말이 있다.

"거긴 인종차별 심하지 않아?"

"지나가는 사람을 보고 막 욕을 한다던데?"

그냥 지나가고 있었을 뿐인데, 내게 아무런 이유 없이 욕을 퍼부은 사람도 있었고, 이방인이란 단 하나를 이유로 경찰관처럼 말도 안 되는 걸 가지고 범죄자 취급을 했던 사람도 있었다.

하지만 그런 사람들 때문에 전체 호주 사람들을 매도할 수는 없는 일이다. 어떤 사람은 호주인들이 원래 영국에서 이주한 죄수 출신들이어서 그렇다는 말까지도 하지만 그건 또 다른 편견이자 차별이다.

영에서 내가 비열한 욕설을 들었던 곳은 시내 한복판이었다. 내 주위에는 수십 명의 백인들이 있었는데, 내가 멍청한 백인으로부터 인종차별적인 욕설을 듣자 순식간에 내 주위로 모여들었다. 그리고 이렇게 말했다.

"괜찮아?"

"아무 일도 아니야. 신경 쓰지 마."

"아직도 저런 사람이 다 있어?"

"저건 일부일 뿐이야."

그들은 내게 다가와 위로의 말을 전해 주었다.

　　내가 호주에서 머무는 동안 만났던 사람들 중에서 인종차별적인 횡포를 부린 사람은 그들 두 사람뿐이었다. 어쩌면 알게 모르게 인종차별적인 마음을 가지고 있고, 티 나지 않게 차별한 사람도 있을 것이다. 그런 건 내가 느낄 수 없었으니 알 수가 없는 일이다.

　　하지만 내가 만난 대부분의 호주 사람들은 선량했다. 내가 경험한 도시는 로드트립을 하는 동안 머물렀던 곳뿐이었고, 오래 머물렀던 건 대부분 시골마을이었다. 최소한 시골에서 만난 사람들은 인종에 관계없이 곤란한 일이 생기면 서로 먼저 나서서 도와주려 했던 사람들이고 서로를 존중해 주는 사람들이었다.

인종차별주의자는 개울물을 흐리는 미꾸라지 한 마리다. 현실적으로 인종차별주의자를 없앨 수는 없다. 하지만 그들의 비상식성을 유지하기 위해 할 수 있는 최선의 일은 우리가 먼저 상식적인 사람이 되는 것이다. 그 다음 지속적으로 그들의 비상식성을 지적해야 한다. 지적하는 것도 혼자서는 약하다. 연대해야 한다. 영에서 내가 느꼈던 호주 사람들의 연대는 그래도 이곳이 상식이 통하는 사회라는 걸 느낄 수 있게 해 줬다.

이 사건 이후로 호주를 비롯한 외국을 여행할 때는 '모든 사람은 인종, 피부색, 성, 언어, 종교 등과 같은 어떠한 종류의 차별 없이 선언문에 있는 모든 권리와 자유를 향유할 자격이 있다'는 세계인권선언의 내용을 새기고 간다. 관념적이고 이론적일 수 있지만 이 선언문이 지금 우리가 살고 있는 시대를 유지시킬 수 있는 힘이다.

햄버거 가게에서 있었던 일을 뒤로 하고 다시 쉐어하우스로 돌아와 테라스로 나갔다. 담배를 한 대 피워 물고 바라본 달은 유난히도 크고 밝았다. 지금까지 있었던 일이 순간 머릿속에서 잊혀졌다. 달빛을 받아들인 바다는 찬란한 빛 조각들이 춤을 추는 것처럼 반짝였다.

쉐어하우스에서 함께 살고 있던 독일 친구가 테라스로 나오며 말을 걸었다.

"헤이~ 오늘 슈퍼문인 거 알고 있었던 거야?"

붕붕이와의 이별

'지하철역 도보로 5분'!, '인천공항까지 차로 20분!', '서울까지 차로 30분!'

전형적인 아파트 광고 문구다. 부동산 광고에서 고객들을 유혹할 때 제일 첫 번째 요인은 바로 위치다. 이런 부동산 광고 문구를 따서 내가 살고 있는 쉐어하우스를 홍보한다면 어떤 문구가 될까?

'낚시와 서핑이 가능한 청정 바닷가와 도보 10분 거리!'

'유네스코 자연유산급 규모를 자랑하는 폭포가 차로 20분!'

'귀여워도 데려갈 순 없는 펭귄 서식지가 차로 20분!'

그리고 마지막으로 하나 더, '타즈매니아의 원시 자연을 보존하고 있는 세계자연유산 크레이들 마운틴이 차로 1시간!'

타즈매니아에 머무는 동안 일을 쉬는 날이면 형과 나는 짧은 여행을 떠나곤 했다. 타즈매니아로 온 이유도 원시를 간직하고 있는 대자연을 호흡해보고 싶었기 때문이었다. 우리의 선택은 틀리지 않았다. 타즈매니아의 자연은 그 어느 곳보다도 **빼**어난 바가 있기 때문이다.

물론 유럽이나 미국, 중국, 우리나라에도 **빼**어난 자연경관을 가진 곳은 많다. 하지만 호주, 그중에서도 타즈매니아 자연은 태초의 모습이 거의 그대로 남아 있는 곳이다.

가장 기억에 남는 곳은 타즈매니아 북서부에 있는 국립공원 크레이들 마운틴(Cradle Mt.)이었다. 해발 1,500미터 정도의 높이에 불과하지만 타즈매니아에서도 사람의 때를 거의 타지 않아 세계자연유산으로 등재될 정도로 호주뿐 아니라 전 세계적으로도 유명한 산이다.

정상은 닭 벼슬처럼 **삐**죽**삐**죽 솟은 험준한 암봉으로 이루어져 있고, 그런 산봉우리 그림자를 담고 있는 호수를 품고 있어 태즈매니아 최고의 절경을 연출한다. 산 전체를 돌아보려면 4일이 넘게 걸릴 정도로 크다. 북쪽, 동쪽, 남쪽에 총 세 군데의 입구가 있는데, 우리는 해발 1,000미터부터 시작되는 북쪽 입구를 택했다. 그 말은 해발 100미터 정도인 우리 집부터 900미터까지 차를 몰고 올라가야 한다는 의미다.

우리는 마을을 떠나 50분 정도 오르막길을 올랐다. 지나가는 오르막길에도 마을들이 자리를 잡고 있다. 마치 도-레-미-파-솔-라-시-도의 음표를 타고 올라가는 느낌이다. 끝도 없을 것 같은 오르막길을 가다보면 마침내 천국이 나타날 것 같았다. 우리가 아니라 붕붕이에게 말이다. 혹시 오르막 도중에 엔진이 터지게 되지는 않을까 조마조마한 마음이었다가 산 중턱인 해발 900미터 지점에 이르자 평원이 나타난다. 잠시 차를 세웠다. 이익에 눈이 밝은 기업은 이곳에 통신선을 까는 게 적자라는 걸 아주 잘 알고 있어서 핸드폰 신호도 잡히지 않았다. 대신 도로 곳곳에 조난을 당했을 때 연락할 수 있는 비상번호와 수화기가 설치돼 있다. 30분 동안 우리를 지나쳐간 차는 딱 2대였다.

커다란 송전탑이 서 있는 언덕으로 올라가자 오랜 세월 풍우에 씻기고 마르며 곱게 다져진 초원이 펼쳐졌다. 마치 컴퓨터 바탕화면을 보는 듯해서 좌측 하단에 전원 끄기 스위치가 있을 것만 같은 풍경이다. 우리는 마치 정복자라도 된 것처럼 우뚝 선 채로 고원에 펼쳐진 평원을 내려다보았다. 아프리카 사바나의 풍경처럼 저 홀로 우뚝한 나무와 쓰러져 뒹구는 나무들, 제멋에 겨워 자라고 죽은 풀들로 이루어진 초원은 저 아래에서는 보지 못했던 풍경. 아무도 정복할 수 없는, 인간의 손길을 거부하는 풍경으로 눈앞에 펼쳐지고 있었다.

우리는 날씨 운이 좋았다. 본디 크레이들 마운틴은 1년에 300일 넘게 흐린 날씨거나 비가 내린다고 했다. 날씨가 변덕스럽기로도 유명하다. 하루 열두 번 얼굴을 바꾸는 변덕쟁이 날씨. 1년에 닷새 정도만 맑은 하늘을 볼 수 있다는 건 그냥 매일 비가 오거나 해를 볼 수 없는 곳이라는 말과 다르지 않다. 그럼에도 그날은 구름이 조금 많은 정도였을 뿐 맑았다. 티켓을 파는 분도 우리를 보고는 행운아

라는 말을 건넨다. 얼마 전 인종차별로 인한 설움을 겪었던 보상을
날씨로 받은 것 같다는 생각이 들었다.

　　국립공원 입구에서 트래킹 코스 출발점까지는 셔틀버스를 이용
한다. 버스를 타기 전 먼저 안내소에 비치된 노트에 조난을 대비
해 이름과 연락처를 적어놓아야 한다. 스카이다이빙을 할 때 서약
서를 쓴다는 말을 듣기는 했지만 트래킹을 하면서 신원을 적어놓
게 될 줄은 몰랐다. 올라갈 때 출발시간을 적고 내려와서 도착시간
을 적는다. 물론 꼭 적어야 할 의무는 없다고 하지만 내 앞길에 무
슨 일이 기다리고 있는지 알 수 없으니 허투루 넘겨버릴 사안은 아
닌 것 같다.

이곳을 오르는 이들은 모두 서로를 지켜보며 걸음을 뗀다. 꼭 그렇게 해야 할 의무는 없다. 하지만 서로를 지켜줄 동료의식 같은 게 있는 것 같다. (실제로 이곳에서는 가끔 사망사고도 일어난다고 한다.) 만약 함께 오르던 사람 중에서 무슨 일이 생기면 내가 구조대원의 역할을 해야 하고 만약 내게 그런 일이 생긴다면 우리들 중 누군가가 구조대원이 될 것이다. 태고의 신비경을 경험하는 것은 생각보다 위험한 일이었다.

온갖 촬영 장비를 들고 버스에 오르는 우리를 보고 신기했는지 기사 아저씨가 이것저것 묻는다. 간단히 대답하고 있을 때 뒤쪽에서 서툰 한국말이 들려왔다.

"안 - 녕 - 하 - 세 - 요~"

설날 특집 외국인 노래자랑 프로그램에서 들었을 법한 한국어 발음에 고개를 돌리니, 노부부가 우리를 바라보며 웃는다. 남호주의 애들레이드라는 도시에서 여행을 오셨다는데, 한국 아이들을 많이 입양해 키우셨다고 한다. 그 딸이 지금은 평택에 살고 있다면서 한국말을 많이 배우고 싶지만 참 어렵다고 하신다. 한편으론 정말 고마운 마음이면서도, 마냥 웃어넘길 수만도 없을 것 같다. 노부부는 두 번째로 크래이드 마운틴을 등반한다면서 조심해야 하는 구간들에 대해 자세히 설명해 주셨다.

우리가 버스에서 내린 종착지는 도브 호수(Dove Lake)였다. 우리는 도브 호수를 한 바퀴 트레킹하고 마리온스 전망대 (Marions Lookout)까지 오르는 가장 잘 알려진 코스를 선택했다.

버스에서 내리자 당장 떠서 마셔도 괜찮을 것처럼 맑은 호수와 그 호수에 그림자를 드리우며 감싸고 선 암봉이 있다. 해발 1,000미터 고지에 고여 있는 거대한 호수는 웅장했다.

호수 둘레길은 최대한 자연을 훼손하지 않는 선에서 조성돼 있다. 나무 한 그루라도 더 보존하기 위해 직선을 포기하고 빙 돌아서 간다. 이런 길이 태고의 자연을 그대로 보존하는 건 아니겠지만 그런 정신만은 굳건히 드러내는 것 같다.

도브 호수 트래킹은 3시간 정도 걸린다. 트레킹 도중에 만난 집은 지은 지 100년이 넘었다고 하는데, 주인은 도브 호수 트래킹과 마리온스 전망대 등반을 하는 데 3시간 정도 걸릴 거라고 말했지만 사실 그건 이곳을 앞마당 삼아 살고 있는 그분에게만 해당하는 이야기일 것이다. 트래킹을 하면서 중간 중간 만나는 빙하 암석과 호숫가, 그리고 태양의 위치에 따라 시시각각으로 변하는 봉우리의 색깔을 보다보면 마치 꿈속의 선경과도 같아서 나도 모르게 걸음을 멈춘다.

해발 1233미터인 전망대로 오르는 길은 호수 둘레길 트래킹에 비해 몇 배나 더 힘들다. 걸음을 떼어놓을 때마다 숨이 차오르고 온몸은 땀으로 젖었다. 시간을 아껴보겠다고 완만한 길 대신 빙하 암석을 올라가는 길을 선택했는데, 마치 암벽등반을 하는 느낌이다. 호주에서 겪었던 일들이 말 그대로 영화필름처럼 스쳐 지난다. 첫

도시 케언즈, 농장의 쓴맛과 단맛을 알려준 에어, 곤란한 상황에서 나를 구해준 친구들, 절대 잊지 못할 로드트립과 그 길에서 만났던 수많은 사람들, 그리고 이 곳 타즈매니아까지. 정말 전망대까지만 올라가면 꿈의 나라가 있을 것만 같았다.

위로 오를수록 길은 가파르고 인간의 흔적과 멀어진다. 쇠사슬에 매달리며 왜 기를 쓰고 오르고 있는 건지 희미하다. 카메라 렌즈는 깨지고 정신은 아득해도 그냥 포기해버릴 수는 없다. 명청하게도 나는 에어맥스 운동화를 신고 왔고, 다른 생각을 하다가 고꾸라지기라도 한다면 피투성이 꼴이 될 것이다. 내 앞에서 오르고 있는 형도 악전고투는 마찬가지다. 숨소리가 타이어 바람 빠지는 소리 같다. 이제 체력이 다했다. "그래도 여기까지 왔는데…." 포기하고 싶을 때마다 들었던 생각이었다. "조금만 더, 조금만 더…." 그리

고 어느 순간 나타나는 전망대의 풍경. 손을 뻗으면 구름을 만질 수 있을 것 같다. 나는 비로소 주말마다 왜 그리도 많은 사람들이 산을 오르는지 이해할 수 있을 것도 같았다.

"형… 사람들이… 헥헥… 생각을 정리하기 위해 산에 온다는 게… 헥헥… 무슨 뜻인지 알 것 같아…."

"야, 이 정도면 생각이 없어지는 거 아니냐?"

맞는 말이었다. 크레이들 마운틴은 머릿속에 떠돌던 사념들을 모조리 없애고 오로지 아득한 태고의 어느 날 이 섬과 이 산이 탄생하던 시간의 기억만을 새겨놓았다. 그리고 우리는 아무 말 없이 셔터만 끊고 있었다.

이제 천상에서 속세로 내려갈 시간이다. 비가 내리기 시작했다. 산을 오르는 동안 깨끗하게 치워두었던 하늘에는 어느새 구름이 깔리고 거짓말처럼 비가 내린다. 우리는 비가 내리는 길을 따라서 올라오는 길에 만났던 마을과 재회했고 도-시-라-솔-파-레-미-도의 순서를 밟으며 집으로 달려갔다.

트래킹을 좋아하는 사람이라면 산티아고 순례길을 걷는 게 꿈이겠지만 타즈매니아 크레이들 마운틴 또한 사랑하게 될 것이다. 유명한 트래킹 매거진이 전 세계의 트래킹 코스를 소개하면서 꼭 한 번은 걸어야 할 곳으로 소개한 곳이다. 문제는 날씨일 테지만.

타즈매니아 북쪽에 있는 나란타푸 국립공원(Narawntapu National Park)도 기억에 남는다. 크레이들 마운틴은 며칠을 걸어도 다 돌아보지 못할 정도로 넓지만 나란타푸는 3시간 정도면 핵심 코스를 볼 수 있을 정도로 소박하다.

타즈매니아의 세렝게티라고 불리는 나란타푸 국립공원은 데본포트에서 40킬로미터 정도 떨어져 있다. 그 길에서 30킬로미터는 오로지 국립공원을 방문하는 사람들만을 위해 만들어진 길이다.

공원과 가까워지면서 시속 20킬로미터로 속도를 낮추라는 표지판이 서 있다. 주변에 보이는 것이라곤 아무것도 없는 평원에 왜 이런 제한속도를 규정해놓고 있는 것일까? 이건 어린이보호구역보다 느린 속도가 아닌가?

과속을 단속하는 경찰이 있는 건 아니지만 호주에서 속도제한 표지판은 단순히 딱지를 떼는 문제가 아니라 필수사항이라는 느낌이 든다. 나중에 안내데스크에 물었더니 야생동물을 보호하기 위해서라고. 나란타푸 국립공원은 캥거루를 포함한 야생동물의 생활 터

전이다. 하긴 남의 집 앞마당을 우당탕퉁탕 시끄럽게 뛰어가는 건 예의에도 어긋난 일이겠다.

나란타푸 국립공원을 설명할 수 있는 핵심 단어는 산, 습지, 야생화, 야생동물이다. 웜뱃, 왈라비, 캥거루, 야생조류 등 다양한 동물들을 한꺼번에 볼 수 있다. 우거진 나무로 인해 한낮에도 어둑어둑한 길을 지나는 동안 독수리가 하늘에서 우리를 내려다보며 날고 있고, 왈라비들이 나무 사이로 달아났다. 산책로를 제외한 나머지 공간은 철저하게 인간의 손을 차단한, 야생동물의 천국이다.

숲 속 산책로가 둘러싸고 있는 커다란 호수에는 타즈매니아에서도 좀처럼 보기 힘든 오리들이 헤엄을 치고 있었다. 호수 주변은 아무런 시설도 설치돼 있지 않았고 늪이 있어 접근하기 어렵다.

이곳에도 전망대가 있다. 해발 114미터 정도로 높진 않았지만 올라가려면 경사가 가파른 계단을 타야 한다. 전망대로 올라가는 길은 해양식물들로 즐비하다. 만 년 전에는 바다 아래 잠겨 있다가 융기한 땅이니 나는 지금 바다였던 곳을 걸어 오르고 있다. 해양식물들을 헤치고 올라가는 길은 절로 신음을 뱉게 될 만큼 힘겹다. 그리고… 바다가 나타났다. 끝없이 펼쳐진 바다와 하늘이 하나로 붙은 곳까지 바다가 펼쳐져 있었다. 나란타푸 국립공원 인근에서 가장 높은 곳에 위치한 전망대에서는 곡선을 그리며 뻗어가는 해안과 야생동물들이 살아가고 있는 숲과 초원들이 보였고, 데본포트의 도심까지 한눈에 들어온다.

이곳 공원의 하이라이트는 단연 캥거루 서식지다. 캥거루를 비

롯한 야생동물들이 살아가는 데 필요한 최
적의 환경을 갖추고 있다. 먹을 풀이 있고
몸을 숨길 수 있는 숲도 있고 물을 마실 호
수도 있다. 이곳에서 우리는 초대장도 없이
캥거루들의 집으로 찾아간 손님이다. 넓은
초원에서 무리를 지어 앉아 있는 캥거루,
호숫가에 가서 물을 마시는 캥거루, 풀을
뜯고 있는 캥거루… 이곳은 캥거루랜드다.
캥거루랜드의 한가운데를 뚫고 들어온 셈
이었으니 시속 20킬로미터로 속도를 제한
한 이유가 납득이 된다.

　우리는 캥거루랜드로 조심스레 침입했
다. 한 무리의 캥거루들이 우리를 향해 시
선을 돌렸다. 그리고 주위에 있던 다른 캥
거루들도 전부 일어나 우리를 쳐다보기 시
작했다. 마치 도미노가 쓰러지듯이 수 십
마리가 넘는 캥거루들이 차례대로 우리를 향해 시선을 돌린다.

　"너희를 해칠 생각은 없으니까 그냥 하던 거 하면 안 되겠니?"
라고 물었지만 캥거루들은 행동을 멈춘 채 우리를 바라본다. 횡하
니 바람만 부는 곳에 움직이는 건 우리 둘 뿐이다. 처음에는 가만히
있다가 학익진을 짜서 우리에게 돌진하는 건 아닌가 싶었지만 그
냥 우리를 바라보기만 했다. 캥거루가 사람을 공격하는 일은 없지

만 경계한다는 안내데스크의 가이드를 참고하면서 조심스럽게, 캥거루가 위협을 느끼지 않도록 한걸음씩 가까이 다가갔다. 2미터 정도까지 다가갔을 때에도 계속 바라만 본다. 사실은 캥거루보다 내가 더 겁을 먹었다. 앞발로 한 대 맞으면 그냥 KO 당하는 권투선수 꼴이 되지 않을까? 막 싸움에선 '선빵'이 정답이라고 먼저 발을 쿵하고 굴렀더니, 도망갔다.

어떤 캥거루들은 과자를 들고 있는 내 손을 쳐다보면서 가까이 다가오기도 했다. 하지만 이곳 야생동물에게 먹이를 주면 안 된다. 가공식품을 먹으면 심각한 질병에 걸릴 수도 있기 때문이다. 캥거루에게는 미안하지만 과자로 유인을 하고는 손을 슬쩍 뒤로 뺐다. 캥거루는 2초 쯤 나를 빤히 쳐다보며 항의를 하는 듯싶더니 발길을 돌렸다. 호주 어느 동물원에 가도 이런 건 못한다.

타즈매니아에 머무는 동안 많은 곳들을 돌아다녔다. 그리고 늘 기대를 저버리지 않았다. 생각해보면 타즈매니아에서 보냈던 시간들이 늘 즐겁고 행복했던 것만은 아니었다. 인종차별도 당해봤고, 농장에서 하는 일도 그다지 행복하지 않았다. 힘들었다는 말이 아니라 재밌는 경험이라고 할 수는 없었다는 의미다. 그냥 돈을 벌기 위해 일을 했을 뿐이었다.

하지만 타즈매니아의 자연 속으로 들어가는 순간에는 가슴속으로 기쁨과 행복이 밀려들었다. 마치 속세에서 아등바등 살아가다가 깊은 산속에 있는 절집을 찾았을 때 마음이 비워지는 느낌 같다고나 할까? 속세에서 악착같이 붙들고 매달리던 돈, 성공에 대한 집착 같은 고리들이 손에 쥔 모래처럼 스르르 빠져나갔다.

나는 지금 노자의 도덕경을 말하고 있지 않다. 타즈매니아의 대자연 속에 머무는 동안에는 자유롭게 흘러 다니는 바람이라도 된 듯한 느낌을 받았을 뿐이었다. 왜 타즈매니아 사람들이 그토록 쿨한 느낌을 주는지 비로소 이해할 것도 같았다.

"와~ 우리 이렇게나 많이 달렸던 거야?"

에이어를 떠날 때만 해도 주행거리 22만 킬로미터를 조금 못 채우고 있던 붕붕이는 이제 23만킬로미터에 육박하고 있다. 그동안 거의 1만 킬로미터 넘게 달렸다.

『1만 시간의 법칙』이라는 책이 있다. 어느 분야의 전문가가 되기 위해선 1만 시간의 노력이 필요하다는 핵심 메시지를 전하는 책이다. 나는 호주에 있는 동안 이와 비슷하게 '1만 킬로미터의 법칙'을 발견했다. 호주의 도로 1만 킬로미터를 달리면 로드트립 전문가가 될 수 있다는 법칙이다. 타즈매니아에서 달린 거리만 약 4천 킬로미터, 이곳저곳 오가거나 국립공원 같은 곳으로 한 번 다녀오게 되면 하루 100킬로미터는 거뜬하게 채웠던 탓이다.

노구를 이끌고 이곳저곳 부지런히 움직이다 보니 거액의 병원비를 들이게 되지는 않을까 늘 아슬아슬했었다. 고령의 어른을 모시고 사는 자식의 심정이 되어 정비사에게 물었더니 다른 차들에 비하면 아직 멀쩡하다는 대답이 돌아왔다. 그렇게 과로를 시켰음에도 버텨준 붕붕이가 고마울 뿐이다. 역시 노장은 죽지 않았다. 우리는 무사히 RWC를 받았고, 인터넷에 올려 파는 일만 남았다. 그렇다. 우리는 이 차를 다른 사람에게 팔 예정이다. 나는 호주 생활을 마무리하고, 종석이 형은 다른 지역으로 여행을 떠날 참이다.

타즈매니아 생활을 마무리하기로 결심한 건 3개월 정도가 되어갈 시점이었다. 타즈매니아는 한국으로 치자면 늦여름에서 초가을로 넘어가는 날씨, 아침이면 10도 아래로 떨어질 정도로 쌀쌀했다. 여름이 끝나갈 무렵이면 타즈매니아에는 많은 변화가 일어난다. 걷어 올렸던 소매를 내리고, 밤바람을 맞으며 바닷가를 걸으면 감기에 걸리는 걸 각오해야 한다. 그리고 농장 일거리도 대부분 끝난다.

총 7개 팀으로 운영되던 우리 농장에도 서슬 퍼런 구조조정의 바람이 불어 닥쳤다. 어느 날 갑자기 2개 팀이 없어진 것이다. 1개 팀원이 40명이라는 걸 고려하면 28.5%의 일자리를 없애는 대량해고 사태다. 회사가 팀을 해체할 거라고 미리 통지하면 대부분의 워커들은 미리 일을 그만둬 수확에 차질이 생기곤 했던 학습효과를 했던 탓인지 농장에서는 해고하는 순간까지 아무런 언질도 주지 않았다. 그냥 평화롭게 일을 마친 어느 날 슈퍼바이저가 별일 아니라는 듯이 워커를 불러 해고통보를 하는 거다.

"헤이~ 모든 팀원들! 여기 모여 줘! 우리 팀은 오늘까지만(혹은 내일까지만) 일하게 될 거야. 그동안 수고했고, 앞으로 행운이 가득하길 바랄게. 굿 럭~"

반발하는 사람은 거의 없다. 마치 그런 운명을 알고나 있었던 것처럼 다들 순순히 받아들였다. 내가 그런 꼴을 당했다면 분통을 터트리며 사무실 문짝을 발로 걷어차며 들어갈 용기까지는 없다고 해도 부당한 처사에 대해 불평 정도는 늘어놓을 것 같다. 다행인지 우리 팀은 마지막까지 살아남았다. 그러나 마음은 편치 않았고, 수확할 열매도 퍽 줄어서 주급도 점점 빈약해지고 있었다. 어차피 오래 버텨봐야 한 달 이내에 같은 운명을 맞게 될 게 분명했다. 우리도 슬슬 다음 목적지를 정해야 했다.

"형, 우리 이제 어디로 갈까?"

가야 할 곳을 결정하기 위해 지도를 펼치는 것도 이로써 세 번째다. 사실 이때 내게 남은 선택지는 목적지가 아니라 체류 여부였다. 남은 워홀비자 기간은 약 4개월, 1년을 더 체류할 수 있는 세컨 비자가 있었으므로 1년 동안 더 머물 수도 있었다.

머물 것인가? 돌아갈 것인가? 만약 호주에 더 머물기로 결정한다면 이번엔 어디로 갈까?

호주 지도를 펼쳐 우리가 지나온 행로를 확인했다. 북쪽에서 남쪽 끝까지 내려온 셈이니 더 남쪽으로 내려가면 남은 것은 남극뿐이다. 나는 서부지역으로 가고 싶었다. 하지만 서부로 간다면 이동시간, 일자리를 구하는 기간을 고려해 세컨 비자를 사용해야 했다. 세컨 비자는 나중에도 사용할 수도 있으므로 만약 사용하지 않으면 한국으로 돌아갔다가 다시 올 수 있다. 내 앞에는 갈림길이 놓였다.

그때 종석이 형의 친구로부터 연락이 왔다. 브리즈번 근처에 있는 농장에서 같이 일하자는 제안을 해온 것이다. 사실 형은 유능한 농부였으므로 제안이 아니라 스카우트라고 할 수 있다.

형을 따라서 브리즈번으로 갈 것인가? 아니면 서부로 갈 것인가? 밤마다 바닷바람 속에서 담배에 불을 붙이며 생각하고 고민했다. 그리고 나는 남은 시간 동안 호주를 여행한 뒤 한국으로 돌아가기로 결심했다.

그동안의 여행 그리고 삶을 되돌아보고 정리할 시간이 필요했다. 클라이막스로만 이루어진 영화는 없다. 여행이든 삶이든 마찬가지다. 내게는 극적이었을 순간도 다른 사람의 눈에는 그저 평범한 삶의 편린에 불과할 수도 있을 것이다. 그동안 내가 보고 듣고 경험한 것들이 어떤 의미였는지 다시 되새겨보고 싶었다. 그런 순간순간들이 내 삶에 어떤 식으로 영향을 미치게 될지는 아직 모르지만 그래도 나를 꽤 성장시켰다는 것만은 느낄 수 있었다.

문득 에이어에서 들었던 생각 한 조각이 떠올랐다. 그때 나는 화두 하나를 꺼내들었더랬다.

'어떻게 워킹홀리데이를 의미 있고 만족할 만한 시간으로 채울 수 있을까?'

이제 나는 그 화두에 대한 답을 내놓아야 할 때였다. 돈을 벌기 위해 일을 하고 여행을 하는 순간순간들에 대해 틈나는 대로 기록하기 시작했다. 그렇게 적다 보면 어떤 답이 만들어질 것 같은 생각이 들었다. 이제 1교시 시험문제를 제출해야 할 때였다. 그리고 휴식을 취하면서 2교시 시험을 준비할 때였다. 형은 형의 답안지를 완성하기 위해 형의 길을 갈 것이다.

뒤돌아보면 참 다이내믹한 영화 한 편을 찍은 느낌이었고, 나름대로 알차게 답안지를 채워 넣은 시간들이었다.

"석호야, 고생했다. 지금이 아니라면 하지 못 했을 경험들을 너와 함께 있어서 할 수 있었어. 고맙다."

"에이, 갑자기 왜 그래, 오그라들게~ 헤어지면 뭐 영영 안 볼 거야?"

'회자정리'라는 식자들의 말처럼 만남은 헤어짐을 품고 있는 말이다. 누구도 지금 내 옆에 있는 사람에게서 운명을 느끼지 못한다. 하지만 시간이 흐르고 흘렀을 때 비로소 그가 자신의 삶에 지대한 영향을 끼친 운명적 인물이었음을 깨닫게 될 뿐이다.

나는 지금 호주에서 함께 지내며 내 삶에서 가장 깊은 영향을 미쳤던 사람과 이별할 시점에 있었다. 그는 내게 어떤 존재일까? 내 삶의 길을 어떻게 제시할 존재일까? 곁에 있을 때는 잘 몰랐지만 막상 헤어짐을 앞에 두자 형의 존재는 무거웠다. 조금이라도 더 형의 마음을 이해하고 도울 수 있었다면 후회가 적으련만. 순간 형이 한마디 했다.

"야, 너와 여행을 하면서 내가 스쿠버다이빙 꼭 한 번 해보자고 했는데, 안 하더라."

참 소심한 형이네… 속으로 겸연쩍게 웃으면서도 미안했다. 이별을 앞두고 농담이라고 건넨 말일 테다. 상대가 원하는 걸 뻔히 알면서도 하지 못하는, 하지 않는 경우도 있다. 미묘한 감정의 흐름도 있고, 치기 같은 것도 있다. 시간이 흘러가면 별 시답지도 않은 일이 그 순간엔 왜 그리 중요한 문제로 둔갑을 하는지. 함께 여행하면 자질구레한 온갖 감정들이 오가며 부딪히고 섞이며 닮아간다. 형과 나는 정말 적지 않은 시간들을 뒤섞여 보냈다. 그리고 이제 헤어질 시간이다.

8개월 동안 차 하나를 몰고 여행하다 막상 정리를 하려니 신경 쓰게 장난이 아니다. 텐트, 이불, 의자, 주방기구, 램프, 라켓볼 등 등…. 꼭 필요하지 않은 물건들은 주위에 있는 친구들에게 모두 나눠 줬고, 남아 있는 식재료들은 쉐어하우스의 동료들에게 공짜 비슷하게 팔았다. 그리고 나보다 먼저 떠나게 된 형을 공항까지 데려다 준 뒤 붕붕이도 보냈다. 자칫 눈물을 쏟을 뻔했다. 뒷자리에서 늘함께 여행을 했던 세간들도 다 떠났고, 8개월이라는 세월을, 시간이 아닌, 세월을 함께 보냈던 사람도 옆자리에 없었다. 그렇게 쓸쓸한 길을 달려 집으로 돌아온 길이었다. 90년대 인기가수였던 쿨이노래하고 있었다.

'있을 때 잘해.'

200만 원에 우리에게 왔던 붕붕이는 다시 200만 원을 남기고 떠나갔다. 붕붕이의 새 주인은 프랑스 친구였다.

황량한 사막마을 앨리스 스프링스

황량한 사막 한 가운데 있는 앨리스 스프링스Alice springs, 비행기에서 내리자 마치 화로를 끌어안은 것처럼 열기가 밀려온다. 안전요원 하나만 눈에 띌 뿐 펜스조차 없는 공항은 시골 버스터미널인지 공항인지 헷갈릴 정도다. 공항 주위로는 간간히 나무가 자라는 평원과 수십 미터 높이로 솟아 있는 거대한 바위산들이다. 황량하고 메마른 거대한 사파리 공원과도 같아서 사람이 살아갈 만한 곳으로 보이지 않는다.

앨리스 스프링스의 관광안내도에는 이런 주의사항이 쓰여 있다.

'조심하세요, 이곳의 자연환경은 극한(Extreme)입니다.'

또한 이런 경고문도 있다.

'밤에는 운전을 자제하세요. 마을을 벗어나면 가로등이 없습니다.'

가로등도, 방향을 안내해 주는 도로 표시도 없는 이곳에서 밤에 운전하는 건 저승길을 가는 것과 마찬가지다. 험한 꼴을 보고 싶지 않으면 날이 맑은 다음에 움직여야 한다.

호주에서 로드트립을 하다 보면 자주 볼 수 있는 표지판 중 하나가 '소 출몰주의'와 '캥거루 출몰주의' 표지판이다. 빅토리아 주에선 가끔 '코알라 출몰주의'표지판도 봤지만, 앨리스 스프링스에서 내가 보는 것은 '낙타 출몰주의' 표지판이었다. 해가 지면 온갖 야생동물들이 도로를 가로지르며 출몰한다고 한다. 캄캄한 어둠 속에서 운전을 하는 게 위험하기도 하지만 야생동물 때문에라도 밤에 운전하는 건 삼가야 한다.

이곳의 더위는 한국과는 완전히 다르다. 우리나라는 습도가 높아 후덥지근하고 불쾌한 느낌을 주지만 앨리스 스프링스의 여름은 우리나라 여름과 비슷한 기온이지만 건조한 바람이 불어서 그늘에선 시원한 느낌이 들었다. 대신 끊임없이 불어오는 모래바람 때문에 눈을 제대로 뜰 수 없을 지경이다.

워낙 건조한 지역이어서 자주 물을 마셔줘야 하고, 그래서 마을 곳곳엔 주민을 위한 음수대가 설치돼 있다. 내린 지 10분이 채 되지 않았는데 갈증이 난다. 그 생명의 샘에서 물을 받아 마셨다가는 곧바로 뱉었다. 녹슨 쇠 맛이 난다. 물이 귀한 지역이다 보니 정수처리보다 많은 양의 물을 공급하는 데 초점을 맞춘다고 한다. 적응하긴 힘들지만 이해할 수는 있을 것 같다. 아, 물맛 좋은 금수강산에서 온 여행자는 또다시 고국 생각이 난다.

이곳에 살고 있는 주민 셋 중 하나는 원주민들이다. 이들은 유럽인들이 호주대륙으로 이주해 오기 전부터 살고 있었던 최초의 종족을 말한다. 피부가 검고 체격이 큰 특징을 가졌다. 원주민들은 정부에서 주는 보조금을 받고 생활하는 경우가 많아 낮에도 길거리에서 제법 자주 마주치게 된다. 지금까지 호주에서 일을 하고 여행을 하는 동안 보았던 원주민이 딱 두 사람뿐이었다는 걸 생각해보면 얼마나 원주민 비율이 높은 곳인지 짐작할 수 있다.

마을 중심가를 걷다가 말을 타고 순찰하는 경찰이 보여서 혹시 무슨 축제라도 있는 게 아닌가 싶어 물었다. 타즈매니아 경찰 때문에 좋지 않은 선입견이 있기는 했지만 이곳은 좀 다르지 않을까 싶었다.

"오늘 혹시 무슨 페스티벌이 있나요?"

"아니요, 우리는 지금 순찰을 하고 있어요."

"네? 말을 타고 순찰을 한다고요? 왜 차를 안 타요?"

"순찰차가 있긴 하지만, 마을을 순찰하기엔 말이 훨씬 편해요. 이 지역의 특징 때문이죠."

나처럼 질문하는 사람을 많이 만났던 것일까? 기마경찰은 고객센터 상담원처럼 질문에 곧바로 대답을 내놓는다. 마을 곳곳이 험준한 바위로 이루어진 탓에 차보다는 말이 더 유용하다. 마을은 황량한 바위산으로 둘러싸여 있고, 관광객들을 위해 길을 뚫어놓은 곳 외에는 전문 장비로 무장을 한다고 해도 오르기 힘들 정도다.

이쯤에서 궁금한 점이 생겼다. 어떻게 그리고 왜 이런 척박한 곳에 마을이 세워졌을까?

호주의 인구밀도는 상당히 기형적인 모습을 보인다. 전체 인구의 90%가 넘는 사람들은 호주대륙 면적의 10%도 되지 않는 해안도시에 거주하고, 나머지 10%도 안 되는 사람들만 면적의 90%를 차지하는 내륙지방에 거주한다. 그중에서도 호주대륙 중앙에 위치한 앨리스 스프링스는 가장 척박한 자연환경을 가지고 있는 지역에 속한다. 2011년 기준으로 인구가 3만 명이 채 되지 않는다.

그렇다면 왜 이민자들은 산 좋고 물 좋은 많은 해안도시를 놔두고 이 척박한 곳에 마을을 세웠던 것일까?

궁금했던 건 나뿐만이 아니었던 것 같다. 이곳엔 이 지역 역사를 설명해 주는 역사박물관이 있는데, 이름이 전신국(Telegraph Station)이다. 박물관의 이름이 의미하듯 앨리스 스프링스 개척 역사는 전신국으로부터 비롯되었다.

이곳에 백인 개척자들이 발을 들인 건 다른 지역보다 100년 이상 늦은 시기인 1800년대 후반, 당시에는 영국 런던에서부터 중동, 인도, 동남아시아를 거쳐 호주대륙의 남쪽 도시인 애들레이드까지 모스부호로 전보를 전송할 수 있는 통신선을 구축하고자 한다. 그중 호주대륙 최북단에 위치한 다윈과 남단에 위치한 애들레이드를 잇는 전신국이 필요했는데 지금의 역사박물관이 있는 곳에 전신국을 세우면서 백인 이민자들의 개척역사가 시작된 것이다.

처음 이곳을 발견한 백인도 전신선로를 계획하기 위한 측량기술자 중 하나였다. 그 측량기술자는 이 사막에 있는 호수를 발견하고

전신국을 담당하는 찰스 토드에게 편지를 쓴다.

'나는 이 척박한 곳에서 수많은 호수와 샘을 발견했습니다. 이 샘 (Springs)은 영광스런 토드 국장 부인의 이름 '앨리스 토드'의 이름을 따 앨리스 스프링스로 지었습니다.'

앨리스 스프링스라는 지명의 시원이다. 하지만 여기에는 아이러 니한 사실 두 가지가 있다. 하나는 측량기술자가 발견한 것은 샘이 아니었다는 것으로 현재의 지질학 전문가들은 측량기술자가 오기 얼마 전, 많은 양의 비가 내려 잠시 물이 고인 것으로 추측한다. 잠 시라도 물이 고일 수 있었던 이유는 샘이 있었던 곳의 지반이 암반 지역이었기 때문이다. 물론 지역 전체가 거대한 건조기 같은 이곳에서는 그렇게 고인 물도 금방 말라버린다.

앨리스 스프링스는 사실 샘이 아니다. 앨리스 스프링스에는 마을 옆을 지나가는 '토드 강'이 있다. 전신국장인 토드의 이름을 따왔는데, 이 강 역시 건천이다. 지도에서 검색하면 컴퓨터는 '강'이라는 입력값에 의해 파란색으로 표시되지만 실제로 가면 연간 평균강수량이 300밀리미터도 되지 않는 이곳에서 강물을 볼 확률은 극히 낮다. (참고로 서울의 7월 한 달 평균강수량이 약 400밀리미터다.)

두 번째 아이러니는 지명의 주인공인 '앨리스 토드'는 생을 마감할 때까지 그 지역을 한 번도 방문한 적이 없다는 사실이다.

이민자들은 전신국을 중심으로 이곳에 마을을 세웠고 1870년대 이후로 앨리스 스프링스를 가로지르는 육로 전신선은 호주대륙과 세계를 잇는 통신선의 역할을 했다. 세상의 모든 뉴스가 호주의 남부지방으로 가기까지, 호주의 남부지방을 출발한 모든 뉴스가 세계로 가기까지 앨리스 스프링스는 묵묵히 그 역할을 수행했다. 이 전신국은 1930년까지 역할을 수행하다가 기술 발전으로 역할을 상실하게 되면서 원주민들을 위한 병원과 유치원으로 역할이 바뀌었으며 지금은 그 역사적 장소를 나와 같은 여행객들에게 보여주는 박물관이 되었다. 그리고 앨리스 스프링스는 더 이상 전보를 전달해주지는 않지만 세계적인 관광지인 울룰루, 킹스캐년, 카타쥬라 등등으로 떠나는 관광객들의 전초기지 역할을 맡게 되었다.

역사박물관을 다녀오는 길에는 황혼이 내렸고, 저녁 햇살에 마을을 둘러싸고 솟아오른 바위산들이 황금빛으로 반짝였다. 저 바위산이 보이는 것처럼 거대한 금광이라면 어땠을까? 실제로 주변 지역에서 금이 발견돼 사람들이 몰려들었던 적도 있었다. 물론 저 산은 노랗게 빛나는 바위에 불과했지만.

바위산과 건초 더미 사이로 작은 캥거루가 껑충거리며 뛰어갔다. 타즈매니아에서도, 뉴사우스웨일스에서도 보았던 야생 캥거루지만 이곳에서 만난 캥거루는 아마 다른 캥거루보다 생존능력이 훨씬 뛰어나지 않을까?

캥거루가 뛰는 속도가 예사롭지 않았다. 저 속도는 '그냥 이동하는 게 아니라 누군가에게 쫓기는 것 같은데?' 라고 생각한 지 3초도 되지 않아 들개들이 맹렬한 속도로 캥거루를 추격한다.

들개의 이름은 '딩고', 순혈(?) 야생견이다. 그리고 보니 박물관으로 가는 길에, 해가 지면 마을을 떠나는 것을 자제하라는 경고판을 볼 수 있었다. 딩고와 마주쳐 공격을 당할 위험이 있기 때문이다. 박물관은 도시에서 약 2킬로미터 정도 떨어져 있었는데, 해가 지면서 마을로 돌아오는 길에 사냥을 하는 딩고를 볼 수 있었다.

타즈매니아에서 알게 된 사실이지만, 야생동물들은 해가 질 무렵이 가장 왕성하게 활동을 시작하는 시간이다. 펭귄도 그렇고, 웜뱃도 그렇고, 지금 여기서 마주친 딩고도 그렇다. 진정한 야생의 땅이다. 딩고에게 쫓기던 캥거루는 과연 살아남았을까? 뛰는 속도로 봐서는 추격에서 벗어나기 어려울 듯 싶었지만, 바위산 뒤편으로 사라진 캥거루와 딩고의 운명은 하늘만 알 수 있을 것이다.

호스텔에 돌아와 여행준비를 위해 테라스에서 짐을 확인하고 있을 때, 갑작스레 소나기가 쏟아지기 시작했다. 앞으로 3일 동안 비가 내릴 거라는 예보다. 여행에 차질을 빚게 되는 건 아닌지 걱정이 들었다. 다행히 소나기는 10분이 되지 않아 그친다. 사막 지역에서 볼 수 있는 강한 스콜성 소나기다. 비에 젖은 대지만 1분 전까지 비가 내리고 있었다는 걸 증언할 뿐 다시금 건조한 바람이 불어왔다. 젖은 땅이 마르는 데는 금방이었다. 소나기가 내린 지 30분도 지나지 않아서 언제 비가 오기는 했던 건지 아무런 흔적도 남지 않는다.

이런 날씨는 처음이다. 방금 밖에서 벌어졌던 신기한 상황을 게스트하우스 스태프에게 말했더니 그는 대단치 않다는 듯 말했다.

"믿거나 말거나지만(You can believe or not), 100년 전에는 이곳에서 거대한 홍수가 일어난 적도 있었어."

1907년에는 대홍수로 마을 전체가 물에 잠기기도 했다는 그 말은 정말 믿거나 말거나지만 사막의 날씨는 알 수 없다. 앨리스 스프링스에 도착한 지 10시간 만에, 지금까지 갔던 호주의 모든 도시 중 가장 신선한 충격을 준 도시 1위의 영예를 이 마을이 가져갔다. 최단시간 1위 탈환이다. 이 영광을 바위산과 딩고, 그리고 건조기 같은 날씨에게 돌린다.

모든 것이 새로웠다. 모든 것이 낯설었다. 사실 이런 곳을 볼 수 있다는 것도 행운이다. 어제까지만 해도 우렁차게 쏟아져 내리는 폭포와 나무가 우거진 숲에 있었는데, 하루 만에 이런 황량한 사막이라니… 호주는 정말 스펙터클한 자연환경을 가진 나라가 아닐 수 없다.

새벽 5시 20분, 설렘이 나를 잠자리에서 일으켰다. 창문을 열자, 흙냄새를 가득 품은 선선한 바람이 밀려든다. 어제 쌌던 짐을 다시 점검했다. 카메라, 두꺼운 옷, 속옷, 수건 그리고 3일 동안 노숙을 하기 위한 마음의 준비까지. 숙식은 여행사에서 책임진다.

가져온 캐리어는 게스트하우스에서 보관해 주기 때문에 짐은 최대한 줄였다. 에이어의 농장으로 출근할 때처럼 나는 버스 창문에 얼굴을 기대고 반쯤 눈을 감은 채로 초코빵을 먹으며 허기를 달랬다.

"하이~ 에브리바디. 나는 이 투어를 진행할 그레이스고, 내 옆에 운전사는 해리슨이야."

오늘부터 3일간 울룰루, 킹스캐니언 투어 가이드인 그레이스가 자신을 소개했고, 우리도 돌아가면서 각자 자기소개를 했다. 이번 투어에는 15명이 참가했다. 여행 코스에 따라 다르기는 하지만 버스에 타고 있는 이들은 모두 항공료와 투어 비용으로 약 80만 원에서 100만 원을 지불했다.

앨리스 스프링스를 벗어난 버스는 끝이 보이지 않는 고속도로로 진입한다. 제한속도는 시속 130킬로미터. 통행차량이 드물고 경사나 커브 구간도 없다. 도로가 거의 일직선으로 뻗어 있다. 풍경은 몇 시간째 똑같다. 마치 졸음운전을 하라고 만들어 놓은 도로 같다. 세 시간 동안 똑같은 풍경을 달린 뒤 우리는 얼던다Erldunda에 도착했는데, 이곳은 지리적으로 호주대륙 정중앙이다.

혹시 넓고도 넓은 호주의 정중앙에 무엇이 있는지 궁금한 사람이 있는가? 이곳에는 도시에 비해 1.5배는 비싸게 기름을 파는 주유소가 하나 있다. 여기서 가장 가까운 주유소가 우리가 달려온 200킬로미터 떨어진 앨리스 스프링스에 있다는 것을 감안한다면 두 배가 넘는 가격이라고 해도 기름을 채울 수밖에 없지만, 자비로운 주유소 사장님 덕분에 1.5배 비싼 정도로 기름을 넣을 수 있었다.

다시 세 시간을 넘게 달렸다. 새벽 6시부터 차를 탄 이후 얼던다에서 잠시 머문 시간을 빼고는 7시간 동안 줄곧 차에만 앉아 있었다. 그레이스는 아침 일찍부터 출발해 하루종일 버스에 갇혀 있느라 지쳐 곯아떨어진 우리들을 깨웠다.

"자~ 우리의 첫 번째 목적지에 곧 도착합니다. 모두 오른쪽을 보세요."

그레이스가 버스의 오른쪽을 가리켰다. 오른쪽에는 아파트 20층 높이를 훌쩍 넘어설 바위 절벽이 늘어서 있다. 킹스캐니언Kings Canyon이다. 앨리스 스프링스를 출발한 지 7시간 만에, 500킬로미터를 달려 도착한 우리의 첫 번째 여행지다. 멀리서 거대한 바위산 정도로 보였던 거대한 협곡은 웅장한 자태로 우리들을 압도한다. 앨리스 스프링스에서 본 바위산은 동네 언덕 수준이다.

킹스캐니언 트래킹 코스는 난이도에 따라 길이 나뉜다. 우리는 가장 어려운 난이도를 도전했다. 어려운 난이도의 코스는 비가 오면 출입이 제한되지만 우리가 도착했을 땐 비가 오지 않아 들어갈 수 있다.

킹스캐니언의 높이는 약 150미터로 별로 높지 않다. 하지만 난이도까지 낮다고 생각하면 오산이다. 킹스캐니언은 흙으로 만들어진 산이 아니라 바위로 이루어진 협곡이다. 처음엔 호기롭게 발을 내딛었지만 조그마한 바위산 하나를 오르고 나니 바로 다리에 힘이 풀렸다.

길은 올라갈수록 험준한 바위 절벽들로 이어진다. 올라가면서 보는 바위 아래로 펼쳐진 사막과 아찔하게 깎아지른 협곡은 그야말로 거대하고도 장엄하다. 그야말로 자연의 위대함을 생생하게 보여주는 절경이다. 신이 고심하며 만들었을 작품이 아닐까 싶지만 킹스캐니언은 지구가 주연을 맡고, 비와 바람이 조연을 맡아 깎아낸 작품이다. 이곳 역시 그레이트 오션로드의 절벽처럼 현재진행형으로 침식이 계속되고 있다. 불과 18개월 전에도 거대한 바위가 떨어져 내린 적이 있다고 하는데, 언제 어디서 떨어질지 모르는 바위 낙석 때문에 등산객은 항상 절벽에서 5미터는 떨어져서 걸어야 한다.

중간 지점에는 협곡 사이로 떨어지는 물이 고여 만들어진 연못이 있다. 우리는 연못 옆 바위에 앉아 출발할 때 가지고온 샌드위치를 꺼냈다. 우리의 음식 냄새를 맡았는지 독수리가 날개를 펼친 채

우리 머리 위에 떠 있다. 독수리의 호위(?)를 받으며 샌드위치를 먹
고 있을 때 갑자기 소나기가 쏟아지기 시작했다. 우리는 비를 피하
기 위해 옆에 있는 동굴로 들어가 쏟아지는 비를 바라보며 샌드위

치를 먹었다. 그런데 비가 그칠 기미가 안 보인다. 오히려 더 거세진다. 그레이스는 더 있으면 폭풍우까지 불 것 같다며 비가 내리고 있었지만 얼른 내려가자고 했다. 카메라에 핸드폰도 가지고 있었지만 하필 제일 난이도 높은 코스를 선택한 우리에게 전자제품보다는 목숨이 더 소중했기에 투어가이드를 따라 비를 쫄딱 맞으며 바위산을 내려갔다. 바위산은 물을 제대로 흡수하지 못해 물은 돌 위로 흘러내려가 물길을 만들었다. 척박한 바위산도 비가 오면 계곡이 된다. 절벽에는 작지만 폭포도 만들어졌다. 하지만 폭포의 모습을 보고 싶다고 가까이 다가갈 순 없다. 그러면 정말로 목숨을 잃을 수도 있기 때문이다. 미끄러지지 않게 조심스레 내려가다 그레이스가 우리 모두를 세웠다.

"헤이~ 다들 계곡 옆에 서봐! 사진 찍어 줄게! 하나, 둘, 셋!"

모두가 사진을 보더니 웃었다. 작품명은 '쫄딱 젖은 생쥐들이 폭풍우를 피하기 위한 모습'이라고 지어졌다. 다행히 아무도 다치지 않고 바위산을 내려왔다. 하늘은 언제 그랬냐는 듯이 비를 멈추고 건조한 바람을 불어대기 시작했다. 바람을 10분 정도 맞으니 옷이 거의 말랐다. 우리는 다시 버스에 탔다.

다시 4시간을 달려 우리는 울룰루Uluru 국립공원에 도착했다. 그레이스의 말에 왼쪽으로 고개를 돌리자 부조화가 느껴질 정도로 거대한 바위가 지평선에 걸려 있다. 바위는 가까이 갈수록 점점 더 커지더니 결국엔 고개를 꺾어 올려다봐도 꼭대기가 보이지 않는다. 도대체 얼마나 높은 걸까?

"울룰루의 높이가 어느 정도인지 알아? 울룰루는 에펠탑보다 높다고~"

에펠탑의 높이는 약 320미터다. 울룰루는 약 350미터 높이로 솟아 있다. 마른 풀과 흙뿐인 황량한 사막 한가운데 솟아 있는 거대한 바위산, 없던 신앙심도 생겨날 것 같은 기분이다.

울룰루는 원래 원주민들이 둘로 나뉘어 서로의 왕국을 유지하고 있었다고 한다. 이곳은 경이로운 대자연의 보고이기도 하지만 원주민들의 왕국이기도 했다. 이민자들에 의해 개척이 시작되고 나서 호주 정부가 울룰루의 소유권을 (강제적으로) 취득했지만, 추후 원주민들에게 반환하고 지금은 호주정부가 임대하는 형식으로 관광객들에게 개방하고 있다. 임대인은 원주민이고 임차인이 호주정부인 임대계약이다.

우리는 150년 전까지 왕국을 유지하고 있었던 이곳에서 5킬로미터 떨어진 카라반파크에서 묵기로 했다. 이 카라반파크의 숙소는 군대에서 보던 방수포 텐트에서 높이만 높인 텐트였다. 콘크리트로 지어진 건물도 있지만 텐트에서 자는 것이 울룰루를 더 잘 느낄 수 있다. 비만 오지 않는다면 침낭 하나만 들고 야외취침(!)을 할 수 있다고 했지만, 오늘은 비가 와서 할 수 없었다.

잠자리에 들기 전에 이를 닦으러 밖으로 나갔다가 고개를 드니 은하수가 흐르는 하늘엔 별들로 빼곡하다. 호주에서도 몇 번 보지 못했던 은하수다. 칫솔을 입에 물고 텐트로 들어가 카메라를 꺼내 사진을 찍었다. 사진을 찍으면서 형 생각이 난다. 다행히 울룰루는 세계적인 관광지라 통신망이 구축되어 있어 사진을 형에게 곧장 보낼 수 있었다.

'종석이형, 나 지금 울룰루인데, 별 좀 봐. 대박이지? 은하수도 보인다!'

이렇게 좋은 건 나 혼자만 보고 있을 수는 없는 법이다.

다음 날 아침 6시, 우리는 일어나서 밥을 먹고 그레이스의 설명을 들으며 답사에 나섰다.

울룰루가 하나의 왕국이었던 시절, 왕국의 신민들은 수많은 동굴을 주거공간으로 활용했다고 한다. 여자만 들어갈 수 있는 동굴, 남자만 들어갈 수 있는 동굴, 어린이에게 사냥을 가르치는 교육 동굴 등이 있다. 원래 특정한 성별을 위한 동굴에는 다른 성별인 사람이 접근할 수는 없으나, 지금은 누구나 자유롭게 볼 수 있다.

하지만 사진촬영은 금지한다. 원주민들은 특정 문화가 있는 동굴 모습이 외부 세계로 노출되는 걸 꺼리기 때문이다. 이것은 지금도 이곳에서 지켜야 할 원주민의 규율 중 하나다. 물론 워낙에 넓어 안전요원이 일일이 사진을 찍는 것을 제지하는 것은 아니지만, 그들의 문화를 존중한다면, 아니 울룰루 바위를 걸으며 그 장엄함을 느낀다면 사진촬영 금지구간 앞에서 카메라는 자연스레 집어넣게 된다. 조상으로부터 물려받은 전통을 지켜가고자 하는 그들의 노력을 지지하면서.

예전에는 바위산을 올라가는 사람도 많았다고 한다. 하지만, 지금은 금지되어 있는데 그건 원주민들 사이에서 신성한 의미를 가진 장소이기 때문이다. 신성한 장소에 누군가 올라가는 것도 그들을 배려하지 않는 것이기도 하지만 에펠탑보다 높은 바위 꼭대기로 올라가는 동안 생리현상을 처리하기도 하고, 쓰레기를 버리는 사람들도 있기 때문이다. 바위를 만질 수 있는 구간, 바위 위를 걸을 수 있는 구간은 충분히 있으니 등반에 대한 욕심은 버리는 것이 좋다.

하루 종일 날씨가 흐렸다. 아침에는 구름이 가득해 사진을 찍어도 콘트라스트가 약해 쨍한 사진이 나오지 않는다. 청명한 울룰루를 보고 싶었지만, 하늘은 내 마음도 몰라주고 이슬비를 뿌렸다. 비는 점점 더 내려 가랑비처럼 내리기 시작했다. 카메라랑 핸드폰을 지키기 위해 비를 피할 곳을 찾아야 했다. 다행히 우리 바로 앞에는 비를 피할 곳이 마련되어 있었다. 인위적으로 지은 오두막이 아니라 울룰루 바위 밑이었다. 그레이스를 따라 우리는 같이 바위 아래로 들어가 비를 피했다. 나름 거금을 들여서 왔는데, 맑은 하늘 아래 울룰루는 보지도 못하고 이게 뭐람? 동굴에 앉자마자 몸도 마음도 피곤했다. 한껏 표정을 찡그린 채로 카메라렌즈를 닦고 있는 나에게 그레이스가 말을 걸었다.

"헤이, 장! 어때? 비가 오는 울룰루도 매력적이지?"

내 표정을 보더니 무슨 말이라도 걸어주려 했나보다. 대충 고개를 끄덕여주고 그레이스의 눈빛을 피해 고개를 오른쪽으로 돌렸다. 그런데, 누가 이 신성한 곳에 낙서를 한 것이다.

"어? 그레이스? 누가 저기다 낙서를 한 것 같은데?"

왜 이런 곳까지 와서 낙서를 한 걸까? 제발 한국 사람이 한 건 아니길 바라며 손가락으로 가리켰다.

"오~ 잘 찾았네? 마침 내가 설명하려고 했거든. 이건 낙서가 아니야, 안심해. 원주민들이 그린 문양이야."

비를 피하기 위해 들어간 동굴엔 원주민들이 새겨놓은 문양도 있었다. 이곳은 150년 전까지만 하더라도 원주민들의 왕국이었다는 증거다.

심지어 손으로 만질 수도 있게 아무런 펜스도 쳐져 있지 않았지만 내 손길로 인해 조금이라도 문양이 지워질까봐 차마 손을 대지 못했다. 그때 한 독일 친구가 우리를 밖으로 불러냈다.

"헤이~! 에브리 바디! 거기서 나와! 여기로 와 봐!"

독일 친구의 말에 그치지도 않은 가랑비를 맞으며 밖으로 나갔다. 물안개로 감싸인 울룰루가 보였다. 인터넷으로도 보기 힘든 모습이다. 가랑비에 바위 젖듯이 물을 맞은 울룰루의 색깔은 적갈색이었다. 예전 원주민들은 울룰루의 흙과 모래를 섞어 얼굴에 칠하고 다녔다고 한다. 길가에 흙을 주워 담으니 쉽게 지워지지 않을 듯한 질척한 흙이 손에 묻었다. 카메라를 들고 다녀야 하기에 옷에 묻혀 흙을 털어냈지만, 신비한 모습을 나타내는 울룰루의 모습은 감탄을 자아냈다. 물론 나뿐만 아니라 옆에 있는 모든 사람들이 메두사의 머리를 본 사람처럼 비를 맞으며 가만히 서 있었다. 이곳 외에도 바위를 걸으면서 원주민들이 새긴 문양을 볼 수 있었다. 손으로 만질 수도 있었지만 아마 날씨가 좋아 청명한 하늘 아래 있는 울룰루의 전경만을 보다가는 이런 문양을 제대로 보지 못했을 것이다.

군대에서 전역한 지 얼마 되지 않았을 때 알고 지낸 배준호 원장님이 계셨다. 진지한 화제로 대화를 나누는 걸 좋아하는 원장님과 나는 가끔 인생에 대한 이야기를 하곤 했는데, 하루는 내게 이런 이야기를 해 주셨다.

"인생을 살아가는 데 있어서 꼭 좋은 일만 있을 순 없잖아요. 내가 마주치는 감정에 최선을 다한다면 후회 없는 인생이 되지 않을까요?"

울룰루를 여행하는 동안 원장님의 말이 생각이 났다. 살아가는 동안 늘 웃으면서 살아갈 수만은 없다. 한 없이 슬픈 일, 한 없이 화가 나는 일도 있다. 그렇지만 그 감정도 내 삶의 일부이고 내가 느끼는 감정이다. 매 순간의 감정에 최선을 다해 살아가는 것이 후회 없는 인생을 사는 방법인 것처럼 여행을 할 때도 눈앞에 마주치는 풍경과 사람, 내가 느끼는 감정에 최선을 다하는 것이 후회를 남기지 않는 방법 아닐까?

울룰루의 날씨는 원주민들이 신성시하는 하늘이 결정하는 일이다. 하늘은 청명한 하늘 아래 울룰루를 내게 주지는 않았지만 비를 피하기 위해 바위 밑에 들어가게 해줬고, 원주민의 문양을 보여주었다. 물안개에 감싸인 바위까지 보고나니 하늘이 나에게 준 울룰루를 최선을 다해 느끼는 것이 이곳을 제대로 느끼는 방법이었다. 표정을 찡그릴 이유가 하나도 없었던 것이다.

그날 저녁, 우리는 해가 지는 울룰루를 보기 위해 차를 타고 멀리까지 나갔다. 울룰루의 하늘은 언제 그랬냐는 듯이 구름을 걷어 냈다.

처음 울룰루에 간다고 하니 '그래봤자 돌덩이'라고 하는 주변 사람들의 반응이 있었다.

하지만 나는 단지 돌덩어리만을 보지 않았다. 울룰루를 보기 위해 앨리스 스프링스에 도착한 순간부터 다시 돌아가기 위해 비행기를 탈 때까지 모든 순간이 여행의 순간이었다. 내가 본 건 지구에서 인간으로 태어나 볼 수 있는 자연 중 가장 장엄한 자연과 색다른 마을이었다. 날씨가 좋지 않더라도 실망하지 말자. 마주하는 날씨, 사람, 풍경에 최선을 다한다면 앨리스 스프링스와 울룰루는 여행자에게 분명히 큰 선물을 준다.

울룰루는 지구별을 여행하는 사람이라면 꼭 와볼 만한 코스이다. 아직 몇 십 년의 인생이 더 남았다. 여행한다는 자부심이 있는 사람이라면 꼭 울룰루에 가보자.

우리 모두는 선입견을 가지고 살아가고 있다. '선입견'이라는 단어 자체가 상대적인 개념이긴 하지만 '의견'이라는 단어와 비교해 보면 일반적으로 부정적인 문장에서 쓰인다. 이 선입견은 어떻게 내 머릿속에 들어오게 되는 걸까?

우리는 학교에서 선입견을 장님과 코끼리의 예시를 통해 배웠다. 만지라고 할 때다. 다리를 만진 장님은 코끼리를 기둥으로 생각히고, 코를 만진 장님은 코끼리를 거대한 호스로 생각하고, 몸통을 만진 장님은 벽으로 생각한다. 하지만 코끼리는 셋 다 아니다. 코끼리는 코끼리다.

나도 호주에 있으면서 노던 준주에 오기 전까지는 원주민에 대한 선입견을 가지고 있었다. 검은 피부, 제대로 영양분을 섭취하지 못해 부실한 몸…. 거기에 대부분의 원주민들이 정부에서 제공하는 복지 바우처로 생계를 유지하고 있는 처지에 놓여 있다는 것도 편견을 가지게 만들었다. 내가 앨리스 스프링스에 오기 전까지 만난 원주민은 2명이 전부였고, 그들은 나를 쳐다보지도 않았지만 나 역시도 그런 편견에서 자유로울 수 없었다.

지금도 호주에 거주하는 백인들 사이에서는 동네에서 밤마다 술을 마시고 소동을 일으키는 주정뱅이를 보고 원주민이냐고 묻기도 한다. 일부 백인들은 지금도 원주민들을 사회부적응자로 생각하고 차별한다.

하지만 조금만 더 자세히 알아보자. 그들은 원래부터 차별당해야만 했던 존재들이었을까?

호주의 이민역사를 볼 때 빼놓을 수 없는 것이 원주민 역사이다. 1700년대 후반, 유럽에서 건너온 이민자들은 원주민들에게 전혀 반갑지 않은 손님이었다. 이민자들이 땅에 발을 딛자마자 유럽 대륙에서 넘어온 전염병은 항체가 없는 원주민들의 목숨을 앗아갔다. 원주민과 이주민의 만남은 시작부터 처참했다.

하지만 운이 좋게 살아남은 원주민도 살아 있는 게 아니었다. 이민자들은 마주치는 원주민들을 무자비하게 학살했다. 이민자들에게 원주민들은 제거해야 할 대상이었다. 손이나 발이 잘리거나 성범죄의 대상이 되기도 했다. 특히 타즈매니아에서는 아서 총독이 이민자들에게 원주민을 사살해도 된다는 권리를 부여하면서 1800년대 후반에는 타즈매니아에 순혈 원주민들은 단 한 명도 남지 않을 정도였다.

이민자들은 원주민들을 자신들과 같은 '사람'으로 보지 않았다. 이민자들의 '문명'에 의해 원주민들의 '문명'은 이민자들이 가한 학살에 비하면 소극적인 수준의 저항만을 지속하다 소멸되었다.

하지만 이 땅에 수만 년 동안 터를 잡고 살아온 사람들은 원주민들이다. 힘의 우위를 바탕으로 약자를 정복한 자는 언젠가 더 강한 힘을 가진 자들에 의해 정복된다. 동물의 세계를 설명할 때 하는 말이다.

하지만 2차대전이 끝나고 1948년 세계인권선언을 통해 모든 인류는 평등해야 한다는 선언을 한다. 그 선언이 있기까지 원주민을 포함한 수많은 사람들이 힘의 우위를 지닌 자들에 의해 학살되고 나서야 우리는 깨달은 것이다. 물론 깨달음의 대가는 너무나 잔혹했지만 말이다.

물론 지금도 세계 곳곳에선 신분계급으로 차별하는 사회가 존재하고 있고, 내전 중인 나라들도 있다. 침략과 학살과 광기가 완전히 사라지는 세상은 영원히 오지 않을지도 모르겠다. 그럼에도 불구하고 지금 우리가 살고 있는 시대의 민주주의 수준은 인류 역사에서 최고의 수준이다. 또한 모든 인류는 존엄하고 평등해야 한다는 인권선언문이 지금 이 세계를 지배하고 있는 가장 강력한 힘이다. 이 시대를 살아가고 있는 우리들의 책무는 더 좋은 민주주의의 확산과 전쟁과 학살의 광기가 지배하는 세상을 막아내기 위해 연대하고 노력하는 것이다.

원주민 출신의 시인인 케빈 길버트Kevin Gilbert의 시 '수치심'의 일부를 보자.

'Shame' when we live on the river banks while collectin' our welfare cheques

(당신들이 말하는) 수치심은 우리가 강둑에 살면서 복지 수표를 모으는 때를 말합니다.

'Shame' when we're blind from trachoma

(당신들이 말하는) 수치심은 우리가 트라코마(눈병)로부터 눈이 멀 때를 말합니다.

'Shame' when we're crippled from blights

(당신들이 말하는) 수치심은 우리가 질병으로부터 절뚝거리는 때를 말합니다.

But I reckon the worstest shame is yours

그러나 나는 가장 큰 수치심은 당신들이 가지고 있다는 것을 깨달았습니다.

You deny us human rights

당신들은 우리의 인권을 부정하고 있습니다.

(케빈 길버트는 생을 마감할 때까지 호주정부의 원주민정책을 비판한 시인이다.)

앨리스 스프링스는 이민자와 원주민의 첫 만남이 다른 지역과는 달랐다. 처음 이곳을 발견한 개척자들도 이곳에 원주민이 살고 있다는 점을 알고 경계했지만 이 전신국 주위엔 아무것도 없다는 지역의 특수성을 고려해 원주민을 먼저 진압하는 방식보다는 방어적인 접근 정책을 취했다.

대표적인 예로 전신국에는 사람의 얼굴 크기 만한 총구멍이 있다. 공격하러 오는 토착민을 사살하려는 개척자들의 선택이었다.

하지만 이곳 원주민들은 개척자들에게 공격적이지 않았다. 개척자들에게 먼저 친근하게 다가갔고 개척자들은 마을을 확장해 가면서 필요한 노동력을 원주민들에게 부탁했다. 원주민들은 대가를 받으며 보육사, 요리사, 청소부 등으로 일했고 총구멍은 단 한 번도 사용되지 않았다. 그런 역사가 이곳 원주민과 백인들을 다른 지역에 비해 조화를 이루며 살아갈 수 있게 되었던 것이다.

나는 투어를 마치고 앨리스 스프링스로 돌아왔다. 앨리스 스프링스는 내가 떠나기 전처럼 마을 사람들의 1/3인 원주민들이 마을 이곳저곳에서 휴식을 취하고 있었다. 도착한 다음날 점심을 먹고 무료함을 달래기 위해 마을로 나갔더니 장이 열리고 있었다. 주민들이 직접 만든 음식과 수공예품을 팔았고 몇몇 상점에는 원주민들이 직접 만든 수공예품도 팔고 있었다. 공원 의자에는 원주민과 백인 주민들이 자연스럽게 수다를 떠는 모습도 보였다. 원주민이 점원으로 일하고 있는 패스트푸드가게와 슈퍼마켓에서도 원주민과 백인 주민들이 자연스럽게 섞여 살아가고 있었다.

이곳은 호주에서 가장 큰 원주민사회가 유지되고 있는 곳이며 원주민과 백인들이 평화롭게 함께 어우러져 살아가고 있는 곳이기도 하다. 선입견 없이 평등하게 대하는 지역 주민들과 원주민이 만들어낸 결과다.

그런데 왜 다른 지역에서는 그들을 차별의 시선으로 바라볼까? 나는 문득 우리나라 사회에서 보여지고 있는 장애인들에 대한 시선을 떠올렸다. 통계청에서 조사한 우리나라의 등록된 장애인 인구는 2017년 기준 약 250만 명이다. 그런데 20명 중 한 명꼴인 장애인은 우리 주위에서 쉽게 보이지 않는다. 출근시간에 사람이 미어터질 듯한 지하철에서는 물론이고, 축구를 응원하기 위해 서울역 광장에 가도, 심지어는 1주일에 한 번은 가는 대형마트에 가도 잘 보이지 않는다. 20명 중 한 명 꼴이면 하루에도 몇 명은 봐야 하는데, 그 많은 장애인들은 어디에 있는 걸까? 장애인들도 지하철을 타고 싶고, 축구를 응원하고 싶고, 마트에서 장거리를 사고 싶어 한다. 하지만, 우리가 그들을 바라보는 차별의 시선이 그들을 집 밖으로 나오지 못하게 하는 건 아닐까?

호주의 원주민들과 장애인이 한 묶음이라는 건 아니다. 호주는 장애인에 대한 배려가 세계 최고수준인 나라다. 대중교통을 타도 자주 보이고, 마트에 가도, 축제에 가도 먼저 배려하는 모습이 몸에 배어 있다.

나는 그런 배려의 마음을 원주민들에게도 해 주는 것을 바랄 뿐이다. 노던 준주 인구의 3분의 1이 원주민이지만, 가장 많은 수의 원주민들은 뉴사우스웨일스 주에 있다. 뉴사우스웨일스 사람들도 앨리스 스프링스 사람들처럼 원주민과 조화를 잘 이루었다면 어땠을까? 물론 원주민들의 의견도 들어봐야 한다. 200년 전 조상을 학살한 사람과 친하게 지내라는 게 말이 쉽지, 아니 말도 쉽지 않다. 하지만 적어도, 원주민들에 대한 차별의 시선은 거둬야 한다. 차별은 그 누구에게도 도움이 되지 않는다.

앨리스 스프링스를 떠나기 전날, 첫날 올라갔던 전망대에 올라가 시내를 내려다봤다. 그런데, 내 옆에는 원주민 여성분과 자녀가 있었다. 꼬마는 내가 신기했는지 계속해서 쳐다봤다. 꼬마가 엄마한테 나를 가리키며 이야기를 하더니, 어머니가 내게 다가와 물었다.

"헬로, 어디서 왔어요?"

"저요? 한국(Korea)에서 왔어요."

"Korea? 어디 있죠?"

"음… 중국 아세요? 그 옆에 있어요."

"아~ 땡큐~ "

아주머니는 몇 초간 나를 쳐다보더니 말을 했다.

"우리의 말로 'Hello'를 어떻게 이야기하는지 알아요?"

"아… 아니요? 미안하지만 모르겠어요."

아주머니는 아이의 어깨를 툭 치더니 아이가 이야기 했다.

"Palya!"(팔리야!)

원주민들의 단어로 '안녕'은 "팔리야!"라고 한다. 나도 꼬마에게 인사해 주었다.

"팔리야~"

호주정부는 원주민들에게 대규모 학살을 사과하고, 복지 수표 발행 등 행동으로도 그들을 배려하는 정책을 취하고 있다. 물론 그간 원주민들이 당한 상처에 비하면 비교도 되지 않는다. 그렇지만 정부의 노력보다 중요한건 호주 사회를 살아가는 구성원들이 그들에 대한 차별의 시선을 거둬야 한다는 것이다. 그들은 일부 백인들이 말하는 것처럼 주정뱅이도 아니고 지역 사회의 문제도 아니다. 코끼리는 코끼리인 것처럼 원주민은 원주민이다.

울룰루는 지금도 원주민의 소유이기 때문에 원주민들이 공원을 관리하고 기념품이나 먹거리를 판매한다. 앨리스 스프링스에서 일하는 원주민들 역시 기본적인 영어를 알고 있다. 하지만 나중에 울룰루나 앨리스 스프링스에서 원주민들을 만난다면 그들의 언어로 먼저 인사를 건네 보자.

"팔리야!"

아홉 달 만에 집으로

남호주는 프랑스, 칠레와 어깨를 나란히 견주는 와인 생산지다. 브리즈번에서부터 타즈매니아까지 와인을 생산하는 곳은 많지만 가장 인정을 받는 것은 남호주산이다. 호주 국립와인센터(National Wine Centre Of Australia)도 애들레이드에 있다. 애들레이드에서 꼭 가봐야 할 곳은 바로 국립와인센터와 근교에 있는 와인 생산지 바로사Barossa다.

바로사는 시내에서 꽤 멀다. 거리상으론 70킬로미터 정도 떨어져 있는데 대중교통을 통해 가려면 애들레이드 역에서 한 시간 정도 시외로 나가는 전철을 타고 종점까지 간 뒤, 버스로 갈아타고 30분을 더 가야 한다. 대중교통으로는 왕복 3시간, 자동차로도 왕복 2시간이 걸리지만, 호주 와인의 심장이라고 불리는 곳을 가지 않을 수는 없다.

전철이 애들레이드 시내를 벗어나자 사람들이 모두 내리고 나 혼자 남았다. 할머니가 싸준 유부초밥은 없지만, 마치 소풍을 가는 것 같은 기분이었다. 전철 종점에서 내려 바로사로 가는 버스를 탔는데, 이 버스도 텅 비었다. 아무리 연차를 쓰기 애매한 수요일이라고 하지만 이렇게 한가하리라고는 생각하지 못했다. 버스를 타고 20분 쯤 달리자 바로사에 도착했다는 표지판보다 도로의 양 옆으로 펼쳐친 포도밭이 호주 최고의 와인 생산지라는 걸 알려 준다. 커튼을 제치고 차창밖을 내다보니 구름 한 점 없는 하늘에 떠 있는 태양이 줄을 지어 자라고 있는 포도나무 밭에 햇볕을 뿌리고 있다.

바로사 마을의 관광안내소는 드넓게 펼쳐진 농장 중심지에 있다. 영에서는 체리농장이 마을에서 최소한 3킬로미터는 떨어져 있었는데, 여기는 관광안내소, 식당, 기념품가게 등 마을의 중심가 바로 옆에 포도농장이 있었다.

마을의 곳곳에는 정장을 입은 사람들이 포도밭을 둘러보고 있었는데 아마 와인회사의 관계자가 아닐까 싶다. 이곳은 내륙지방으로 가는 길목이어서 수많은 차량들이 지나다닌다. 내륙으로 들어가는 사람들은 와인을 사기 위해 잠시 차를 세웠고 다양한 음식을 파는 식당들도 많았다. 맛있는 술이 있는 곳엔 맛있는 음식이 따라온다는 말이 사실인가보다.

일단 관광안내소로 갔지만 사실 무엇을 해야 할지는 좀 막연했다. 와인을 한 병 사서 마실까? 그러기엔 양이 너무 많다. 그럼 그냥 여기저기 마을을 돌아다니며 구경해야 하나? 그때쯤 직원이 먼저 말을 걸어왔다.

"필요한 게 있으신가요?"

"음… 제가 와인의 마을은 처음인데, 저에게 추천해 주실 만한 곳이 있나요? 레스토랑이든, 기념품가게든?"

"어느 와인 마을을 가셔도 이곳 만한 곳은 없을 거예요. 매일 오전 11시와 오후 2시에 북쪽에 있는 와인농장에서 와인의 역사를 설명해 주는 투어가 있는데, 참가해보시는 게 어떠세요? 가격은 20달러예요. 지금이 10시 30분이니 지금 가시면 들을 수 있을거예요."

"가이드가 포함된 투어요? 제가 이해할 수 있을까요?"

"제말을 이해하셨다면, 이해하실 수 있을텐데요?"

직원에게는 왠지 한 방 먹은 기분이었다. 하지만 기분은 좋았다. 그래, 어제 시사평론도 알아들었는데 가이드투어라고 못 알아들을까? 직원이 알려준 대로 몇몇 포도농장을 가로질러 한 농장의 오래된 건물 앞에 도착했다. 높이가 4미터는 되어보이는 문을 열고 들어가니 기분이 좋을 정도의 서늘한 공기가 내 몸을 감쌌다.

투어를 신청한 사람은 멜버른에서 온 아주머니와 나 딱 둘뿐이었다. 역시 여행지는 화요일이나 수요일이 가장 한가한 날인 것 같다. 가이드투어는 소수정예로 진행되었다.

"OK, Mr. 장! 왜 이곳 와인이 유명한지 아시나요? 먼저 설명해 드리죠."

나와 멜버른 아주머니는 정원에 앉아 치즈를 먹으며 가이드로부터 호주의 와인 역사에 대해 들었다. 호주대륙에 포도나무가 들어온건 유럽 이민자들에 의해서였다. 이민 역사를 통틀어 가장 먼저 포도가 들어온건 1700년 후반 시드니였는데, 이민자들은 시드니 서쪽에 있는 높은 언덕에 포도밭을 일구었다. 시드니 서쪽은 체리의 수도로 불리는 영을 말한다. 영과 바로사는 기후가 비슷하고 언덕이 많다는 공통점이 있는데, 내가 영으로 체리를 따러 갔을 때도 주변에 많은 포도밭들이 있었고, 또 체리로 와인을 만들기도 했다.

남호주에 포도나무가 처음으로 들어온 건 시드니에 포도나무가 들어오고 50년 뒤였다. 하지만 남호주에 들어온 포도나무는 시드니가 아닌 남아프리카 공화국에서 가져온 포도나무였다. 먼저 포도나무가 들어온 시드니를 제치고 남호주가 호주의 와인의 중심이 된 것은 지중해성 기후와 비옥한 토양 때문이었다.

가이드가 안내한 숙성장은 거대한 냉장고였다. 온몸에는 소름이 돋았고 강렬한 와인 냄새가 풍겼다. 생년월일이 적힌 저장고 속에서 와인이 나이를 먹어가고 있었다.

와인 투어의 하이라이트는 시음이다. 호주, 그 중에서도 바로사 밸리의 주력 상품 중 하나는 쉬라즈 와인Shiraz Wine이다. 원산지가 이란인 이 품종은 프랑스와 남아공으로 건너갔다가 호주까지 왔는데, 지금은 원산지인 이란을 제치고 전세계에서 가장 품질이 뛰어나다는 평을 얻고 있다.

1/3쯤 잔에 채워진 와인은 마치 생명의 샘물을 떠온 것 같았다. 향을 음미하고, 혀 끝에서, 천천히 목젖으로 넘기며 마치 평가단이

나 된 것 마냥 온몸의 신경을 후각과 미각에 집중했다. 맛은 진했고 부드럽게 목젖을 타고 넘어갔다. 물론 나는 와인에 대해서는 완전 무지렁이였다. 광고에 등장하는 '부드럽고 진한 맛'이라는 표현이 가식이라고 생각하곤 했었는데, 그 말을 믿게 되었다. 입안에 남아 있는 향이 잠자리에 들기 위해 이를 닦기 전까지는 계속해서 맴돌 것 같았다. 혹시 리필은 안 되나? 한 잔 더 달라고 하면 줄까? 날 미친사람으로 보진 않을까? 그냥 체면을 내려놓고 한 잔만 더 달라고 할까?

원래는 한 사람당 한 잔을 제공하지만 우리 둘뿐이어서 특별히 한 잔씩 더 마실 수 있었다.

남호주 이민역사와 함께 시작된 이곳 와인의 역사는 신기한 점이 많다. 투어를 마치고 나서 기념품을 구입한 뒤에 나가다 보니 투어를 위해 십여 명의 사람들이 대기하고 있었다. 우리는 둘 뿐이었지만 평소엔 많은 사람들이 투어를 신청한다고 한다면서 직원은 나를 보고 'Lucky Man'이라고 말했다. 이렇게 소수정예 투어를 하다니… 와인도 한 잔 더 얻어 마시고… 역시 난 정말 행운아야. 딸꾹!

나중에 한국에 돌아와 호주산 쉬라즈 와인을 보고는 투어를 하며 마셨던 맛이 생각나 현지보다 2배나 비싼 가격을 주고 샀지만, 아쉽게도 그 '부드럽고 진한'맛은 느낄 수 없었다. 만약 애들레이드에 가게 될 기회가 있다면 남호주산 와인을 꼭 마셔보자. 지금까지도 그곳에서 맛보았던 와인 맛은 잊을 수 없다.

"헤이, 스윗가이! 잘 잤어?"

눈곱도 떼지 않은 부스스한 얼굴과 잠옷차림으로 방에서 나가자 게스트하우스 매니저가 아침인사를 건넨다. 주방에 모여 있던 다른 친구들 또한 엄지를 치켜세우며 아침인사를 건넨다. 자고 일어났더니 스타가 되었다는 영화 주인공이 된 기분이다. 지금이라도 멋진 싸인이라도 만들어야 하나? 크로아티아에서 온 여자는 옆자리에 앉아 내 어깨까지 두드려준다.

"굿모닝~ 장, 어제 와인 너무 고마웠어."

어제 바로사에서 사왔던 와인을 매니저를 비롯한 다른 투숙객들과 나눠마셨더랬는데 아마도 그에 대한 보답인사인 것 같다. 와인 한 병과 인기를 맞바꿨으니 나름 남는 장사를 한 것 같다. 물론 이런 인기도 내일 모레가 되면 거품처럼 스러질 것이다. 한국으로 떠나는 날이기 때문이다. 이제 마치 영화와도 같았던 호주생활도 얼마 남지 않았다. 내일은 하루종일 게스트하우스에 머물며 출국준비를 해야 하므로 여행은 오늘이 마지막이라고 할 수 있었다.

조금은 싱숭생숭한 마음으로 카메라를 챙겨 게스트하우스를 나섰다. 그런데 곧 난감한 문제에 부딪혔다. 갈 곳이 없다. 1박2일이나 2박3일로 갈 수 있는 여행지는 많았지만, 당일치기로 갈 수 있는 곳은 마땅치 않다. 백화점, 맛집, 공원 등 즐길거리는 많지만 이미 여러번 해본 일이다. 오늘 하루동안 갈 만한 곳은 없을까?

게스트하우스로 돌아가 매니저에게 갈 만한 곳이 있는지 묻자, '한돌프'를 추천한다. 독일식 마을이다.

가는 방법은 아주 간단했다. 게스트하우스 바로 앞에 있는 정류장에서 버스를 타면 한돌프 관광안내소까지 곧장 갈 수 있다. 1시간 정도 거리지만 매니저와 이야기를 나누다가 한 시간마다 오는 버스를 놓치고 말았다.

"그런데, 애들레이드에는 왜 온거야? 시드니나 멜버른으로 가지 않고?"

"그곳엔 이미 가봤거든. 이곳이 한국으로 돌아가기 전 마지막 여행지야."

앨리스 스프링스에서는 한국으로 돌아가는 노선이 없다. 비행기를 타려면 대도시로 나가야 하기 때문에 한 번도 방문한 적이 없었던 애들레이드로 왔던 것이다.

한돌프는 산 중턱에 있는 마을이다. 버스는 협곡 사이로 뚫린 길을 올라갔다. 마치 남산을 올라가는 느낌이다. 남호주에서 가장 큰 도시에 있는 도로라고 하기에는 꽤나 험했다. 신기하다는 생각을 하기 전에 먼저 위험을 느끼게 되는 도로다. 경사가 심한 내리막에는 'Runaway Truck Lane'이 설치돼 있다. 무게가 많이 나가는 트럭이 속도를 제어하지 못해 사고가 일어날 수 있기 때문에 갓길에 자갈을 깔아 트럭이 속도를 제어할 수 있도록 한 것이다. 트럭이 속도를 제어하지 못한다 싶으면 이 갓길로 빠져나가도록 설치한 것이다. 호주에서는 한국에서 흔치 않은 15톤이나 20톤짜리 대형트럭이 물류운송에 많이 사용된다.

버스는 1시간 동안 위험한 경사로를 오르고 나서야 산 중턱에 있는 한돌프에 도착했다. 한돌프에 내리자마자 나를 맞이해 준 건 바람이었다. 마을은 강한 바람속에 잠겨 있었다. 마치 거대한 선풍기를 틀어놓은 것 같다. 늦여름 날씨 치고는 꽤나 쌀쌀했다. 길가에 줄줄이 서 있는 플라타너스가 그늘을 드리워 더 춥게 느껴진다.

한돌프에 대한 정보는 별로 없었다. 산 중턱에 있는 독일식 마을이라는 게 정보의 전부다. 몸을 녹이려고 카페를 찾아 들어가 플랫화이트를 주문했다. 건물 분위기가 예사롭지 않다. 카페 중앙에 놓여 있는 장작 난로와 벽돌로 된 벽은 시멘트로 땜질이 되어 있다. 오랜 연륜을 증언하는 것 같다. 딱 봐도 우리 할머니보다 나이가 많을 것 같다. 키피를 가져온 점원에게 소심스레 물어본 결과로는

1863년에 지어진 건물이라고 한다. 한돌프 최초의 카페라고 하는데, 1800년대 중반 추위로부터 살아남기 위해 꼭 필요했던 난로는 지금까지도 카페에 온기를 공급하고 있다.

한돌프는 150년 전 독일인들이 일구어놓은 마을이다. 이 카페를 비롯해 관광안내소, 교회, 모텔, 우체국 등은 리모델링을 거치긴 했지만 모두 지어진 지 100년도 더 된 건물들이다. 처음 호주에 온 유럽인들은 영국인인데 왜 독일인들까지 이곳에 와서 마을을 만들었을까? 지도에는 한돌프의 역사도 설명해 주고 있었다.

처음 이곳으로 이주한 독일인들은 루터교 신자들로 종교적 박해를 피해 이주한 종교적 난민들이었다. 1838년 8월, 선장 한Hahn의 배는 종교의 자유를 원하는 사람들과 함께 독일 함부르크를 떠난다. 지금도 새로운 나라에 가서 사는 것은 인생에 있어 가장 큰 도전으로 이야기되는데, 인터넷도, 휴대폰도, 심지어는 제대로 된 항해지도도 없었던 그 당시에는 얼마나 큰 두려움을 안고 떠났을까? 목숨을 건 항해는 배의 돛이 찢어지고, 질병으로 인해 배 안에 있던 많은 사람들의 목숨을 제물로 바치고 나서야 그해 12월, 애들레이드 항에 도착한다.

처음에는 항구 근처에 있는 지금의 애들레이드 시내로 들어왔지만, 이미 정착한 사람들이 있어 새로운 곳을 찾아 떠나야 했다. 선장 한은 도시를 떠나 산으로 올라가 마을을 지을 만한 곳을 찾다 지금의 한돌프 마을이 있는 땅을 찾았다. 안내 책자에서는 '선장 한은

이곳을 지구상에서 가장 아름다운 장소라고 이야기했으며, 배에 있던 사람들을 이곳에 정착시킬 생각을 하니 무척이나 기뻐했다.'고 기록하고 있다.

한돌프 마을은 도시와 적당히 떨어져 있었고 평지와 언덕이 고루 분포되어 있어 마을과 경작지를 구분하기 쉬운 지형이다. 지금의 기준으로 보면 한돌프보다 그레이트 오션로드나 울룰루가 더 아름답지만 그 당시 사람들에게 아름다운 곳은 생존이 가능한 곳이었다. 또한 무엇보다 이들에게 중요한 건 루터교 교회를 세우는 것이었다. 한은 이민의 목적이기도 한 종교의 자유를 위해 교회를 세우는 데도 큰 공을 들였고, 그곳에 정착한 독일 사람들은 한의 업적을

기려 이 마을의 이름을 한돌프라고 부르는 것에 동의했다. 한돌프
는 독일어로 '한(Hahn)의 마을'이라는 뜻이다.

한돌프는 150년이 지난 지금까지 독일식 문화를 그대로 유지
하고 있다. 독일 국기가 걸린 가게마다 수공예품, 비누, 옷, 독일식
모자 등 장인의 손길이 들어간 기념품들을 팔고 있다. 호주에는 독
일인들의 정착지가 몇 군데 있지만 그중에서 한돌프가 가장 잘 보
존이 되어 있고 많은 관광객들이 방문하는 곳이다. 마을의 모든 구
성원들이 자신들의 문화에 자부심을 느끼고 보존하기 위해 노력
한 결과다.

한돌프에 온 여행자라면 꼭 가봐야 할 곳이 있다. 바로 한돌프 우

체국이다. 우체국 건물 역시 100년이 넘은 건물을 리모델링하고 사용하고 있는데 지금도 우편물을 접수하거나 세금을 내기 위해 사람들이 찾는다. 우체국은 호주의 정신을 대표하기도 하는데, 호주 우체국은 넓은 땅을 가진 나라에서 배송 사고를 거의 내지 않는 호주인들의 자부심이기 때문이다.

그런 호주 한돌프 우체국에는 여행자를 위한 콘텐츠가 하나 있다. 한돌프 마을이 그려진 국제엽서를 단돈 2.2달러에 발송할 수 있도록 한 것이다. 2천 원도 안 되는 돈이니 고민하고 주저할 필요는 없다. 누구에게 엽서를 보낼까? 내가 나에게 엽서를 보내는 것도 재미있을 것 같았다. 초등학교 이후로는 처음이다.

'석호야, 이 엽서를 받을 때면 너는 호주를 많이 그리워하고 있겠지? 그리고 또다른 여행을 꿈꾸고 있을 거야. 호주에서 경험했던 좋은 기억들을 간직하면서 또 다른 여행이 찾아오면 제대로 즐겨보자!'

쓰고나서 보니 손발이 오그라들었다. 에라 모르겠다, 일단 보내자!

엽서 두 통을 부치고 우체국을 나왔다. 왼손에는 지도, 오른손에는 카메라를 들고 주변을 두리번거리며 발걸음을 옮겼다. 이곳은 인터넷보다는 관광안내소에서 받는 지도에 훨씬 더 많은 정보가 담겨 있다. 여행지를 검색하면 주변 맛집부터 관광상품까지 한눈에 보기 쉽게 정리된 자료들로 넘치는 우리나라에서는 상상하기 어렵지만 호주는 땅덩어리가 워낙 넓고 인터넷 커뮤니티가 덜 활성화되어 도시를 제외한 관광지는 직접 가야 제대로 된 정보를 얻을 수 있다.

덕분에 지도와 함께하는 여행이 가능하다. 지도에 표시되어 있는 곳을 찾아 골목길의 모퉁이를 돌아가자 더 이상 예배를 드리지 않는 루터교 교회를 발견할 수 있었고, 다른 골목길을 들어가 허름한 건물 사이에 있는 미술관에서는 원주민의 예술 작품을 발견할 수 있었다. 2차세계대전이 일어날 때 문을 연 아이스크림 집에서 아이스크림을 먹고, 마을이 세워진 때부터 지금까지 영업을 하고 있는 스테이크 집에서 먹은 스테이크까지 모두 인터넷이 아니라 지도에 나와 있는 내용이었다.

한국사람들에게 남호주는 인기있는 관광지가 아니다. 지금도 인터넷에 호주 여행을 검색하면 시드니나 멜버른의 유명한 관광지 위주로 추천 코스가 짜여져 있다. 나 역시도 누군가가 짧은 기간 동안 호주를 여행한다고 하면 시드니나 멜버른, 그리고 브리즈번을 추천할 것이다. 단순히 즐길거리가 더 많기 때문이다.

하지만 여행 기간에 어느 정도 여유가 있다면, 또는 지도와 함께하는 여행을 원한다면 애들레이드, 그 중에서 한돌프는 어떨까?

어제 방문했던 바로사와 한돌프는 다른 사람들이 짜 놓은 여행 코스가 없다. 직접 지도를 보고 코스를 만들면서 여행해야 한다. 때로는 직접 발걸음을 해야 하기에 발이 아플 수도 있다. 예상치 못한 날씨에 카페에 들어가 몸을 녹여야 할 수도 있다.

하지만 편안하고 익숙한 여행을 벗어던지고 나니 시야가 넓어졌다. 호주 여행의 마지막까지 예상치 못한 여행지에서 예상치 못한 행복을 맞이하다니. 아침까지 들었던 착잡한 마음은 불어오는 바람과 함께 잠시나마 사라졌다. 익숙한 상황에서의 행복이 아닌, 낯선 상황에서의 행복을 경험할 수 있는 곳, 바로 그곳이 한돌프다. 진정으로 즐길 줄 아는 사람들에게 애들레이드는 가공되지 않은 원석 같은 곳이었다. 정답을 찾기 위해 고군분투 하는 사람들만이 그 해답을 찾을 수 있는 곳이다. 애들레이드를 마지막 여행지로 선택한 내 결정은 최상이었다.

다시 버스를 타고 게스트하우스로 돌아오자, 카운터에 있던 매니저가 나를 반갑게 맞이해 준다.

햇살이 창문을 통해 쏟아져 들어왔다. 빌딩 사이로 태양이 솟아올랐고, 트램이 경적을 울리며 거리를 지나갔다. 호주에서 지냈던 여느 날처럼 갓 구운 미트파이로 아침을 때운 것까지도 아주 일상적이었다. 하지만 다른 것이 하나 있었다. 내 가슴속에 일렁이고 있는 감정이었다. 오늘은 호주에서의 한때를 마치고 한국으로 돌아가야 하는 날이었던 것이다.

"헤이~ 오늘 한국으로 간다고? 가서도 잘 지내, 굿 럭!"

게스트하우스 매니저와 삭별인사를 나누고 공항으로 가는 버스에 올라 지나간 시간들을 돌아보았다. 그동안 즐겼던 음식들, 만났던 사람들, 대자연의 풍광과 거기에 속해 숨 쉬며 살아가는 생명들… 그 모든 것들이 벌써 그리웠다. 비행기는 온힘을 다해 활주로를 내달려 하늘로 치솟았고, 시공이 뒤섞인 상념의 우주를 날아 한국으로 향했다.

처음 호주로 떠날 때 내 마음속에는 막연한 두려움이 자리하고 있었다. 단돈 50만 원을 들고 1년이라는 시간 동안 살아내야 할 낯선 세상, 내가 가지고 있는 건 단지 젊음 하나뿐이었다. 그동안 익숙했던 삶에서 벗어나 한 번도 접해보지 않았던 삶의 방식에 녹아들어 살아가야 한다는 건 짧은 내 삶의 역정에서 보면 쉽지 않은 일이었다. 그래도 나는 아직 열 번은 실패해도 계속해서 도전할 수 있는 기회를 가지고 있다는 믿음 하나로 지난 일 년의 시간은 두렵지 않았다.

호주로 떠날 때 들고 갔던 50만 원은 9개월 뒤 한국에 돌아올 때 500만 원으로 불어나 있었다. 물론 내 인생을 바꿀 만큼 큰돈이라고 할 수 있는 돈은 아니다. 워홀을 떠난 다른 사람들에 비해서도 적은 돈이다.

하지만 나는 돈을 벌기 위해 호주로 갔던 게 아니었다. 나는 나의 의지와 역량을 시험하고 싶었고, 이겨낼 수 있는지 나 자신에 대한 믿음을 채울 수 있기를 바랐다. 많은 시간들을 여행을 하며 보고 싶고 경험하고 싶었던 것들로 채웠다. 그것은 내가 나머지 삶을 살아가는 동안 마르지 않는 에너지의 원천이자 추억이 되어 줄 것이다.

호주에서 보냈던 시간들은 내게 주어진 인생에 정해진 답이란 건 없다는 가르침이었다. 정답은 내가 만들어가는 것이다.

나는 호주 로드트립으로 약 12,000킬로미터를 여행했다. 여행을 하는 동안 나는 대부분 텐트, 컨테이너, 게스트하우스 등에 머무는 거주자였다. 그곳이 나의 집이었다. 마음이 머무는 곳이라면 그 어디든 집이 될 수 있다는 걸 나는 배웠다.

호주 워홀은 지금까지 내가 해왔던 어떤 여행과도 달랐다. 하나에서 열까지 확실한 건 아무것도 없었다. 목적지의 지명을 제외하면 아무런 정보도 없이 차에 올라 운전대를 잡는 일이 허다했다.

폭우를 뚫고 도착한 마을에 이미 방이 없어서 비를 맞으며 길가에 텐트를 칠 때 나는 무슨 생각을 했던가? 시골 고속도로 휴게소에 잠시 차를 세웠다가 갑자기 시동이 걸리지 않아 도움을 받기 위해 2시간 동안 찬바람을 맞으며 손을 흔들던 때는 또 무슨 생각을 했던가.

무엇보다 커다란 배움은 타인을 돕고 도움에 감사할 줄 아는 사람으로 다시 태어나게 되었음이다. 다른 사람과 원만하게 공동체를 이루며 생활하기 위해서는 필수적인 품성이었고, 나는 그런 성품을 종석이 형과 함께 하면서 자연스레 익히게 되었다. 감사하는 사람으로 다시 태어났음이다. 형은 늘 자신의 옷을 세탁기에 넣으며 내 빨랫감까지도 함께 챙기곤 했다. 아무것도 아닌 것처럼 말없이 보여주는 그런 행동들이 이슬비에 옷이 젖듯 내게도 스며들었던 것이다.

사실 여행을 하면서 무언가를 배운다면, 어떤 지혜를 깨우치는 계기가 된다면 그것은 모두 사람으로부터 연유한다. 그런 면에서 형과 함께 일을 하고, 로드트립을 할 수 있었던 것은 내게 엄청난 행운이었다. 일부러 가르치려고 했던 건 아니었지만, 아니 만약 형이 그렇게 했더라면 나는 반대로 튕겨져 나갔겠지만 나는 알게 모르게 형으로부터 많은 영향을 받았고, 배우고 있었던 것이다. 그러니까 형은 암중의 스승이었던 게다.

한국으로 돌아오고 난 뒤 나는 친구들을 만나며 이어질 삶에 적응을 준비했다. 내가 자리를 비웠던 시간 동안 변한 것은 아무것도 없었다. 달라진 건 나 혼자였다. 식당에 가면 음식이 나올 때까지 시계만 들여다보던 내가 이제는 여유 있게 친구들과 대화를 나누고 있었고, 하나라도 더 가지지 못해 안절부절 하던 내가 아니라 나눠주고 싶어 하는 마음을 낼 줄 아는 내가 있었다. 남들보다 빨리 가려고 아등바등 했던 내가 어느 순간 느긋해지고 여유를 품을 줄 알게 되었다.

어쩌면 그건 사소한 일들에 불과할 수도 있다. 하지만 모든 변화는 그런 사소한 것에서부터 시작된다.

한국으로 돌아오고 나서 약 3주 뒤, 한돌프 마을에서 나에게 썼던 국제엽서가 도착했다.

epilogue

호주로 워홀을 떠나기 전 지인들은 내게 이런 말을 했다.

"호주로 워홀을 가느니 그동안 자격증이라도 하나 더 따는 게 스펙에 도움이 되지 않겠어?"

그들은 내 장래를 걱정하는 사람들이었다. 틀린 말은 아니라고 생각한다. 워홀로 호주에 가 있는 동안 준비를 한다면 취업을 위한 자격증 하나라도 더 딸 확률이 높고 그게 장기적인 인생 설계에 더 도움이 될 수 있기 때문이다.

하지만 과연 그것만 정답일까? 그저 그런 표정을 짓고 있는 내게 사람들은 약속이라도 한 것처럼 꼭 한마디를 덧붙인다.

"현실적인 부분에서 말해 주는 거야."

생존경쟁은 치열하고 미래는 불투명하다. 그리고 사람들은 모두들 정답이라고 믿는 길, 즉 좋은 직장과 많은 돈을 벌 수 있을 것처럼 보이는 길들로 어깨를 밀치며 달려간다. 아마도 토익 점수를 올리거나 유이하다고 믿는 자격증을 최대한 따는 것이 그런 성공을 거두는 유일무이한 길이라고 믿는 것 같다.

하지만 삶은 이렇게 단순한 것 같지 않다. 삶에서 정답이란 게 어디 한 가지뿐이겠는가? 긴 여행을 떠나보고 싶다면 이런 구태의연한 사고방식에서 벗어나야 한다.

당장의 현실에 집중한다면 떠날 수 없다. 콜럼버스는 항구를 떠남으로써 미지의 땅에 닿을 수 있었다. 여행과 현실의 틀을 같은 잣대로 놓고 저울질한다면 그 어느 곳으로도 갈 수 없다. 여행은 내면에서 피어나는 꽃을 찾아가는 것이고, 부딪히면서 겪고 경험하는 것이다.

나는 종종 여행을 한 편의 영화와 비유하곤 하는데, 만약 여행의 모든 과정이 확정된 상태로 간다면 결말을 뻔히 알면서 극장을 찾는 것과 무엇이 다르겠는가. 여행은 사람들이 기피하는 무지의 세계, 그래서 두려움의 파도가 몰아치는 난바다로 항해를 시작함으로써 다양한 삶을 접하고 내 삶의 방향을 찾아가는 과정이다. 현실적이지 않은 여행도 직접 가면 현실이 된다.

워홀은 목표를 정확히 설정하고 가야 한다. 물론 그저 놀다가 온다고 해서 문제를 삼을 이유는 없다. 하지만 즐기는 것으로 꼬박 채우고 오고 싶지는 않다면 분명한 목적을 설정하고 가야 한다. 꼭 호주 워홀만 그런 것도 아니다. 다른 모든 여행에서도 마찬가지다.

호주 워홀을 하는 사람들은 크게 세 가지 목표를 가지고 온다. 돈 모으기, 영어 배우기, 여행하기. 이 세 토끼를 모두 잡는 건 쉽지 않은 일이다. 마치 눈앞에 있는 바닐라, 딸기, 초코 맛 아이스크림을 다 먹고 싶은 것과 비슷하다. 물론 세 가지를 다 먹을 수는 있다. 하지만 그렇게 하면 배탈이 나거나 하나의 맛도 제대로 느끼지 못하게 되지는 않을까?

욕심을 버리고 세 가지 맛 중 한 가지 맛만 제대로 느껴도 잘 먹은 것이다. 나머지 두 개는 맛만 보아도 된다. 나처럼 생활을 영위할 정도로만 돈을 모으고 이곳저곳을 여행할 수도 있고, 다른 친구들처럼 한 도시에만 머물면서 야간수당까지 알차게 챙겨 한국에서 일하는 것보다 몇 배나 많은 수입을 올릴 수도 있다. 정해진 답은 없다. 내가 하고 싶은 대로 하면 그게 정답이다. 하지만 내가 하고 싶은 것을 확실하게 알고 목표를 정확히 설정해야 한다.

물론 워홀을 다녀와서 후회를 하는 사람들도 꽤 있다고 한다. 나역시 잠시 그런 생각이 들기도 했다. 특히 안 좋은 일들을 당하게되면 '내가 생각한 워홀은 이런 게 아니었는데…' 라는 생각과 함께후회가 밀려온다.

그렇다면 어떻게 해야 후회하지 않는 호주 생활을 즐길 수 있을까? 배준호 원장님이 내게 이런 말을 해 주었다.

"인생을 살아가는 동안 꼭 좋은 일만 있을 순 없지. 하지만 지금겪고 있는 감정에 최선을 다한다면 후회 없는 인생이 되지 않을까?"

늘 웃는 인생은 없다. 그런 사람은 전 지구에서 단 한 사람도 없다. 억지로 슬픔을 감추고 밝은 척 하면서 살아가는 것은 내면과 외면을 괴리시키고 마음을 혹사할 뿐이다. 살다보면 한 없이 슬픈

일, 한 없이 화가 나는 일도 있다. 하지만 그 모든 감정도 내 삶에 일부이고 내가 느끼는 감정이다.

나는 지금도 매 순간의 감정에 최선을 다해 살아가자는 좌우명을 곱씹으며 살고 있다. 이는 여행을 할 때도 마찬가지다. 사실 여행도 별 게 없다. 지금까지 살아온 삶과 내용만 다른 삶일 뿐이다. 슬픔을 감추고 밝은 척하며 살아가는 사람들이 내면에 우울감이 많듯이 내 여행은 꼭 행복해야 한다는 생각을 가지고 있다면 어느새 현실로 찾아온 상황 앞에서 금방 무기력해질 것이다. 무기력을 이겨내고 후회 없는 여행을 하기 위해서는 눈앞에 마주하는 상황과 내가 느끼는 감정에 최선을 다하는 것이다. 여행을 마치고 뒤를 돌아보면 어느 샌가 내 뒤로 가득한 추억들을 볼 수 있을 것이다.

1. 무엇보다 중요한 것은 안전이다.

무엇보다 중요한 것은 바로 안전하게 여행하는 것이다. 낯선 세계에 간다는 것은 기존에 내 몸에 배어 있던 안전에 대한 패러다임이 뒤바뀐 곳으로 가는 것이다. 사고를 예방하기 위해서 거창한 것이 요구되는 것도 아닌데 농장에서 일을 할 때는 물을 많이 마시고, 로드트립을 떠나기 전에는 충분한 비상 연료와 비상용 타이어를 챙기고, 운전할 때는 주위를 잘 살피고 제한속도를 지키며 가면 된다. 뉴스를 보면 세상 돌아가는 소식을 알 수 있어 뉴스를 보는 것도 좋다.

내가 호주에 있는 동안에는 사고를 당해 안타깝게도 운명을 달리한 워홀러도 있었고, 말 그대로 차를 운전하다 절벽으로 떨어질 뻔했던 워홀러도 있었다. 안전에 대한 부분은 몇 번이고 새겨들어도 모자라지 않다. 여행을 떠나기 전 넘치는 의욕도 좋지만 적도 위에서 우리를 응원해 주는 친구들과 가족들을 한번만 더 생각해보자.

2. 뜨내기이지만 뜨내기가 아닌 것처럼.

안타까운 이야기지만, 호주에 영주권 비자를 가지고 있는 한국인들은 워홀 비자를 가지고 온 사람들을 별로 좋아하지 않는다. 마치 호주에서 면죄부라도 받은 것처럼 제멋대로 행동하는 일부 워홀러들 때문이다. 예를 들어 시골 고속도로에서 운전을 할 때는 속도를 위반하고 운전해도 나라가 워낙에 넓어 경찰 단속이 쉽지 않다는 점을 노려 운전을 험하게 하는 워홀러들도 있다.

일부 워홀러들은 영어를 잘 못하는 워홀러들을 대상으로 쉐어하우스나 차를 거래할 때 사기를 치기도 한다. 범법행위는 처벌받아야 하지만, 영어를 못하는 워홀러들은 신고조차 하기 어려워 한다는 점을 노리는 것이다. 비단 한국인뿐만 아니라 다른 나라에서 온 워홀러들도 마찬가지로 상식적이지 않은 행동을 하는 사람들이 생각 외로 많다. 사실 워홀러들은 고국을 떠나 잠시 호주로 온 뜨내기다. 하지만 엄연한 호주 사회의 사회 구성원으로서 모든 일에 책임을 지고 행동해야 한다. 사회 구성원으로서의 품위를 지키자.

내가 호주에 살면서 많은 것들을 느낄 수 있었던 건 오로지 주변 사람들의 도움 덕분이었다. 농장의 안과 밖에서 내게 어려움이 생겼을 때 자기 일처럼 도와준 친구들, 지나가는 길마다 낯선 이방인인 우리를 따뜻하게 맞이해 준 호주 사람들, 반대쪽 지구로 내려간 나를 멀리서 응원하고 지켜봐 준 가족들과 친구들의 도움이 없었다면 호주대륙을 여행하는 건 불가능했을 것이다.

나를 응원해 준 모두에게 감사하지만 그 중에서도 제일 감사한 사람은 에이어부터 타즈매니아까지 모든 순간을 함께 한 종석이 형이다.

친구와 여행을 해본 사람들은 알겠지만 정말 친하거나 서로를 배려하지 않는다면 대부분 싸움으로 끝을 맺게 마련이다. 그도 그럴 만한 것이 함께 여행을 한다는 것 자체가 불확실한 상황에 같이 몸을 던지는 것이기 때문이다.

그렇다고 형이랑 내가 성격이 잘 맞았다는 것은 아니다. 형과 나는 성격이 정반대다. 운전을 할 때 종석이 형이 조수석에 있으면 힙합을 틀고 내가 조수석에 있으면 아이돌 음악을 튼다. 형은 매사에 낙천적인 성격이지만 나는 매사에 조심스러움이 가득하다. 형은 여행을 할 때를 제외하면 하루도 빠지지 않고 운동을 했고 나는 호주에 있는 동안 하루도 운동을 하지 않았다. 외식 메뉴로, 식재료로 티격태격하는 건 일상다반사였다. 호주에서 우리를 만난 한국 사람들은 모두들 "둘이 이렇게 성격이 안 맞는데 어떻게 같이 다니는 거야?" 라는 말을 하곤 했다.

하지만 달라도 너무 다른 우리 둘에게도 공통점이 하나 있었다.

'새로운 세계로 여행'을 하고 싶어 한다는 것이었다. 서로 가보지 않은 곳은 꼭 가봐야 했다. 평소에 티격태격하더라도 여행을 할 때면 서로 들뜬 마음을 공유하고 누가 더 멋진 사진을 찍어주는지 내기를 할 정도로 경쟁적으로 열심히 찍어줬다. 일을 할 때가 아닌 여행을 할 때만은 누구보다 찰떡같은 호흡을 자랑했다. 처음 여행을 떠날 때는 우리도 잔뜩 겁을 먹은 채로 서로 눈을 부릅뜨고 앞뒤좌우를 살폈다. 아마 마주 오는 차에서 우리를 봤다면 마치 두 마리의 미어캣처럼 보였을 것이다.

하지만 우리는 운전이 두려움에서 귀찮음으로 바뀔 때까지 10,000킬로미터를 함께 달렸다. 같은 꿈을 꾸었기에 가능했던 것이다. 우리는 여행을 통해 서로 성장할 수 있었다.

잘 맞는 여행 친구를 찾는 것은 정말 어렵다. 하지만 내 목표가 무엇인지 먼저 알면 나랑 잘 맞는 여행 친구를 사귈 수 있다. 상대방도 나랑 같은 목표를 가지고 있는지만 보면 되기 때문이다. 다른 목표를 가진 사람이라면 하나부터 맞춰가야 하지만, 같은 목표를 가진 사람이라면 나머지 것들은 하나하나 맞춰 가면 된다.

우리는 하고 싶은 것을 하면서 살아야 한다. 하지만 현실이라는 벽 앞에 우리는 하고 싶은 것들을 '버킷리스트'에 적어만 놓는다. 이제는 더 이상 여행을 버킷리스트에만 적어 두지 말고 당장이라도 떠나자. 인생은 타이밍이라고도 하지 않나? 기회를 놓치면 언제 또 기회가 찾아올지 모른다. 만약 시간이 없어서 혹은 지금 하고 있는 일이 바빠서 언제가 여행을 떠날 수 있는 확실한 타이밍인지 궁금하다면 영국의 유명한 저술가 사이먼 레이븐의 말을 떠올려 보자.

"인생은 짧고 세상은 넓다. 그러므로 세상을 탐험하는 것은 빨리 시작할수록 좋다."

이제 이 책의 다음 내용은 여러분이 쓸 차례다. 미지의 세상을 향해 준비하는 모든 사람들에게 행운이 있기를!

1년쯤 늦어도 괜찮아
우린 아직 젊잖아

50만 원 들고 호주 로드트립
그리고 워킹홀리데이

지은이 장석호

찍은이 장석호

발행일 2019년 6월 25일

펴낸이 양근모

발행처 도서출판 청년정신 ◆ **등록** 1997년 12월 26일 제 10—1531호

주　소 경기도 파주시 문발로 115, 세종출판벤처타운 408호

전　화 031)955—4923 ◆ **팩스** 031)955—4928

이메일 pricker@empas.com